中國学術思想 研究輯刊

三七編
林慶彰 主編

第 10 冊

湯一介佛學研究析論
趙 偉 著

花木蘭文化事業有限公司

國家圖書館出版品預行編目資料

湯一介佛學研究析論／趙偉 著 -- 初版 -- 新北市：花木蘭文
化事業有限公司，2023〔民 112〕
目 2+186 面；19×26 公分
（中國學術思想研究輯刊 三七編；第 10 冊）
ISBN 978-626-344-178-1（精裝）
1.CST：湯一介 2.CST：佛教哲學 3.CST：學術思想
030.8　　　　　　　　　　　　　　　　111021700

ISBN-978-626-344-178-1

9 786263 441781

中國學術思想研究輯刊
三七編　第 十 冊　　　　　　ISBN：978-626-344-178-1

湯一介佛學研究析論

作　者　趙偉
主　編　林慶彰
總 編 輯　杜潔祥
副總編輯　楊嘉樂
編輯主任　許郁翎
編　輯　張雅淋、潘玟靜　美術編輯　陳逸婷
出　版　花木蘭文化事業有限公司
發 行 人　高小娟
聯絡地址　235 新北市中和區中安街七二號十三樓
　　　　　電話：02-2923-1455 ／傳真：02-2923-1452
網　址　http://www.huamulan.tw 信箱　service@huamulans.com
印　刷　普羅文化出版廣告事業
封面設計　劉開工作室
初　版　2023 年 3 月
定　價　三七編 17 冊（精裝）新台幣 46,000 元

湯一介佛學研究析論

趙偉 著

作者簡介

趙偉（1982～），河南安陽人，2004年本科畢業於河南財經學院（今河南財經政法大學）法律系，並先後於2008年和2015年從江南大學和四川大學獲法學碩士和哲學博士學位。現就職於江西九江學院，主要從事中國佛教、東南亞佛教研究。

提　要

　　湯一介先生是上世紀80～90年代，引領我國哲學與人文學界衝破極左思潮影響，率先走向學術轉型，爭取恢復大陸學者在國際學術界的應有地位的領軍人物之一。本書聚焦於湯先生的佛學研究，梳理他因應時代變化，由早期極左思潮影響下的樣板式研究開始，逐步反思並探索以概念範疇分析、比較哲學等方法研究佛教的過程，對湯先生由佛學研究開展出的諸如中國詮釋學的創建、異質文化交通規律、文化守成主義等主張予以述評。

　　湯一介先生的佛學研究對湯用彤先生學術思想的繼承表面上表現為一種「回歸」，但結合上世紀80年代以來的學術環境變化，他的佛學研究相較湯用彤的佛教史研究實際上代表了當代中國佛教研究突破意識形態桎梏向著文化範式的轉變，而他對佛教「出世」向度所持的審慎態度則應歸因於時代之侷限。

緒　論

一、研究湯一介及其佛學研究的意義

湯一介（1927～2014），中國當代著名哲學家，1927 年生於天津，原籍湖北省黃梅縣，其父為著名佛教史學家湯用彤先生（1893～1964）。湯一介先生畢生致力於中國傳統文化研究，上世紀 80 年代發起創辦中國文化書院並出任首任院長，2003 年起開始主持《儒藏》工程並擔任編纂中心主任、首席專家，直至 2014 年去世。

在上個世紀 80 年代至 21 世紀初的中國人文學術界，湯一介先生無疑是一個標誌性人物。如果說上個世紀 80 年代湯先生與學界同仁發起創辦中國文化書院並出任首任院長奠定了他在知識界的權威地位，進入 21 世紀，他身肩鴻任，主持編纂《儒藏》的巨大工程，借助現代化的媒介宣傳，更使得他的影響深入街頭巷尾，如今提起湯一介，國學大師的厚重名頭足以令哪怕對國學一無所知的門外漢肅然起敬。誠然，這個時代或許賦予了湯一介先生自覺難以承受的耀眼光環，他在生前曾多次於公開場合婉拒大師的稱號，一如之前的季羨林先生。不過，無論湯先生生前思慮如何，身後加諸其身的這一顯耀名號起碼在公眾視域下就這麼確立下來了，在 2014 年增訂版湯一介先生唯一傳記《湯一介傳》的卷首語中，赫然寫著「謹以此書紀念哲學泰斗、國學大師湯一介先生！」，封面頁國家主席習近平先生的題詞「湯一介為中華優秀傳統文化繼承、發展、創新作出了很大貢獻」更賦予了湯一介先生作為國學大師的官方認可意義。

雖然湯一介先生一再拒絕國學大師的稱號，暫且不論其詳，每一個時代卻

都是需要「大師」的，因其並非僅是一個名號而已，更承當了社會對於文化或者傳統的潛在態度。公眾在對「大師」的解讀當中意識到傳統的存在與意義，避免我們身處的時代與前一個時代甚至更久遠的時代之間出現斷層。「大師」的存在承載了特定時代的集體文化訴求，「大師」身份的確立除去學術考量之外，時常體現了一個時代文化的發展方向，它是一個符號化的存在，「國學大師湯一介」即已成為這樣一個符號化的歷史人物。如此一來，對湯一介先生的生平投注研究的精力，其意義就不言而喻了。實際上，對湯一介先生的研究在其生前就已展開，如果把研究的外延擴及專論文體之外的形式，如學者訪問、座談等，那簡直可以稱湯一介先生自上世紀 80 年代以來即一直處於研究者的關注視野之內，這也更為湯一介的符號意義提供了佐證。不過，雖然對湯一介的研究累計已小具規模，但對其佛學研究的集中探討尚付諸闕如，而依此視角的關注不論對於更細緻入微地描摹湯一介思想肖像，還是對於充實當代佛學乃至傳統文化研究來說均不無價值。

如果以國學的先入之見來看待湯一介，將其學術思想體系劃分為魏晉玄學、道家道教、儒學以及佛學幾大板塊的話，當即就要面對與同時代的幾位代表性佛教學者放在同一層面上來比較的問題。遺憾地是，湯一介先生畢生都沒有一部嚴格意義上的自成一渾然體系的佛學專著，目前出版的《佛教與中國文化》是他自 80 年代以來的論文匯編，且研究內容涵蓋了哲學、史學、文獻考訂等多個領域。而同時代的其他幾位學者，遠的不提，就同年逝世的宗教學家方立天先生來說，洋洋灑灑五百萬言的《方立天文集》，佛學佔了大半，遑論傾其畢生精力所撰《中國佛教哲學要義》一著，已為學界公認為中國佛教研究難以跨越的經典著作。如此一來，學人不僅要問，花費精力於並非其長的佛學（特別是佛教哲學），難道只為學術史做一注腳嗎？

對於湯一介先生的佛學研究在其總體學術思想體系中的地位，北京大學哲學系樓宇烈先生的評價頗具代表性，他說：

> 改革開放以來，湯一介先生恢復了學術研究，與父親、國學大師湯用彤注重佛教研究不同，湯先生開始關注玄學和道家的研究，開闢了一個新的學術角度。後來更側重儒學的研究，關注對儒學新的詮釋，引進了西方詮釋學這一套理論來研究儒學。之後，又重新關注一個新的思想時期的出現，關注軸心時代，特別是第二軸心時代。[註1]

〔註1〕李娟娟：《湯一介傳》，北京：新華出版社，2015 年版，第1～2 頁。

　　這即是說，湯一介先生在恢復學術研究之後的關注重點並非佛學，而是玄學與道家，之後為儒學。湯先生本人在其有關著述中也談到，其早年的興趣在西方哲學與數理邏輯，對佛學並未有系統的學習，只是在 1981 年借開設「魏晉玄學與佛教、道教」課程和整理其父湯用彤先生「隋唐佛教史講義」之機才較多地讀了一些佛學資料。湯先生坦承自己「沒能在佛教研究上有什麼特殊的貢獻」，因「沒有具備可以進行深入研究的基礎」，包括佛教典籍的系統研讀以及梵文、巴利文等語言工具的學習，但又深感佛教之於中國文化的重要意義，故此才把「佛教與中國文化」的關係作為學術關注的內容。〔註 2〕從湯先生著述的偏重來看，此言恐並非僅為謙辭。對於湯先生的學術貢獻，北京大學《儒藏》編纂與研究中心的學術秘書胡仲平博士也撰寫了專文述評，他在文中對湯一介先生畢生的學術歷程作了簡明扼要的分期，並歸納出各個時期湯先生的代表性學術成果及意義，其中很值得注意的一點是，他在文中對於湯一介先生的佛學研究著墨極少，僅有的幾處只是作為湯先生提綱挈領的文化研究觀點的佐證。事實上，在很多學者看來，湯一介先生的佛學研究實並未如其魏晉玄學與道家道教研究一樣形成一渾然體系，而毋寧是扮演了「佐證」的角色。

　　湯一介先生專門的佛學研究在其自身的學術體系中稍顯薄弱，但當然不能因此忽視湯先生佛學研究的價值及意義，今天對其稍顯零散的佛學研究展開分析還是有必要的，除去對「符號化歷史人物」思想肖像的描摹之外，最無可忽視的一點是，其佛學研究尚具有推進當代佛學研究範式轉換的學術史意義。簡言之，上世紀 50 年代以後的中國社會對宗教的態度長期受極左思潮影響，被武斷地冠之以「鴉片」、「反動政治」、「精神鎖鏈」等等稱謂，給宗教學的正常學術研究設置了思想上的障礙，佛教研究當然也未能例外。不過，由於佛教與中國傳統文化之間的緊密關係，人文學術研究不可能不牽涉到佛教，所以，在上世紀 50 年代末到 80 年代之間的中國人文學術界，對一些宗教如基督教、伊斯蘭教等的學術探討幾乎無法進行的同時，佛教研究卻並未中斷，只不過此期以馬克思主義為指導的佛教研究難免有極左傾向，大多從階級鬥爭的角度揭示其如何服務於統治階級利益，或者從唯物主義與唯心主義對立、形而上學與辯證法對立的哲學路線鬥爭方面分析其實質。意識形態化學術研究的主導狀況持續到 1976 年文化大革命結束，此後佛教學者才開始具備了一些條

〔註 2〕湯一介：《湯一介集‧第 04 卷‧佛教與中國文化》，北京：中國人民大學出版
　　　　社，2014 年版，《序言》第 1～2 頁。

件，以脫離政治化的理性態度來看待佛教問題。如今看來，宗教學術研究已大體確立了「文化論」的研究範式，在佛學研究領域，當代學者對佛教的研究多從「文化」的角度出發，或發掘其思想資源，或研究其美學價值，總體上說已擺脫了原有範式的束縛。但是，一方面舊的研究範式的批判與反思工程已經完成，另一方面，當代佛學「文化論」研究範式的具體形成過程卻並未引起學界更多的專門關注，這種範式轉換更大程度上伴隨著 80 年代文化大討論的逐步推進就這麼同步完成了。中國傳統文化研究整體上解除了思想枷鎖，對佛教、道教等宗教的學術研究也就相應地解封了。學者從長期的思想束縛中脫離之後自然投入到了各自的專門領域中展開新的研究，以「宗教」為直接對象的文化價值與文化意義探討相對來說並未得到與「傳統文化」本身同等的關注，直到如今，宗教學者依然要進行宗教脫敏工作在一定程度上或許與此相關。

筆者認為，對於當代佛學研究的範式轉換來說，湯一介先生的佛學研究起到了不可忽視的推動作用，其將佛學納入大的文化研究框架中的分析方式在「佛教」與「文化」之間搭建了一座橋樑，佛教的文化價值和意義得以突顯，從而將佛學研究者的視線引導到了「文化」上來。當然，從湯先生的自述來看，這一結果實屬無心之舉，但歷史就是這麼出乎意料，它需要有一些站在佛教之外同時關照「佛教」與「文化」的學者，又需要這些學者在佛學研究領域以及中西文化研究領域掌握相當的話語權，此兩點缺一，勢必大大減弱佛學研究範式轉換的力度，而範式轉換的期間拉長則意味著學術研究的進展緩慢。筆者的敘述或許稍顯抽象，現略舉一例來說明這個問題。湯一介先生於上個世紀 80 年代中期曾發表《從印度佛教傳入中國看兩種文化的衝突和融合》一文，如果對比其父湯用彤先生於 1943 年發表的《文化思想之衝突與調和》一文，會發現兩篇文章在文化問題上的觀點是一致的，湯一介文顯是繼承了湯用彤文的觀點並加以發揮，但就其論證方式來說，湯一介在文中將作為外來文化的佛教放在了焦點的位置加以論述，不同於湯用彤文僅將其作為一關鍵論據擺出來的論證方式。結合當時（80 年代中期）特殊的學術環境，湯一介文所彰顯的「佛教」在中外文化交流與溝通上的價值與意義對學術界擺脫舊的全盤否定性的宗教觀提供了一個極佳的樣本參照。湯一介先生於文末直截了當地表達了其對於如何對待異質文化傳入的態度，又在之後的數屆重要會議上反覆強調「中國文化曾受惠於印度」的觀點。誠然，這一觀點在如今看來似乎談不上多麼深刻，但對於上個世紀 80 年代的佛學研究來說，這

一系列文內文外的探討無異於通過賦予佛教以「文化」的價值為佛教正名，繼而推動佛學研究的正常開展。在學術環境的劇烈變動時期，（正如上個世紀80年代），符號化歷史人物的學術思想傾向實際上比學術研究本身的深刻性、系統性要求更為重要，對整體學術研究的走向影響更為深遠。更何況，80年代的學術語境是顯將「思想」與「學術」區別開來的，思想的功能在於指出方向，惟其（正確的）方向確定，學理的論證方有後繼用武之地。故此，湯一介先生《從印度佛教傳入中國看兩種文化的衝突和融合》一文就不僅僅是對湯用彤先生《文化思想之衝突與調和》一文觀點的簡單繼承，而更有其推進範式轉換的重要意義，正如有學者評價湯一介先生的學術貢獻是提綱挈領式的，其意或也正指此而言。

　　回溯歷史，近代中國學界實已形成了新式國學研究的傳統，以胡適、湯用彤、陳寅恪、馮友蘭、梁漱溟、熊十力等諸先生的研究為代表，僅拿湯用彤先生的佛教史學研究來說，既上承清代考據學，又綜合運用比較宗教學、詮釋學等現代學術方法對中國佛教進行了系統性研究，有學者將湯用彤先生治佛教史的方法稱為「考證比較詮釋體」〔註3〕。湯先生跨文化、跨學科的比較研究「體現了現代學術探索的一種新範式，對於佛教史乃至中國文化史研究都具有深遠意義」〔註4〕，除此之外，他的佛教史研究還貫徹了一種強烈的人文主義關懷，開創了融通中西的佛學研究傳統。但是，這一形成於20世紀初至30～40年代的研究傳統因眾所周知的原因被中斷了，中國傳統文化的價值隨之被全盤否定，由此引發的社會文化危機至今仍難以克服。作為湯用彤先生哲嗣，湯一介先生於20世紀80年代開始，引領中國哲學與人文學術界衝破極左思潮的限制，率先進行學術轉型工作，在主張復興中國傳統文化的同時引進現代西方哲學理論與方法展開中西跨文化研究，極大地拓展了當代人文學者的視野，為在重估中國傳統文化價值的基礎上建構新文化指明了方向，既接續了曾被中斷的「國學」研究傳統，又開闢了一片中國文化研究的新天地。但是，目前學界普遍關注湯一介先生對魏晉玄學、早期道教、儒家思想等的研究，佛學研究作為湯先生文化研究體系的重要方面之一，迄今尚未得到足夠重視，忽略這方面研究不僅難以全面認識並繼承湯先生學術思想遺產，對

〔註3〕麻天祥：《湯用彤評傳》，南昌：百花洲文藝出版社，1993年版，第89頁。
〔註4〕趙建永：《湯用彤與中國現代佛教史研究》，《歷史研究》，2014年第01期，第135頁。

於自上世紀 80 年代以來學術界對中國佛教乃至中國傳統文化研究趨勢的揭示來說也是不全面的，本書即嘗試通過對湯先生佛學研究主體內容的整理和分析來填補這一空白。

二、研究綜述

　　湯一介先生的佛學研究實際上是納入中西文化比較的研究框架，以現代哲學的視角展開分析的，以致其主要的佛學研究〔註5〕並非表現為傳統意義上的義理解析或史學考證，而更像是其整體文化研究的一個方面，相應地，嚴格意義上的對湯一介先生佛學思想的專門研究至今付諸闕如。基於同樣的原因，本書對湯一介佛學思想的評析也無法脫離其文化研究的整體框架。故此，對於本書的研究具有參考與借鑒意義的文獻就不限於專門的「佛學」門類，而應擴及至「文化」以及「哲學」。

　　學界對湯一介先生文化及哲學思想的關注始於上個世紀 80 年代，1981 年 10 月 17 日於杭州出席宋明理學討論會的部分中國哲學史學者就湯一介《論中國傳統哲學範疇體系的諸問題》一文進行了座談討論，會後有學者根據座談的內容撰寫了《關於研究中國傳統哲學範疇問題的討論》一文並予以發表。該文綜述了包括湯一介在內的各位學者圍繞中國傳統哲學範疇問題的觀點，其中，也包括湯一介本人對此問題的再次闡發。該文作為會議綜述，並非嚴格意義上的針對湯一介先生學術思想的研究，但直觀地再現了 80 年代初中國傳統哲學研究領域的狀況。通過該文的記錄可以瞭解到，當時的中國哲學界正在積極尋求突破極左思潮限制，開拓新的中國哲學研究道路。對於本文的研究來說，最值得注意的是湯先生在這次會議上強調了其「注意揭示概念、範疇的涵義和它們之間的內在邏輯聯繫」的看法，而蕭萐父先生的觀點既可看作對湯先生觀點的延展性發揮，又精確反映了當時中國哲學界在方法論問題上的研究狀況，他指出，研究範疇的演變進程，不能單用歷史的方法，「排比史料，列舉諸家，辨其源流，判其得失，分析其產生的社會根源，論述其發展的不同階段」，而應當用「馬克思批判改造了的黑格爾哲學史觀所提出的邏輯的方法，擺脫歷史的偶然性和許多干擾因素，透過歷史上各個具體的哲學體系、哲學派別在特定歷史條件下所提出的諸哲學範疇及其特殊運用，把握它們在人類哲學認識發展史上的

〔註 5〕注：所謂「主要的佛學研究」，指的是湯一介先生由對佛教的系統性思考而撰
　　　　寫的論文，這些論文雖作於不同的時期，且研究的對象及方式有所差別，但卻
　　　　有一條主線貫穿其中。除此之外，湯先生另有零散的佛學論文。

邏輯意義和客觀地位」。〔註6〕該綜述為本文研究湯一介的學術研究方法論提供了有價值的信息；1989年葛兆光教授對湯一介先生的一篇採訪發表，訪問者針對80年代「文化熱」問題對湯先生進行了細緻地交流採訪，該文雖也並非嚴格意義上的湯一介學術研究文章，但記錄了湯先生在異質文化交流溝通方面的立場，以及在「更高層次上」解決文化衝突的思路。另外，「80年代」特別是「文化熱」對於湯一介學術研究來說具有「邏輯起點」的意義，湯先生在該採訪記中針對「文化熱」問題的看法也有助於理解並把握其之後的研究思路。〔註7〕

　　進入90年代，嚴格學術意義上的對湯一介先生文化思想的研究依然暫付闕如，只有零星發表的數篇訪問記。具有參考價值的主要有如下數篇：

　　1995年羊凡、林川發表《著名學者王元化、湯一介、沈善洪、陳方正四教授訪談錄──反思文化、傳統、尋覓精神資源》一文。該文記錄了湯一介先生針對80年代「文化熱」以及90年代「國學熱」的觀點，以「批判」與「建構」總結兩股思潮的特點，並提出「從中國傳統文化中尋找精神資源」的思路；〔註8〕1995年高中理發表《傳統面向現代才能使中國走向世界──湯一介先生訪談錄》一文。作者是位記者，故其在訪談中提出的問題大多是現實性的文化問題，在訪談過程中與湯先生也並無思想上的交鋒，對於本文的研究來說唯一值得注意的是湯先生談到了其對未來文化發展的展望，即多元文化的匯合，以及由此出發對吸取傳統文化中有益資源的強調；〔註9〕1996年干春松發表《在全球意識觀照下發展中國文化──訪湯一介教授》。在該訪談記錄中，有三點值得注意：（1）湯一介先生針對「文化決定論」的問題作了簡要回答，提出「哲學家是提出理念的人」的看法，進而主張哲學家在當代的重要責任是對中國傳統文化進行現代詮釋；（2）再一次針對文化發展趨勢作了展望，主張東西文化「在一種高層次上互相吸收和補充」，形成「世界文化多元一體的格局」；（3）湯先生將自己歸入自由主義派，因其一方面「不贊成否定傳統和全盤西化」，

〔註6〕岳華：《關於研究中國傳統哲學範疇問題的討論》，《中國社會科學》，1982年第01期，第53~57頁。

〔註7〕葛兆光：《湯一介先生採訪記》，《中國文化》，1989年第01期，第200~202頁。

〔註8〕羊凡、林川：《著名學者王元化、湯一介、沈善洪、陳方正四教授訪談錄──反思文化、傳統、尋覓精神資源》，《學習與思考》，1995年第02期，第21~23頁。

〔註9〕高中理：《傳統面向現代才能使中國走向世界──湯一介先生訪談錄》，《探索與爭鳴》，1995年第10期，第51~53頁。

另一方面主張「文化間的雙向選擇和互相補充」。〔註10〕

　　進入二十一世紀，對湯一介先生文化及哲學思想的學術研究才真正展開。

　　2001 年景海峰教授發表《湯一介先生與中國解釋學的探索》一文，該文回顧了湯一介先生對中國哲學範疇體系的探索與創新過程，重點對湯先生晚期較為關注的解釋學問題進行了闡發，對瞭解湯先生學術研究的方法論有一定參考意義；〔註11〕同年胡軍教授發表《湯一介與中國哲學研究》一文，以湯一介先生從上個世紀 80 年代始關注的不同問題結合湯先生中國哲學研究的方法論特色為綱對其學術活動作了簡要回顧與總結。該文指出，《郭象與魏晉玄學》一著體現了湯先生在方法論上的突破，即「跳出了唯物、唯心這一二元框架的教條束縛，而著重哲學史自身演進軌跡的探求」；在探求中國傳統哲學特質方面，湯先生「尤用心考察儒、道、釋三家的共法」，而其切入問題的獨特之處在於「從研究中國傳統哲學的概念入手」進行條分縷析的微觀分析，在此基礎之上「從總體上為中國哲學建構一概念體系」。作者接著回顧了湯先生獨闢蹊徑地從「真」、「善」、「美」角度來建構中國傳統哲學概念體系到最終建構「普遍和諧觀念」、「內在超越精神」、「內聖外王之道」三套相互聯繫的哲學理論體系的過程。除去方法論上的突破與中國傳統哲學理論體系的建構之外，該文還對湯一介先生上個世紀 80 年代反思文化轉型的問題進行了總結，指出湯先生在「文化熱」的「客觀機緣」引導下，「從傳統哲學的重建整理工作轉向思考中國現代化、中西文化的交流以及轉型時期中國文化的發展路向等問題」上來。應當說，該文忠實地反映了湯一介先生自上個世紀 80 年代始至二十一世紀初的學術思想特色，是為第一篇較為全面總結湯一介先生學術貢獻的學術性文章，為本文研究湯先生的佛學思想提供了頗有價值的參考框架。但是，該文的論述並未清晰地勾勒出湯一介先生自上個世紀 80 年代以來的文化研究主線，也忽略了湯先生的佛學研究在其文化及哲學研究體系中的重要意義，略顯不夠周延；〔註12〕上述文章均為對湯一介學術思想的回顧與介紹，並無多少觀點上的碰撞與交鋒，2004 年嚴春友發表的《中國哲學的強解釋學特徵》一

〔註10〕干春松：《在全球意識觀照下發展中國文化——訪湯一介教授》，《開放時代》，1996 年第 06 期，第 31～32 頁。

〔註11〕景海峰：《湯一介先生與中國解釋學的探索》，《紀念湯一介先生七十五週年誕辰暨執教五十週年會議論文集》2001 年，第 381～388 頁。

〔註12〕胡軍：《湯一介與中國哲學研究》，《社會科學戰線》，2001 年第 01 期，第 254～259 頁。

文則對湯一介先生提出並論證過的解釋學問題提出了若干疑問。該文指出，「湯一介先生所倡導的解釋學仍然是傳統意義上的解釋學，即既非理論解釋學，也非哲學解釋學，更不是現象學解釋學，而只是作為解釋技術的古代解釋學。」如此一來，如果所要創建的只是「古代解釋學」或「對古代解釋學的一種概括和總結」，那就沒有創建的必要。「創建中國解釋學」的問題本身並非本書所要探討的範圍，筆者之所以引述嚴教授此文，乃在於他對湯一介先生「創建中國解釋學」問題的看法以及對中國傳統哲學「強解釋學」特徵的揭示啟發筆者注意湯先生的佛教哲學研究乃至文化研究究竟遵循了何種意義上的「解釋學」規則。簡言之，湯一介先生對「解釋學」問題的關注是繼上個世紀 80年代初提出「範疇研究」之後又一次方法論突破上的嘗試，即便到現在為止「中國解釋學」尚未創建，但無可懷疑的是，湯先生在其佛學乃至總體文化研究中均已貫徹了某種「解釋學」的思路，如果說「解釋學」問題同時意味著對待解釋對象的態度問題，湯先生的「解釋學」思路也就隱含了其在「如何對待傳統文化」以及「如何建構新文化」問題方面的態度。故此，應當說該文提供了理清湯一介先生文化研究態度的重要參考。〔註 13〕

　　從筆者能夠搜集到的資料來看，進入二十一世紀，學界對湯一介的關注顯著增多，至 2014 年湯先生去世以前，各類訪談及研究論文有數十篇之多，並且舉辦了至少三次以湯先生學術研究關注問題為討論對象的會議，這種狀況反映了湯先生進入新世紀以來在學界的影響力達至巔峰。或許，也正因其影響力廣泛之故，此一時期對湯一介先生思想的研究雖較八、九十年代明顯增多，但其內容卻多有重複，且多為回顧與總結性文章，故此，本文上述只選取了其中較有代表性的數篇加以簡要評述。除去上述文章之外，這一時期對湯先生學術思想的研究較有參考價值的另有數篇，如 2005 年湯一介弟子李素平《用寬容、明智、理性的學術視角研究宗教——訪北京大學著名教授湯一介先生》一文較為全面的反映了湯先生的宗教觀，〔註 14〕何二元《慎談「新軸心時代」》一文針對湯先生「新軸心時代」觀點進行了商榷，〔註 15〕2007 年景海峰《湯一介

〔註 13〕嚴春友：《中國哲學的強解釋學特徵》，《北京師範大學學報（社會科學版）》，2004 年第 06 期，第 100～106 頁。

〔註 14〕李素平：《用寬容、明智、理性的學術視角研究宗教——訪北京大學著名教授湯一介先生》，《中國宗教》，2005 年第 04 期，第 18～21 頁。

〔註 15〕何二元：《慎談「新軸心時代」》，《中州學刊》，2006 年第 01 期，第 135～139頁。

與新時期的中國哲學建設》回顧並總結了湯先生自 80 年代以來的學術活動，與 2001 年胡軍《湯一介與中國哲學研究》一文互為補充，為瞭解湯一介的學術思想提供了又一次全面的參考〔註16〕。另外，2010 年康香閣的訪談文章《國學大師湯一介先生訪談錄》〔註17〕及程也的訪談文章《尊師重教，首重孔子的精神——專訪北京大學湯一介教授》〔註18〕等也提供了些許參考，茲不贅述。

2014 年湯一介先生去世，紀念性文章集中發表，大多仍然是對湯先生學術精神與思想的回顧，當然在其中不乏較有灼見的文章。香港中文大學哲學系劉笑敢教授《仁厚本色，坦蕩一生——往事痛憶湯一介》一文在追憶之餘，簡要總結了湯先生的學術貢獻，稱其為「改革開放以後第一個走出國門、推動國際交流的中國文化的代表者」，並總結湯先生的學術特色為「注重宏大概念、敘事」，為本文確定湯先生畢生學術研究的文化向度提供了直接參考。當然，該文總體上畢竟為追憶性文章，對湯一介先生學術思想的評介僅止於簡要總結的層面，並未有深入探討；〔註19〕北京大學《儒藏》編纂與研究中心的胡仲平博士《湯一介先生學術思想述略》應當是目前為止對湯一介先生學術思想作全面梳理最力的文章。胡博士對湯先生畢生的學術活動作了分期，並總結了湯先生各個階段代表性學術成果的特色，文中對湯先生學術思想的某些關鍵點的提示為深入研究湯先生學術思想提供了重要參考，如指出《早期道教史》一書為湯先生肯定宗教價值的著作，湯先生於書中論證道教成為「完整意義上的宗教」至少經歷了兩三百年，在這個過程中逐漸吸收儒家與佛教思想和教規；指出論證儒釋道三家哲學以內在超越為特徵為湯先生重要學術成果之一等。不過，該文側重以時間為線對湯先生畢生關鍵性的學術貢獻作出概要式總結，故此，並未對湯先生的佛學研究予以更多關注，而僅於湯先生探討中國傳統文化「內在超越性」特徵框架內稍微提及了湯先生的禪宗「內在超越性」研究，至少忽略了湯先生上個世紀 90 年代對中國化佛教宗派哲學的專門研究以及二十一世紀初對「人間佛教」的探討，如此一來，對湯先生學術貢獻的評價也就

〔註16〕景海峰：《湯一介與新時期的中國哲學建設》，《深圳大學學報（人文社會科學版）》，2007 年第 01 期，第 54～62 頁。
〔註17〕康香閣：《國學大師湯一介先生訪談錄》，《邯鄲學院學報》，2010 年第 02 期，第 5～14 頁。
〔註18〕程也：《尊師重教，首重孔子的精神——專訪北京大學湯一介教授》，《社會觀察》，2010 年第 09 期，第 35～36 頁。
〔註19〕劉笑敢：《仁厚本色，坦蕩一生——往事痛憶湯一介》，《中國文化》，2014 年第 02 期，第 199～202 頁。

不夠全面了；〔註20〕北京大學哲學系張廣保教授在其紀念文章《湯一介先生與中國傳統文化的復興》一文中指出湯一介先生不僅為一學者，還是一名「活躍的學術活動家」，改革開放之後在中國大陸扮演了「傳統文化復興之旗手」的角色，提示筆者對湯先生學術思想的研究應當注意其多重身份角色對研究思路和觀點的影響，不過，該文的紀念性意味比之胡仲平博士文更為濃厚，僅能作為研究的次要參照；〔註21〕另外值得注意的是資深學者劉夢溪先生在《湯一介集》出版座談會上的發言，雖僅短短千字，但卻言簡意賅的總結了湯先生學術研究的特色，他指出，「就為學的類分說，他屬哲學，主要是中國哲學。但他學問的底色，是儒家思想。（中略）他為學不專主一家，他走的是二十世紀學者的通儒的路徑」〔註22〕。

武漢大學國學院郭齊勇教授於《光明日報》發表的《湯一介先生的學術貢獻》一文為本書的研究提供了重要參考，此文應當是自上個世紀80年代以來首次對湯一介先生佛學研究進行述評的文章。不同於之前的述評文章依據年代或所關注的問題來劃分湯先生學術活動生平的思路，該文分別從魏晉玄學、早期道教史、佛學、儒學、中國文化與哲學以及中西文化與比較哲學領域對湯先生的學術思想進行了簡要評述。其中，對於湯先生的佛學研究，郭齊勇教授的總結全面涵蓋了湯先生自上世紀80年代以來直至21世紀的主要研究內容，幾乎可以看作湯先生生平學術研究的大綱。但是，該文亦僅為對湯先生研究領域的粗略總括，似旨在介紹湯先生生平學術研究的具體關涉領域，並未對湯先生學術研究的詳細思路進行深入的挖掘與探討。

還需要重點提及的是斯洛伐克科學院研究中西思想文化、比較文學的資深研究員馬利安・高利克教授撰寫的《紀念湯一介先生》一文。馬氏根據其掌握的文字資料以及與湯先生夫婦的交往經歷撰寫了該篇紀念文章，他在文中大致回顧了從上個世紀五十年代始湯一介先生的社會、學術活動，並立足於準確還原湯先生生平提出了一些頗值得思考的問題，例如他注意到湯先生早年所撰寫的文章風格與其父湯用彤先生不同，而是與「馮友蘭以及五四運動後更

〔註20〕胡仲平：《湯一介先生學術思想述略》，《北京大學學報（哲學社會科學版）》，2014年第06期，第149～155頁。

〔註21〕張廣保：《湯一介先生與中國傳統文化的復興》，《古籍整理研究學刊》，2014年第06期，第112～113頁。

〔註22〕劉夢溪：《學術所寄之人——在〈湯一介文集〉出版座談會上的發言》，《中國文化》，2014年第02期，第214頁。

流行的人生哲學論者」更相似，且「他對生死等『永恆』問題更感興趣」。從湯先生 80 年代之後的學術研究方法來看，或許與其青年時期的這種學術興趣相關。馬氏在提及湯先生的儒學研究時提出一個疑問，「湯一介對『普遍和諧』的理解，是中國階級鬥爭的對立性產物，還是對 1980 年代以後西方國家（也包括中國）人文學術領域趨勢的反映？」雖與本文的研究沒有直接的關聯，但其思路卻提示筆者對湯先生學術觀點的探討還應當考慮一些觀點之外的因素，如世界人文學術研究趨勢以及他自身的學術思維邏輯。還需注意的是，目前已知的大多數對湯先生及其思想的研究或評論文章均存在一個「為親者諱」的問題，這對準確還原湯先生學術思想體系造成了一些困擾，或許是因作為國外學者，馬氏的研究即沒有這種顧慮，甚至他在文中還批評了《湯一介傳》的作者刻意避談湯先生「梁效」工作經歷是對其生活和工作歷史的「歪曲」，而在當代中國學界尚沒有發現對這一明顯問題的質疑。同時也應該注意，馬氏的研究側重對湯一介先生生平的「歷史書寫」，並未涉及其文化及哲學研究具體觀點、思路的探討。〔註23〕

　　哈爾濱工業大學樊美筠與王治河兩位教授合作發表的《第二次啟蒙的當代拓荒者——深切緬懷湯一介先生》一文著眼於湯一介先生後期的哲學思考，將湯一介先生稱之為「第二次啟蒙的當代拓荒者」，以「第二次啟蒙」話語詮釋了湯先生自上個世紀 80 年代以來的學術活動邏輯，並重點提及湯先生後期對「過程哲學和建構性後現代主義」的關注與理解。他們認為，湯先生在上個世紀 80 年代後的學術和社會活動即是沿著這條內在的啟蒙路線進行的。另外，兩位教授在文中闡發了湯先生「宗教是一個過程而非一種人們可以一蹴而就達致的某種狀態」的洞見，更進一步，作者認為湯先生正是以此世界性眼光對「過程哲學和建構性後現代主義」報以關注和欣賞的態度，並致力於「將傳統的或者前現代的中國文化與後現代主義結合起來，推進現代社會向後現代社會的轉型」。該文著眼於湯先生後期學術思想，以「第二次啟蒙」話語對湯先生學術活動的解讀頗有新意，不過由文中對湯先生學術思想的敘述不難看出，實際上「第二次啟蒙思想家」未必能全面涵蓋湯先生各個階段文化及哲學研究的特色，而僅揭示了湯先生後期的學術思考側重，故此，以「第二次啟蒙思想家」作為一個標識來定義湯先生學術思想的其中一個維度是沒有問題的，但卻

〔註23〕馬利安·高利克：《紀念湯一介先生》，左玉瑋譯，《漢語言文學研究》，2015 年
　　　　第 01 期，第 14～19 頁。

不宜過度放大其涵蓋的範圍。〔註24〕

　　從 80 年代以來對湯一介先生及其學術思想的關注來看，真正意義上的學術性探討實際上僅表現在有限的十數篇文章，且多為綜合性的述評，餘下的大多是介紹性的文字敘述，並沒有多少深入探究湯先生學術思想理路的成分。基於筆者之前分析過的原因，即在大多數人看來，湯先生的佛學研究並非其重，故此，對湯先生佛學思想的專門研究至今付諸闕如，這些有限的述評文章對本文研究的意義則主要在於提供了一些探究湯先生學術思想體系及其研究進路的線索與參考。

三、研究的方法和思路

　　根據上述分析，筆者認為，將湯一介先生對傳統文化的研究整體劃分為儒學、玄學、道家道教與佛學，進一步將其佛學分離出來單獨研究的思路易於導致一種遮蔽。湯先生純粹的佛學研究不論在分量上還是系統性上都無法與同時代的其他幾位代表性學者的佛學研究相比，湯先生並沒有在一段時期內有計劃的撰寫一部如《郭象與魏晉玄學》那樣的系統性的佛學論著是一個不爭的事實，有些學者在總結湯先生學術貢獻的時候甚至對其佛學研究隻字不提恐怕並不是疏漏，而是出於對一名學者學術成果的直觀認識，如果要公正的對待湯先生及其研究，就必須得接受這一事實。研究湯先生佛學思想的意義已於上述，在此還需要討論另一個問題，既然連湯先生自己都承認由於種種原因其佛學研究並沒有取得什麼「特殊的貢獻」，是否意味著湯先生佛學研究的學術價值確實要遜人一籌呢？從學者有意忽略湯先生佛學研究的狀況來看，對湯先生佛學研究的學術價值認知確實存在著一定程度上的遮蔽，而這種遮蔽很大可能就源於「玄學、道教、儒學、佛學」這樣的劃分思路，照此標準，在湯先生自己的學術思想體系框架內，佛學一塊確實顯得有些薄弱。但是，筆者認為尚需注意另一個事實，即湯先生佛學並不純粹，如果以狹義的「佛學」〔註25〕概念來衡量其研究的話，湯先生很大一部分有關佛教的研究甚至難以被稱之為「佛學」。如同湯先生將僧肇哲學納入玄學體系中來考察一樣（應當是延續了其父湯用彤先生的思路），他實際上也將佛學整體納入傳統文化以及比較文

〔註24〕樊美筠、王治河：《第二次啟蒙的當代拓荒者——深切緬懷湯一介先生》，《深圳大學學報（人文社會科學版）》，2015 年第 01 期，第 5～10 頁。
〔註25〕傳統的「佛學」概念通常僅限於義理與史學考證。

化研究的體系來分析，那麼對其佛學研究的學術價值評價當然也就必須放在更為宏大的文化研究體系中來觀察，只有這麼做才不至於遮蔽其佛學研究在學術史上的真正意義。

對於研究湯一介先生佛學思想具體進路的確立來說，《佛教與中國文化》一書是必須給予首要關注的。該著於 1999 年初版，後於收入《湯一介集》時增訂。1999 年版的《佛教與中國文化》僅是一部純粹的論文匯編，在體例的編排上並沒有花費工夫，增訂本則不同，除了增加若干篇 1999 年之後的論文之外，又刪去了兩篇論文，分別是《湯用彤〈校點高僧傳〉緒論》和《印順〈中國禪宗史〉序》，特別是在體例編排上作了很大的調整，這種調整對瞭解湯先生佛學研究的思路格外重要，現予分析如下：

增訂本《佛教與中國文化》分為三個部分，分別是「佛教傳入與儒家、道家」、「隋唐以來之中國化佛教」、「佛教典籍考訂與解讀」，總體上按照歷史發生順序編排，而非各篇論文的寫作時間順序。其中，「佛教典籍考訂與解讀」應當為湯先生「文化　　佛學」研究主幹之外的學術成果，暫且不提，需要注意的是前兩部分的編排方式。第一部分「佛教傳入與儒家、道家」，下分五章，分別為「第一章，印度佛教傳入中國的歷史考察」、「第二章，魏晉玄學與魏晉時期的佛教」、「第三章，僧肇《肇論》的哲學意義」、「第四章，南北朝時期的佛教與儒學」、「第五章，南北朝時期的佛教與道教」。從該部分的內容來看，湯先生所謂佛教傳入並非特指東漢時期的佛教初傳，而是指自東漢始至隋唐前印度佛教集中輸入中土的一段時期。由下分五章的內容不難看出，該部分是圍繞一條中心線索或問題鋪展開來的，即中印文化交通，湯先生立足於中國傳統文化，探討了對作為外來思想文化體系的印度佛教在傳入過程中發揮的具體影響，其目的或在於得出一個異質文化交通上的模式，以支持其多元文化論的觀點，茲不細論。第二部分為「隋唐以來之中國化佛教」，包括「第六章，天台宗及其哲學問題」、「第七章，華嚴宗及其哲學問題」、「第八章，禪宗及其哲學問題」、「第九章，禪宗的覺與迷」、「第十章，禪師話禪宗」、「第十一章，唐代的排佛思想」、「第十二章，論儒、釋、道『三教歸一』問題」、「第十三章，『人間佛教』之意義」。表面上看來，似乎為純粹的史學梳理及義理發揮，實際上卻仍然與其文化的考量密切相關，具體來說，主要與其建構新文化體系或新哲學體系相關，此點會於下文探討。第三部分「佛教典籍考訂與解讀」對於湯先生的佛學研究整體來說或許應當被視為補遺的性質，與其體系化的「文化

——佛學」研究理路關涉不大，故本書不作探討。

　　另外，湯一介先生並非一位書齋型學者，對於某一研究領域的關注往往並不僅僅依憑學術的興趣，而是以「問題」為出發點，他在《湯一介集》第六卷《思考中國哲學》的《序言》中說：「我認為，哲學總是來自於『問題』，並期圖解決所遇到的哲學問題，以求把某一哲學問題的研究推向前進，而有所『創新』。」〔註26〕需要注意的是，在湯先生那裡，「哲學」與「文化」的概念其實常常是可以互相置換的，究其因大概有二：作為一名哲學家，將「哲學」看作不同傳統的「文化」核心要素並直接以之指代「文化」是專業視角使然；對於從學術政治化年代走過來又肩負引領學術研究新風氣的學者而言，強調「文化」的哲學維度有利於正常學術研究的順利開展。由此當可說，「哲學」與「文化」是為湯先生思考學術問題的一體兩面，對於同一個問題，從內在的思想觀念層面而言是「哲學」的，從外在的現實社會影響而言則是「文化」的。湯先生看似瑣碎的佛學研究其實皆帶有解決哲學或文化問題的目的，問題具體所指，湯先生1987年為成中英教授《中國文化的現代化與世界化》撰寫的序言《中國新文化的創建》一文給出了簡明的答案。

　　湯先生所謂「文化問題」是一個有著明確目標的關於中國文化走向的問題，最終可以歸結為「中國哲學與中國文化現代化與世界化」〔註27〕。彼時文化問題的提出乃出於針對中國文化與中國哲學在1978年以前將近三十年因「閉關自守」而明顯不適應當代世界發展要求的狀況，80年代初期興起的文化大討論熱潮更將這一問題推向了學術界的關注前沿，湯先生總結了在這場論爭當中形成的五種代表性的觀點派別（「反傳統派」、「五四運動派」、「早期啟蒙派」、「現代儒學派」以及「回歸原典派」），他認為這五種觀點都有其合理之處，並進一步指出它們的共通思路，即均需解決三個問題，包括「（1）面對西方文化的挑戰，如何作出積極的回應；（2）如何發展馬克思主義，使馬克思主義進一步成為開放的思想體系；（3）如何從總體上認識中國文化」〔註28〕。對於這三個問題，湯先生又給出了基本的解決思路：對於西方文化，應採取「充分引進

〔註26〕湯一介：《湯一介集·第06卷·思考中國哲學》，北京：中國人民大學出版社，
　　　　2014年版，《自序》，第4頁。
〔註27〕湯一介：《中國新文化的創建——序〈中國文化的現代化與世界化〉》，《讀書》，
　　　　1988年第07期，第6頁。
〔註28〕湯一介：《中國新文化的創建——序〈中國文化的現代化與世界化〉》，《讀書》，
　　　　1988年第07期，第9頁。

吸收消化的積極態度」，若如此做則必須發展馬克思主義使之成為開放的思想體系，同時又需要解決馬克思主義與中國傳統文化相結合的問題，為此：

> 我們又必須對中國傳統思想文化從總體上有一認識，以及如何對它進行創造性的轉化，使之適應當代社會的需要。我們應該瞭解，真正能充分吸收外來文化，創建出一新的中國現代化文化，並對世界文化作出貢獻，必定要有一深厚的民族文化基礎。一個民族失去了其自身的民族文化的傳統，將是不可能充分吸收外來的思想文化，更不可能使自己的思想文化走在其他民族的前面的。〔註29〕

湯先生對於「文化問題」的解決思路實可以「認識」（在當時的時代背景下也是「重估」）與「建構」概括之，並主張這種「認識」與「建構」應立足於本民族文化傳統，如他在探討魏晉玄學與般若學關係問題時即十分強調中國傳統文化的自主發展邏輯，由一個範疇展開，隨著歷史的不斷演進，借助不同的表現形式進入到下一個階段，然後繼續相似的過程，外來文化在這個過程中並不能改變中國傳統文化的內核，而是豐富和完善該體系。

除在《中國新文化的創建》一文中對「文化問題」的內涵與基本解決思路作出大致闡述外，湯先生於《文化熱的前前後後》一文中也提出相似的看法，他指出，在「文化熱」之初，不少學者提出應當重視文化的研究或說文化問題研究，而所謂「文化問題」，大體上包括三個方面，即「如何對待中國傳統文化，如何接受西方文化，如何創造中國的新文化」，「歸結起來就是『傳統與現代』的問題如何解決」。〔註30〕湯先生自80年代始的學術研究主幹也就是由對這三個方面問題的探討組成的。通過筆者掌握的資料來看，在80年代「文化熱」至90年代「國學熱」興起這段時期，湯先生對「文化問題」的關注側重是有些許變化的，由探討「文化問題」之初的「認識」（傳統文化的價值和意義）轉向「建構」（新文化），之後這兩個方面的關注交叉主導了湯先生的學術進路。

總的來說，湯先生的佛學研究以哲學為視角，主要圍繞著「認識傳統文化」和「建構新文化」兩個問題展開，具體的研究方式則是比較與詮釋。對其佛學思想的研究，並不能將佛學從其整體的文化研究框架中孤立出來進行，而須沿

〔註29〕湯一介：《中國新文化的創建——序〈中國文化的現代化與世界化〉》，《讀書》，1988年第07期，第10頁。

〔註30〕湯一介：《文化熱的前前後後》，《湯一介集·第06卷·思考中國哲學》，北京：中國人民大學出版社，2014年版，第155～156頁。

著他思考「文化問題」的線索來探究其佛學研究的動機，如此才不至遮蔽其完整的學術價值和意義。同時，無論其佛學研究相對玄學、道家道教研究來說多不成體系，這種研究本身都客觀上推動了當代佛學研究的範式轉換，因而具有學術史上的重要意義。

在研究思路確定之後，另一個問題就迎刃而解了，即如何給湯一介先生的佛學研究分期。既然湯先生的學術研究活動在上個世紀 80 年代以後即以「文化問題」為導向展開，實際上也就難以對其佛學研究進行獨立的階段劃分，認為某一階段湯先生關注魏晉南北朝佛教，後一階段又轉向了隋唐佛教，這種劃分顯然毫無意義。故此，本文將以湯先生各個時期思考「文化問題」的不同側重為線索，討論其「文化——佛學」研究的具體內容及意義。

第一章　研究的基礎文獻與起點

第一節　湯一介佛學研究主要著作概述

　　對湯一介先生佛學思想的研究建基於對其佛學論著文本的梳理，2014 年出版的《湯一介集》基本上收錄了湯先生畢生的學術成果，並且包括了上個世紀 80 年代以來湯先生在各種學術場合發表的致辭以及記者訪問的筆錄，為研究湯先生的佛學思想體系提供了方便。當然，從諸多學者對湯先生學術貢獻的簡要總結來說，湯先生最為學界所知的並非其佛學研究，而是魏晉玄學、道家道教以及 21 世紀以來圍繞主持編纂《儒藏》的巨大工程而做出的一些有關儒學的成果，就全集的篇章安排來說，佛學研究在全集中所佔的分量並不是很重，直接以佛教為關鍵詞的著作僅《佛教與中國文化》一書，且並非為一渾然體系的專著，而是其上個世紀 80 年代以來的佛學論文匯編。另外，除《佛教與中國文化》之外，其他論著當中也零散包含了一些關涉佛教的論文。故此，總體上看，《湯一介集》的出版確為研究湯先生佛學思想提供了極大的便利，但以全集為核心，結合全集以外的資料對其佛學研究文本進行初步的梳理還是必要的。

一、佛學相關專著概述

（一）《郭象與魏晉玄學》

　　該著初版於 1983 年（後於 2000 年出版增訂本），為文革之後湯先生出版的第一本學術著作，同時也是其最具代表性的著作。湯先生在《我的哲學之路》

一文中提到，《郭象與魏晉玄學》由其在北京大學教授《魏晉玄學與佛教、道教》一課的講義修改而成，由講義原題即可知該著為研究湯先生佛學思想的重要資料。

湯先生在《郭象與魏晉玄學》一書緒論中總結了其主要探討的四個方面問題，其中，關涉到佛學研究的主要為第四個問題，即「外來思想文化的傳入和其與原有傳統思想文化的關係」〔註1〕。湯先生在該著中對佛教的研究是立足於中國傳統文化的。他認為，比較研究是更加透徹的瞭解特定思想文化內容的必要方式，而「這種把一個國家、一個民族或一個地域和另一個國家、另一個民族或另一個地域的哲學思想相比較的分析研究方法，就是比較哲學」〔註2〕，實際上，「比較哲學」的方法貫穿了湯先生所有方面的文化研究，是充分理解湯先生學術思想的關鍵，需要注意的是，「比較哲學」在湯先生那裡又不僅僅是作為一種研究方法來使用的，它還是其總體文化研究的目的之一，即通過對中國歷史上各種文化形態的比較研究，建立「適應當前世界哲學發展潮流的中國比較哲學」〔註3〕。

在《郭象與魏晉玄學》一書中，湯先生立足於魏晉時期主要玄學家的哲學思想對僧肇哲學（或佛學）與其之間的傳續與發展關係進行了比較研究。他根據東晉袁宏《名士傳》中的一段文字將魏晉玄學的發展分為四個階段，在此基礎之上提出「或者應把僧肇看成玄學發展的第五階段」〔註4〕的看法，並於《郭象哲學中的理論問題（上）》一章集中討論了僧肇圍繞魏晉玄學四個主要問題的哲學思想。

（二）《早期道教史》

《早期道教史》原名《魏晉南北朝時期的道教》，初版於 1988 年，是湯先生於 1983 年和 1985 年在北大哲學系講授《早期道教史專題研究》課程基礎上寫成的一部專著，代表了他上個世紀 80 年代中後期的學術興趣和觀點。湯先

〔註1〕湯一介：《湯一介集·第02卷·郭象與魏晉玄學》，北京：中國人民大學出版社，2014 年版，緒論，第 1～6 頁。

〔註2〕湯一介：《湯一介集·第02卷·郭象與魏晉玄學》，北京：中國人民大學出版社，2014 年版，緒論，第 7 頁。

〔註3〕湯一介：《湯一介集·第02卷·郭象與魏晉玄學》，北京：中國人民大學出版社，2014 年版，緒論，第 7 頁。

〔註4〕湯一介：《湯一介集·第02卷·郭象與魏晉玄學》，北京：中國人民大學出版社，2014 年版，第 102 頁。

生在自序中說：

> 如果這本書在 20 世紀 80 年代有點意義，首先是我肯定「宗教」
> 對人類社會生活（特別是心理和精神上的需求）的意義，把「宗教」
> 與「迷信」作某種必要的區分。其次，我論證「道教」成為一種完
> 整意義上的宗教（如基督教、印度佛教）是經過長達兩三百年才完
> 成的，這是因為完整意義的宗教應該有其宗教理論、固定的教規教
> 化、經典系統、超人的神仙譜系和傳授的歷史等等。因此，我從以
> 上諸方面介紹了中國道教的產生和其早期的發展。第三，我注意到
> 道教不僅與中國的道家（老子、莊子等）的思想有著密切的關係，
> 而且和儒家社會政治理論（如「廣嗣興國」之術）有著不可分割的
> 關係。同時它也大量吸收和整合印度佛教的思想和教規才得以成為
> 一種有特色的有影響的宗教團體。（中略）讀者也許可以注意到，我
> 對「宗教」的態度是，不用什麼「唯心主義」、「唯物主義」、「辯證
> 法」、「形而上學」等等硬套在「宗教」上。這是因為，我雖不信任
> 何「宗教」，但我對「宗教」卻存有敬意。「宗教」作為一種文化，往
> 往和信仰這種宗教的民族精神有著密切的關係。〔註5〕

由此段總結文字可知，湯先生至少在兩個方面表達了有關佛學研究的觀點：

第一，湯先生如何看待宗教。對於本文的研究來說，考察文革過來的那一代學者的代表性人物湯一介對佛教作為一種外來宗教在性質上的定位是繞不過去的。從此段簡要的總結來看，湯先生是將佛教作為一種文化來看待的，至於「文化」的概念在湯先生那裡所指為何，他有沒有賦予其除我們通常所認知的「文化」含義以外更豐富的意義，也是應當關注的重要問題，因其關涉到湯先生佛學甚至宗教研究的基本前提。尚需注意的是，在緒論當中，湯先生指出「宗教是一種社會意識形態」〔註6〕，這實際上也表明了其在宗教研究方面的側重，因為宗教當然不僅僅是一種社會意識形態，但作為哲學家的湯先生是從社會意識形態的方面進行研究的。

第二，佛教與道教的關係。正如湯先生在其第一本專著《郭象與魏晉玄學》

〔註 5〕湯一介：《湯一介集・第 03 卷・早期道教史》，北京：中國人民大學出版社，
　　　　2014 年版，《自序》，第 1 頁。

〔註 6〕湯一介：《湯一介集・第 03 卷・早期道教史》，北京：中國人民大學出版社，
　　　　2014 年版，第 1 頁。

中對僧肇哲學所做的比較研究一樣，在《早期道教史》中，他依然是在「文化」的大框架下，以比較哲學的思路來探討佛教對於中國本土宗教——道教建立的意義。縱觀全著，就關涉到佛學研究的方面來說，湯先生選取了魏晉南北朝時期道教的幾位代表性人物（主要為寇謙之、陶弘景、成玄英），通過分析他們發展道教義學與戒規的過程，表現了魏晉時期道教對佛教多方面的吸收與排斥關係。

基於上述考察，筆者認為該書也是研究湯先生佛學思想的重要參考資料。

（三）《佛教與中國文化》

該著初版於 1999 年，是湯先生上個世紀 80 年代以來發表的佛學研究論文專輯，其增訂本增加了他 1999 年後發表的有關佛教的論文，並於篇章上作了調整，收入 2014 年出版的《湯一介集》中，是本書研究湯先生佛學思想的核心（專著）文本。

按照增訂本的內容來看，該著分為三個部分。第一部分為「佛教傳入與儒家、道家」，重點探討了佛教傳入的歷史，以及漢晉時期佛教與玄學、儒家、道家之間的多重關係；第二部分為「隋唐以來之中國化佛教」，主要簡單介紹隋唐時期天台、華嚴、禪三大中國化佛教宗派的發展歷史及主要思想；第三部分為「佛教典籍考訂與解讀」，收入了兩篇論文與一篇《〈般若波羅蜜多心經〉講義》，刪去了原 1999 年初版時的《湯用彤〈校點高僧傳〉緒論》和《印順〈中國禪宗史〉序》，並將其收入湯先生另一本書中。〔註7〕

湯先生在該著序言中介紹了其佛學研究的緣起：

> 1980 年夏，我在整理父親的各種遺稿時，找到了他寫的兩種《隋唐佛教史稿》〔註8〕，我覺得應該把它整理出來發表。從那時起，我花了一年多的時間查對引文和補充材料，這兩種史稿於 1982 年 8 月由中華書局出版了。我想這一年多的時間對我很重要，使我感到佛教對中國文化有著非常重要的影響，應該對它進行深入研究。可是在我較為深入地接觸佛教文獻之後，我深感自己研究佛教的根底太差，很難在佛教哲學本身問題上有什麼重大突破。因為我沒有學過梵文

〔註7〕湯一介：《湯一介集‧第 04 卷‧佛教與中國文化》，北京：中國人民大學出版社，2014 年版，增訂本序言，第 1 頁。

〔註8〕一為湯用彤先生 20 年代末原中央大學（今南京大學）的油印講義，一為 30 年代初北京大學鉛印講義，在內容上，後者對前者作了若干修改。見湯用彤：《隋唐佛教史稿》，南京：江蘇教育出版社，2007 年版，整體說明，第 1 頁。

和巴利文等，英文也忘得差不多了。這樣的基礎，如何能在佛教研究上作出可觀的成績呢？但我又不大甘心，於是就把「佛教與中國文化」的關係作為我研究的一個方向。〔註9〕

由此可知，湯先生對佛教的研究源於一種認知，即「佛教對中國文化有著非常重要的影響」，故其並非如專門的佛學家和史學家那樣，聚焦於義理的探討和歷史的考證，而是服務於其「文化研究」的總體思路。故此當可說，湯先生的佛學研究總體上可以「佛教與中國文化的關係」概括之，並且，這種文化之間關係的研究又與其儒學、道家道教、玄學的研究一道構成其「文化研究」的宏大體系。那麼，在對其佛學研究進行梳理分析的同時，自當以「文化」關懷理解其有關佛教歷史與佛教哲學的諸多觀點。

（四）其他

除以上三著外，湯先生佛學相關研究文章亦散見於多部論文集中，以下就此做一簡要梳理。

1.《中國傳統文化中的儒道釋》（中國和平出版社 1988 年）

該論文集為《中國文化與文化中國叢書》中的其中一本，主要包括如下關涉佛學的文章：

《從印度佛教傳入中國看研究比較哲學、比較宗教學的意義》

《從印度佛教傳入中國看中國文化》

《唐代排佛之根據》

《功德使考》

2.《儒道釋與內在超越問題》（江西人民出版社 1991）

該論文集為《東方文化叢書》中的其中一本，主要包括以下佛學研究的文章：

《論禪宗思想中的內在性與超越性》

《魏晉南北朝時期的反佛道思潮》

《何承天與佛教》

《天台宗概述》

《論儒釋道觀生死問題的態度》

〔註9〕湯一介：《湯一介集‧第 04 卷‧佛教與中國文化》，北京：中國人民大學出版社，2014 年版，原序，第 1～2 頁。

《記美國普林斯頓大學所藏〈磧砂藏〉》

《湯用彤〈校點高僧傳〉序言》

3.《湯一介學術文化隨筆》（中國鐵道出版社 1996）

該文集為《二十世紀中國學術文化隨筆大系》之其中一本，主要收錄如下幾篇佛學相關文章：

《論禪宗思想中的內在性與超越性問題（節選）》

《文化的雙向選擇——印度佛教輸入中國的考察》

《湯用彤〈校點高僧傳〉序言》

《印順〈中國禪宗史〉序》

《唐代功德使考》

《記美國普林斯頓大學所藏〈磧砂藏〉》

4.《非實非虛集》（華文出版社 1999）

該文集為《博導文叢》其中一本，包括以下佛學研究的文章：

《文化的雙向選擇——印度佛教輸入中國的考察》

《論禪宗思想中的內在性與超越性問題》

《禪宗的覺與迷》，收入全集第四卷。

5.《當代學者自選文庫：湯一介卷》（安徽教育出版社 1999）

該自選集為《當代學者自選文庫》系列其中一本，主要收入以下佛學相關研究論文：

《論禪宗思想中的內在性與超越性問題》

《文化的雙向選擇——印度佛教傳入中國的歷史考察》

《記美國普林斯頓大學所藏〈磧砂藏〉》

《唐代功德使考》

二、佛學相關論文整理

以上粗略列舉了湯先生學術生涯中關涉到佛學研究的專著及論文，尚有兩點需要說明：

第一，上述看似名目繁多的研究成果實際上多有重複，一些僅為題目上的改變，另一些則是將之前的數篇論文內容依照不同的主題標準進行排列組合形成的文章，並無實質性的觀點變動。

第二，本文並不打算將湯先生畢生關涉佛學的全部文章作為研究的對象，

而是以其對「文化問題」的思考推進為線索來遴選出符合這一主線的文章進行分析，如此計劃，一方面有助於更一目了然的展現湯先生佛學研究的主體思路，另一方面也更突出湯先生佛學研究在推進當代佛學研究範式轉換方面的學術史意義。

據上述兩點，筆者特整理出在接下來的分析當中主要圍繞的文章及專著如下：

1961
《關於柳宗元哲學思想的評價》
《寇謙之的著作與思想──道教史雜論之一》

1982
《何承天》（《中國古代著名哲學家評傳續編》）

1983
《魏晉玄學的發展──玄學與佛教》（《郭象與魏晉玄學》）

1985
《從印度佛教傳入中國看兩種文化的衝突和融合》

1988
《魏晉南北朝時期的道教》

1991
《論禪宗思想中的內在性與超越性》

1993
《印度佛教傳入中國的歷史考察》

1995
《華嚴「十玄門」的哲學意義》

2001
《人間佛教之意義》

2012
《論儒釋道「三教歸一」問題》

第二節　湯一介佛學研究的邏輯起點──「80 年代」

湯一介先生的學術生涯易於給人一種直觀的印象，他並非一個書齋型學者，其上個世紀 80 年代以來的學術研究洋溢著熱切的現實文化關懷，作為一

個人文學者，這種現實關懷甚至較之社會科學學者有過之而無不及，這麼看來，湯先生對社會學家費孝通先生的欣賞除出於對其在「文化問題」所持觀點上的認同，或許也與費氏學術研究強調現實關懷的風格與之契合有關。〔註10〕

上個世紀80年代對於當代中國人文學術界來說影響深遠，山東大學文史哲研究院的王學典教授在《「80年代」是怎樣被「重構」的？——若干相關論作簡評》一文中賦予了「80年代」以思想史上的重要符號意義。〔註11〕籠統地說，「80年代」之所以具有「特殊的意義」，在於那場「文化熱」的思想遺產，諸多當代一流的人文學者正是在那場轟轟烈烈的文化大討論中確立了自己今後幾十年的學術研究立場、方向及特色，湯一介先生就是其中最為典型的學者之一，其上個世紀80年代之後的學術研究實際上延續了80年代「文化熱」中總結與反思文化問題的學術旨趣，很大程度上可看作對其在80年代業已確立的學術觀點的進一步豐富和完善。如今不難看出，在這三十年左右的時間裏，湯先生雖然依舊保持著其「哲學家就是要提出問題」的進取態度，不斷地提出問題，又嘗試著解決問題，但其研究的方向卻始終未脫離「文化問題」，偶然轉向一些史料的考證，也只是一位人文學者出於職業天性在其主要的研究生命歷程中的一絲調劑，如《記美國普林斯頓大學所藏〈磧砂藏〉》一文便是湯先生於1990年赴美訪學期間對普林斯頓大學所藏《磧砂藏》的考察心得，而《功德使考》一文的副標題為「讀《資治通鑑》劄記」，應當也是他在「文化問題」研究之外的即興之作，當然不能據此認為其「文化研究」的旨趣在某段時期發生了變化。

湯先生真正意義上的學術研究起點即是上世紀80年代，這是他自己也多次公開承認過的，〔註12〕僅就起始時間來說，大概沒有什麼問題，但筆者認為這個「起點」對於湯先生的意義並不僅僅在於時間上的起始，對上個世紀80年代「文化熱」的總結與反思更是其學術思想體系的邏輯起點，湯先生三十年

〔註10〕湯一介曾稱其對1949年之後的學者最為欣賞的有兩位，其一為費孝通，並對費氏提出的「多元一體、文化自覺、文明共存」大加讚賞，見《湯一介、樂黛雲：未名湖畔學界雙璧》，湯一介著：《湯一介集·第10卷·和記者談心——記者的訪問記》，北京：中國人民大學出版社，2014年版，第360頁。

〔註11〕王學典：《「80年代」是怎樣被「重構」的？——若干相關論作簡評》，《開放時代》，2009年第6期，第44頁。

〔註12〕如其在《湯一介集》的前言中指出「嚴格地說，我是80年代才走上學術研究的正軌」，見湯一介：《湯一介集·第01卷·哲學家與哲學工作者》，北京：中國人民大學出版社，2014年版，《前言》，第1頁。

間在「文化問題」研究上所堅持的學術觀點即溯源於此，不暸解那個時代與話語背景，便無法清晰的把握湯先生在文化研究方面的線索，更無法深入理解湯先生各個階段學術觀點的完整意涵。那麼，回顧「80 年代」特別是「文化熱」思想運動並分析湯先生在當時的學術活動對於理清其包括佛學在內的文化研究思路就格外重要了。

一、「文化熱」始末

由於「80 年代」在中國當代思想史上的重要地位，對這一歷史時期以及其中的典型事件「文化熱」運動的研究不在少數，學界對這一時期的基本情況認知大致上是一致的，為表述方便起見，筆者主要參考山東大學王學典教授於 2009 年發表的《「80 年代」是怎樣被「重構」的？——若干相關論作簡評》一文所提供的脈絡簡要回顧一下「80 年代」以及「文化熱」的基本狀況。

王學典教授認為，「80 年代」是一個被「符號化」的時間概念，它「實際上涵括『文革』結束至 1989 年這十多年的時間，指的是當代思想史上一個特殊的時期」〔註13〕。王教授接著用了「後『文革』時代」來概括這個時期，在他看來，「80 年代」的思想史意義顯然與對「文革」的反思有關，如果說「文革」是另一個「符號化」的時期，「80 年代」就是與這個時期的符號象徵內涵有關聯又截然不同的時期，「很難想像，不談『文革』，能說清楚『80 年代』」〔註14〕，「思想史上的『80 年代』是『文革』時代的對立物」〔註15〕。

「文化熱」是「80 年代」最具標誌性的歷史事件，至於它的具體起始時間，學界並無定論〔註16〕，除起始時間外，對「文化熱」主體的認定更是眾說紛紜，因此問題與本文主題無關，故在此不擬詳論。在王教授看來，80 年代的「文化熱」主流思潮乃是「反傳統」和「全盤西化」，湯一介先生的說法則是「帶有很強烈的批判精神」，批判的對象即是「傳統文化」，包括兩個部分，

〔註13〕 王學典：《「80 年代」是怎樣被「重構」的？——若干相關論作簡評》，《開放時代》，2009 年第 6 期，第 45 頁。

〔註14〕 王學典：《「80 年代」是怎樣被「重構」的？——若干相關論作簡評》，《開放時代》，2009 年第 6 期，第 52 頁。

〔註15〕 王學典：《「80 年代」是怎樣被「重構」的？——若干相關論作簡評》，《開放時代》，2009 年第 6 期，第 55 頁。

〔註16〕 王教授引述了 1988 年出版的《中國文化熱》一書作者的觀點認為，「文化熱」應當始於 1984 年。見王學典：《「80 年代」是怎樣被「重構」的？——若干相關論作簡評》，《開放時代》，2009 年第 6 期，第 47 頁。

一部分是「二三千年以來的舊傳統」，另一部分是「五四以來、特別是四九年以來的那一些傳統」，〔註17〕「文化熱」的其他幾位重要當事人如李澤厚、龐樸、甘陽等也都表達過類似的看法，那麼，對於「文化熱」的主流乃是「反傳統」的觀點大概是沒有什麼異議的。當然，以「反傳統」、「全盤西化」為主流思潮的「文化熱」並非當時知識界的一時興起，而是特定時期社會思潮邏輯演化的結果。「整個『80 年代』文化思潮的演變經歷了一系列環節：最初是『反文革』，然後是『反封建』，接著是『反傳統』，再往後才是所謂『文化熱』」〔註18〕，而對「傳統文化」的關注實際上是這一系列環節發展演變的結果，「當『反封建』不能正面談論的時候，人們談論『人道主義』，當『人道主義』也不能談論的時候，人們的思想遂聚焦於『傳統』和『傳統文化』了」〔註19〕。

　　「反傳統」與「全盤西化」的思潮在 80 年代末漸趨消逝，放在如今的文化語境中看來，這種思潮顯得有點不合情理，但是，聯繫到「文革」剛剛結束，中國社會思想界急於尋求思想上的突破以及開闢嶄新文化發展道路的特定語境，這些看似荒謬的言論也就可以理解了。〔註20〕雖然「文化熱」最終漸漸冷卻了下來，但並不代表中國社會特別是知識界對「文化問題」的討論就此結束，90 年代繼之而起的「國學熱」在「建構」的語境中深化了對「文化問題」的探討，〔註21〕對「文化問題」的關注越來越顯示出學術的味道，這種狀況延續至今。

二、「80 年代」語境下的湯一介與中國文化書院

　　上個世紀 80 年代為什麼會出現「文化熱」的現象呢？在湯一介先生看來，第一個原因是「四個現代化」的提出使得有些學者擔心中國又可能走上只重科學技術的路子上去，所以引起了學者們對「現代化」應有「文化」層面內涵的

〔註17〕羊凡、林川：《著名學者王元化、湯一介、沈善洪、陳方正四教授訪談錄——反思文化、傳統、尋覓精神資源》，《學習與思考》，1995 年第 2 期，第 22 頁。
〔註18〕王學典：《「80 年代」是怎樣被「重構」的？——若干相關論作簡評》，《開放時代》，2009 年第 6 期，第 52 頁。
〔註19〕王學典：《「80 年代」是怎樣被「重構」的？——若干相關論作簡評》，《開放時代》，2009 年第 6 期，第 54 頁。
〔註20〕王學典：《「80 年代」是怎樣被「重構」的？——若干相關論作簡評》，《開放時代》，2009 年第 6 期，第 55 頁。
〔註21〕羊凡、林川：《著名學者王元化、湯一介、沈善洪、陳方正四教授訪談錄——反思文化、傳統、尋覓精神資源》，《學習與思考》，1995 年第 2 期，第 22 頁。

關注；另一個原因，據他的描述，應當是思想上反思極左教條主義、推動中國文化發展上的共識，〔註22〕而其中第一個原因又是根本性的。〔註23〕湯先生的觀點代表了從學術界的角度看待和理解「文化熱」的思路。湯一介先生畢生致力於研究「文化問題」，且親身經歷了80年代的「文化熱」運動，在當時多種思潮相互激蕩的年代，他究竟有哪些擔當呢？

　　當代學者對80年代的敘事因立場與角度的不同呈現出些許差異，前已述及，如今在確立所謂「文化熱」的主體等相關問題上觀點不一。僅就上引王學典教授的文章敘述來看，從個人思想影響的角度來說，只有李澤厚、龐樸和王元化三位學者能被認為是「文化熱」的所謂「主將」，他認為只有李澤厚、龐樸和王元化三人的作品，「最足以傳達那個已經消逝了的時代的基本精神特徵，其他任何人的東西都無法將人直接帶回那個年代。」〔註24〕王教授在2014年發表的文章《啟蒙的悖論：龐樸與80年代傳統文化的復興》中則談到，傳統文化自從「文革」開始即被不公正的對待，甚至「文革」結束之後仍舊遭到「全盤西化」思潮的打壓，湯一介先生作為維護傳統文化一派的代表人物為傳統文化爭得地位進而復興發揮了無可替代的作用。〔註25〕依據他的看法，湯一介先生在上世紀80年代的文化大討論中即使從個人思想的影響上未必能夠躋身「主將」之列，但其在「80年代」思想地圖上佔據重要地位是毋庸置疑的，如果對湯先生在那個時期的學術活動有一番初步瞭解的話不難看出，不談學術論著所表達的「思想」影響，僅就湯先生圍繞主持「中國文化書院」的一系列工作來說，他就足以在當時的思想地圖上佔據不遜於任何其他學者（如李澤厚、龐樸先生等）的地位，因學者的思想影響力顯然並不限於通過著述的方式，特別是在學術思潮多元化的特定時期，學者通過舉辦各種學術交流活動以及公開受訪等方式來表達觀點也是一種重要途徑，作為「中國文化書院」的第一任院長，湯一介先生毋庸置疑具有得天獨厚的優勢。對於湯先生以及「中國文化書院」在80年代「文化熱」中發揮的作用，葛兆光教授在對湯先生的採

〔註22〕湯一介：《「文化熱」與「國學熱」》，《湯一介集·第07卷·面對中西文化》，北京：中國人民大學出版社，2014年版，第159～161頁。

〔註23〕湯一介：《文化熱的前前後後》，《湯一介集·第06卷·思考中國哲學》，北京：中國人民大學出版社，2014年版，第155頁。

〔註24〕王學典：《「80年代」是怎樣被「重構」的？——若干相關論作簡評》，《開放時代》，2009年第6期，第47頁。

〔註25〕王學典：《啟蒙的悖論：龐樸與80年代傳統文化的復興》，《中華讀書報》2014年8月6日。

訪中總結道,「中國文化書院」是「文化熱」的「標誌之一」,「『中國文化書院』的創建與第一期中國文化講習班的開辦,在促進這一文化反思熱潮中起了極重要的作用」,而湯先生則「在近年的文化大討論中成了一個引人注目的人物」。〔註26〕

明確了湯一介先生在「80 年代」思想地圖中的地位,接下來要做的工作就是回顧他在這場社會思潮交相激蕩的文化大討論中所持立場的問題了。就80 年代社會思潮所反映的派別來說,有所謂「西化派」、「儒學派」、「馬克思主義派」之說〔註27〕;另外,也有學者使用「反傳統派」、「儒學派」、「西體中用派」的概念,而後一種分法在當時更為流行。〔註28〕湯先生則按照學術團體所代表的思潮來劃分不同派別,分別為「走向未來」(編委會)、「文化:中國與世界」(編委會)、「中國文化書院」三大學術團體所代表的激進主義派、自由主義派、保守主義派,而這些派別的劃分標準依據的是其各自對待「傳統」的態度。〔註29〕當代西方哲學學者徐友漁在其 2015 年的一次受訪中談到 80 年代的「中國文化書院」時認為,在上世紀 80 年代興起的各種「山頭」當中,以中國文化書院最有名氣,復興中國傳統文化就是他們創辦書院的宗旨,中國傳統文化在海外沒斷,海外以杜維明為代表的學者與國內知識分子聯合起來影響也就極大,「中國所有研究傳統文化的老一代都在他們那邊」〔註30〕。

按照「中國文化書院」所代表的思想傾向(復興中國的傳統文化)來說,湯一介先生似乎確實應歸於「保守主義派」,在上個世紀 90 年代末發表的總結90 年代學術思想狀況的一些文章當中,大致也是將湯先生歸於「文化保守主義」〔註31〕。但是,以一個高度特徵化的概念對一個學者的學術思想傾向進行定位易於將這一特徵過度放大而有簡單化之嫌,相較於激進的反傳統思潮與海外新儒學式的「保守主義」,實際上湯先生既表現出對外來文化相當程度的

〔註26〕葛兆光:《湯一介先生採訪記》,《中國文化》,1989 年第 01 期,第 200 頁。

〔註27〕張繼良:《從否定傳統文化到「國學熱」的興起(上)》,《甘肅社會科學》,1998年第 1 期,第 74 頁。

〔註28〕王學典:《「80 年代」是怎樣被「重構」的?——若干相關論作簡評》,《開放時代》,2009 年第 6 期,第 48 頁。

〔註29〕湯一介:《文化熱的前前後後》,《湯一介集·第 06 卷·思考中國哲學》,北京:中國人民大學出版社,2014 年版,第 158 頁。

〔註30〕《徐友漁:80 年代那三大學術「山頭」的影響力簡直是個神話》,http://culture.ifeng.com/a/20150505/43692881_0.shtml

〔註31〕李少君:《90 年代中國學術五大思潮》,《世紀論評》,1998 年第 Z1 期,第 106頁。

寬容，也反對任何狹義文化形態的意識形態化，同時又堅決反對全盤否定中國傳統文化在現代社會的價值和意義，將其歸於任何意義上的「保守主義」恐怕都難以準確地反映其在「文化問題」上的實際看法，故此，還是拋棄概念的成見，通過具體的分析來把握湯先生在文化問題上的具體觀點為好。

　　在學者看來，中國文化書院以「復興」傳統文化為宗旨，不過，從湯先生所描述的書院創辦過程來看，中國文化書院明確以「復興傳統文化」為宗旨是經歷了一個過程的，即便在今天回顧中國文化書院自創辦以來的學術活動，可以用「復興傳統文化」來總結，但起碼對於上個世紀 80 年代創辦之初的書院，以「復興」來概括其宗旨卻未必準確。湯先生在回顧 1984 年中國文化書院的創辦過程時說：「這期間〔註 32〕我所在的北京大學哲學系中國哲學史研究室的同仁們給當時的中國共產黨總書記胡耀邦寫了一封信，提出應建立『中國文化書院』作為研究中國傳統文化的民間機構。」〔註 33〕湯先生在此用了「研究」而非「復興」的概念，考慮到 1984 年改革開放之初的政治與學術環境，恐怕這並非湯先生在回顧往事時對概念使用上的隨意，而確實是當時創辦中國文化書院的初衷。由前所述，既然當時的知識界對於如何對待「傳統文化」問題爭論激烈，對懸而未決的問題當然還是以「研究」作為基本態度最為妥當。當時書院導師構成上的多元化也印證了此點，「中國文化書院同仁的觀點頗不一致，有屬激進派的包遵信，也有屬自由派的樂黛雲，但更多的學者對幾千年來的文化傳統是抱一種同情理解的態度，他們不是『反傳統派』，但也絕不是沒有看到傳統文化的負面作用，而對幾十年來形成的新傳統則取批判態度。」〔註 34〕從中國文化書院運作的實際情況來看，導師們在對傳統文化的「同情理解」上與對新傳統的批判上多是一致的，而這種「同情理解」以及「非反傳統派」的態度顯然與立場鮮明的「復興」所指各異。再進一步說，上個世紀 80 年代初創期的中國文化書院提供的是一個多元的文化研究平臺，走上（傳統）「文化復興」的道路起碼是 90 年代以後的事情了。〔註 35〕

〔註 32〕指 1984 年 8 月湯一介到美國夏威夷參加「亞洲哲學與比較哲學討論會」期間。

〔註 33〕湯一介：《文化熱的前前後後》，《湯一介集·第 06 卷·思考中國哲學》，北京：中國人民大學出版社，2014 年版，第 154 頁。

〔註 34〕湯一介：《文化熱的前前後後》，《湯一介集·第 06 卷·思考中國哲學》，北京：中國人民大學出版社，2014 年版，第 158 頁。

〔註 35〕90 年代「國學熱」興起，以「建構」為主題，正與「復興」相契合。

　　在 1989 年發表的一篇訪問記中，湯先生談到，「中國文化書院創辦後，作為『大陸第一個民間學術團體』，它不僅使學術真正邁出了走向獨立的第一步，改變了『學在官府』的舊格局，而且促進了大陸與海外的學術與文化交流，並推動了八十年代文化大討論的進程」，接著他又明確表示，「辦這樣一個書院的目的，主要是想改變一下目前人文科學、社會科學界知識結構，培養一批中西兼通的學人，拓寬人們的文化視野」，不僅如此，在他看來，「（中國文化書院）的創建與存在也象徵著知識階層走向人格獨立、建立自己的價值體系，成為當今中國社會中促進民主化的一支力量，而不再是無足輕重的『老九』。」〔註36〕起碼在湯先生此時（1989 年）的表述當中，中國文化書院並非以立場鮮明的「復興」傳統文化為宗旨，而是致力於在內容上進行中西兼顧的文化研究，精神上追求獨立自主的研究特色，用湯先生的語言來說，此時的中國文化書院仍然以批判幾十年來的新傳統為宗旨，開展文化研究的目的即在於突破這種新傳統的束縛。

　　1984 年之後，湯先生學術研究視角的側重從「哲學」轉到了「文化」上來，準確地說，轉到文化比較上來，更具有提綱挈領以及現實關懷的意味。當然，這並非是指湯先生 1984 年之後的學術研究不再關涉「哲學」，而是指「哲學」在其學術研究中的位置發生了變化，大致來說，這種轉變具有兩層含義：

　　第一，研究視野上的變化。「哲學」的研究側重於學理上的思辨，而「文化」的研究則以現實關懷為鵠的，「哲學」因而成為一種研究工具和視角，通過這種手段來研究得出文化發展與交流的一般規律，從而影響現實的文化思潮。

　　第二，學術框架上的變化。將哲學（主要是中國哲學）研究納入文化研究的框架之中，探討哲學範疇所蘊含的文化意義，用包括湯先生在內的文化研究學者的話來說，從傳統文化中吸取適應現代社會的文化資源。

三、《論中國傳統哲學範疇體系的諸問題》及其方法論意義

　　湯一介先生在上個世紀 80 年代不僅積極致力於傳統文化的復興工作，而且在純粹學術研究領域也提出了一些影響深遠的觀點，以尋求突破意識形態化的思想禁錮，其中，1981 年發表的《論中國傳統哲學範疇體系的諸問題》一文最為重要，代表了湯先生在政治環境鬆動之初學術觀點的邏輯推演。該文

〔註36〕葛兆光：《湯一介先生採訪記》，《中國文化》，1989 年第 01 期，第 200～201頁。

雖然仍未完全跳出以唯物主義與唯心主義之間的鬥爭為線索來研究中國哲學的窠臼，[註37] 但其提出從「概念、範疇」的分析入手來研究中國哲學的方法擺脫了以往階級鬥爭主導的分析模式，同時也在一定程度上推進了客觀公正地對待中國傳統哲學的學術研究。該文對於把握湯先生的學術思想進路來說至關重要，可以說，如果用一些關鍵詞來確立湯先生日後（1981 年以後）的學術研究軌跡的話，「範疇研究法」應當是其中關鍵的一個，是湯先生的學術研究在方法論上最具特色之處。

湯先生在二十多年以後回顧該文的創作動機時說：「我考慮如何突破五十年以來關於『唯心與唯物兩軍對壘』、『唯心主義』是『反動的』、『唯物主義』是『進步的』等教條，寫了《論中國傳統哲學範疇體系的諸問題》一文，後發表在 1981 年的《中國社會科學》第 5 期上，企圖把哲學史作為一種認識發展史來考察。」[註38] 可見，由於時代限制，該文雖未能也不可能完全擺脫「唯物主義與唯心主義兩軍對壘」的話語窠臼，但湯先生在主觀上已經在尋求突破的路徑了。該文發表後，在當時學界激起極大的反響，文章發表之後不久的 1981 年 10 月 17 日，在杭州出席全國宋明理學討論會的一部分學者即圍繞此文進行了專門的座談討論。[註39]

《論中國傳統哲學範疇體系的諸問題》一文討論的問題主要有三個：第一，研究中國傳統哲學範疇的意義；第二，研究中國傳統哲學範疇的方法；第三，中國傳統哲學的範疇體系建構。

對於第一個問題，也就是研究中國傳統哲學範疇有什麼價值，湯先生的做法是，將其劃分為「一般意義和特殊意義」兩個方面。就一般意義來說，至少有三點：

第一，通過對範疇的研究和分析，掌握「哲學思想發展的規律」，揭示其發展的「內在邏輯」。

第二，研究概念、範疇發展的歷史，認識「概念、範疇在認識史上出現的

[註37] 由其八十年代的著述來看，湯一介第一次嘗試突破這種思想束縛應當是在《郭象與魏晉玄學》一書中。同時參見胡軍：《湯一介與中國哲學研究》，《社會科學戰線》，2001 年第 01 期，第 254 頁。

[註38] 湯一介：《我的哲學之路》，《湯一介集・第 06 卷・思考中國哲學》，北京：中國人民大學出版社，2014 年版，第 6 頁。

[註39] 岳華：《關於研究中國傳統哲學範疇問題的討論》，《中國社會科學》，1982 年第 01 期，第 53 頁。

必然性」，以揭示「唯物主義和唯心主義鬥爭規律的關鍵」，從而「正確評價」哲學史上的唯心主義和唯物主義。

第三，提高我們的理論思維能力。

除以上三點一般意義，研究中國傳統哲學概念範疇還具有特殊意義，即「可以使我們瞭解中國傳統哲學的特點和發展的水平。」〔註 40〕

湯先生認為，不能簡單地將中國傳統哲學與西方哲學作概念、範疇上的直接對應，因為中國哲學的概念、範疇結合在一起自成一內在體系。在討論了範疇研究的必要性和可行性之後，湯先生接著說，「在中國哲學史上，有三個時期的哲學對中國傳統哲學範疇體系的形成有著較大的意義，一是先秦的諸子學；二是魏晉的玄學；三是宋明的理學。」〔註 41〕如今回顧湯先生研究中國文化所選取的時代域，可以清晰的看出其著力點最多的正是宋明以前的中國傳統哲學，或可認為，湯先生在 1981 年發表的該篇論文中即已確立了日後研究的大致方向。

對於第二個問題——研究中國傳統哲學範疇的方法，湯先生認為，「從根本上說必須用馬克思主義的科學分析方法」〔註 42〕，而「馬克思主義的科學分析方法」又可分為四個方面：（一）分析概念、範疇的含義；（二）分析概念、範疇含義的發展；（三）分析哲學家或哲學派別的概念、範疇體系；（四）分析中外哲學概念、範疇的異同。

湯先生所謂分析概念、範疇的含義，實際上也可以說是如何解釋的問題。〔註 43〕他在以「道」與「自然」的解釋為例時，頻繁使用了「本體」、「必然性」、「偶然性」、「辯證」等現代西方哲學的概念，如其將「命」解釋為「必然性」，將「自然」解釋為「偶然性」等；對於分析概念、範疇的發展，湯先生認為直接的目的在於「發現概念、範疇含義之間的繼承關係」，從而間接地「瞭解認識發展的規律」；在進入以哲學家或哲學派別為對象分析概念、範疇

〔註 40〕湯一介：《論中國傳統哲學範疇體系的諸問題》，《湯一介集 · 第 06 卷 · 思考中國哲學》，北京：中國人民大學出版社，2014 年版，第 37 頁。

〔註 41〕湯一介：《論中國傳統哲學範疇體系的諸問題》，《湯一介集 · 第 06 卷 · 思考中國哲學》，北京：中國人民大學出版社，2014 年版，第 38 頁。

〔註 42〕湯一介：《論中國傳統哲學範疇體系的諸問題》，《湯一介集 · 第 06 卷 · 思考中國哲學》，北京：中國人民大學出版社，2014 年版，第 39 頁。

〔註 43〕如何解釋中國傳統哲學範疇的問題一直到二十一世紀仍然是湯先生關注的對象，並且將其從「方法論」上升到了「創建中國解釋學」的高度，而其思想的起點則應當是 1981 年發表的該篇論文。

體系的問題時，湯先生提供了一個評價哲學思想體系水平高低的價值判斷標準，他認為，「一個哲學家思想體系水平的高低往往和他使用的概念、範疇是否豐富、是否成體系，以及其概念、範疇的含義是否反映事物之間的本質聯繫有關係。」〔註44〕此點甚可注意，因其關涉到我們理解湯先生對前輩學者在思想史地位上的評價；最後一個方面是比較哲學，也是貫穿湯先生畢生文化研究的重要問題。湯先生認為，通過對中外哲學概念、範疇的比較分析，可以「看到一種外來文化思想的傳入對原有的傳統文化思想發生影響的過程，以及外來文化思想如何被吸收而成為所傳入國家（民族、地域）文化思想的一個組成部分。」〔註45〕

第三個問題（中國傳統哲學範疇的體系建構）是該文的核心，湯先生總結了二十對中國傳統哲學的基本概念，並從存在的本源、存在的形式、人們對存在的認識三個方面，以天、人為核心將其納入了一個互相關聯的體系之中。在今天看來，湯先生對二十對基本概念的提煉以及以之為基礎的哲學體系建構應當說是有些粗糙的，但在當時確實不失為一種對唯心、唯物主義之間鬥爭分析框架的頗具效力的突破，因其實際上提供了一種可替代性的研究思路。同時，湯先生對該範疇體系的初步構想體現了馬克思主義辯證法（哲學史發展的螺旋式上升的圓圈）與對立統一規律（範疇是成對的）的指導意義，在當時的學術環境中無疑減小了學術界內外的阻力，也就相應地有力推進了中國哲學研究的正常開展。

就本書研究的主題來說，湯先生建構的這一範疇體系對其日後的文化研究具有重要的提綱意義。以其佛學研究為例，湯先生對僧肇哲學的研究並未僅以其著作為綱，而是納入玄學的框架之中，從玄學所討論的範疇出發分析僧肇學說在哲學上的突破；其對中國化佛教三宗（天台、華嚴、禪）的研究也並未僅著眼於三宗本身的義理，而是以中國傳統哲學諸範疇（如名實、心性等）關照之，如其在比較禪宗與儒道兩家思想關係時指出，「心性」是儒家主要討論的問題，而中國禪宗主張「明心見性」、「見性成佛」即是沿著儒家討論「心性」的傳統展開的，也就是說禪宗接續了儒家的「心性」傳統。此處所謂接續，也即是對同一「範疇」的進一步討論。

〔註44〕湯一介：《論中國傳統哲學範疇體系的諸問題》，《湯一介集·第 06 卷·思考中國哲學》，北京：中國人民大學出版社，2014 年版，第 43 頁。
〔註45〕湯一介：《論中國傳統哲學範疇體系的諸問題》，《湯一介集·第 06 卷·思考中國哲學》，北京：中國人民大學出版社，2014 年版，第 48 頁。

湯先生在 2006 年出版的《我的哲學之路》中回顧該文（《論中國傳統哲學範疇體系的諸問題》）的寫作思路時強調，其當時提出的「哲學史的研究最終要解決的問題應該是揭示歷史上哲學思想如此發展的邏輯必然性」的觀點「並不全面」，「但對當時反對極左的教條主義卻起了一定作用」，並且，他在文中從「存在的本源、存在的形式、人們對存在的認識」三個方面嘗試對中國傳統哲學範疇體系的建構「大體上仍反映了 1949 年以來哲學教科書的某些影響」。〔註46〕故此，湯先生對於該文中表達的觀點在之後的幾十年間是有繼續修正的，甚至某些方面的修正是根本性的，其後期揚棄「本源、形式、認識」的三方面建構方式，改為從「真、善、美」的角度來建構中國哲學的概念體系即為一例。該文所體現的「比較哲學」、「範疇研究法」、「解釋學」的研究方法和思路貫穿了湯先生從上個世紀 80 年代始至 21 世紀初的中國文化研究，其對湯先生學術思想體系在方法論上的意義更是奠基性的。

四、「80 年代」之於湯一介學術思想體系的意義

從上述對《論中國傳統哲學範疇體系的諸問題》一文的分析來看，至少有兩點值得注意：第一，該文在諸多方面奠定了今後幾十年湯先生進行中國文化研究的基本方法，主要為「範疇研究法」、「解釋學」、「比較哲學」；第二，該文是一篇純學理性的哲學研究論文，並不直接涉及到現實的社會文化問題的討論，應當可以說，此時湯先生所關注的仍然主要限於哲學研究領域，該文即表現了學者湯一介在新時期學術思想上的邏輯發展。1984 年之後，湯先生的學術興趣轉移到了「文化」上來，這可以通過對比 1984 年前後湯先生的代表性論著得到證明。在上個世紀 80 年代早期（1984 年以前），除《論中國傳統哲學範疇體系的諸問題》一文之外，湯先生還發表了《略論早期道教關於生死、神形問題的理論》（1981）、《讀郭象〈莊子注〉劄記》（1981）、《論早期道教的發展》（1982）、《南北朝時期的佛教與儒學》（1982）、《讀〈全唐文〉劄記一則》（1983）、《論郭象哲學的理論思維意義及其內在矛盾》（1983）、《中國哲學史與中國思想史》（1983）、《論中國傳統哲學中的真、善、美問題》（1984）等數篇論文，其代表性專著《郭象與魏晉玄學》（1983）一書也於此期出版，從這些論著探討的內容來看，均屬嚴格意義上的哲學以及哲學史研究，並未對之後

〔註46〕湯一介：《我的哲學之路》，《湯一介集 · 第 06 卷 · 思考中國哲學》，北京：中國人民大學出版社，2014 年版，第 7 頁。

知識界所普遍關注的「文化問題」有專門的討論。如果以王學典教授所劃定的「文化熱」的起始時間 1984 年為界的話，湯先生於 1985 年發表的《從印度佛教傳入中國看兩種文化的衝突和融合》一文或可認為是因應當時知識界對「文化問題」的大討論環境而作，緊接著於 1986 年又直接以「文化」為關鍵詞發表了《如何發展中國文化》一文，時間繼續往後推的話，直至 2014 年辭世，幾乎每年都有若干篇直接探討「文化問題」的論文問世，更遑論其自 1984 年之後就「文化問題」接受的學者及記者的訪問了。

　　在今天看來，湯一介先生已然是個多面性的歷史人物，他不僅是個學者，特別是自 1984 年以來，他被其所處的時代賦予了更多的角色，而這又對其學術研究的觀點取向、關注的領域，甚至研究的方式產生了不可忽視的影響。從其 1984 之後的學術活動來看，他的學術觀點越來越顯示出「文化關懷」的意味，而純粹的哲學分析逐漸作為一種專業工具或手段來支持其頗具現實關懷意味的「文化」觀點。湯先生曾多次表示其反對任何狹義文化體系的意識形態化，倡導文化多元。學者幾乎很難擺脫時代施加的限制，當然也很難擺脫社會賦予他的責任，正如「80 年代」被符號化了一樣，「中國文化書院創院院長湯一介」實際上也被符號化了，他本人被賦予並世學者難以企及的地位，也承擔了更多的社會、文化責任，事實上，湯先生的文化態度在「80 年代」之後成為了中國社會總體文化發展趨勢的代表。如果此言有理的話，當可認為，湯一介先生在上個世紀 80 年代的學術活動是其之後學術研究的邏輯起點，對其佛學思想的研究也即應當考慮到其 80 年代在哲學研究方法論以及文化問題上的基本態度。

第二章　湯一介早期佛學研究

第一節　上個世紀 80 年代以前的佛學研究概況

　　湯一介先生自稱其自上個世紀 50 年代開始「走了三十年的彎路」,「80 年代才走上學術研究的正軌」,〔註1〕其將 80 年代以前的文章收入全集中,當並不是主要考慮到其學術價值,而更應當看作是總結教訓、以資鏡鑒之意,那麼,研究其佛學思想,該如何對待湯先生這段時期的相關成果呢?本文上述將「80 年代」作為湯先生佛學乃至整個學術思想體系的邏輯起點,實是考慮到其上個世紀 80 年代之後的學術研究才實質上沿著一條主線展開,但不加分析的直接捨棄 80 年代之前的研究顯然不可取,故此,本文在對其走上正常學術道路的研究進行分析之前,需要先對湯先生特殊時期的佛學相關研究做一簡要分析,以還原其完整的學術路徑。

　　由收入《湯一介集》第一卷的文章來看,湯先生在上個世紀 80 年代以前的學術研究以哲學分析為主要內容。湯先生於 1958 年發表的《以毛主席的哲學思想為綱改革中國哲學史的教學內容》一文集中表達了此一時期他對中國傳統哲學的總體態度,他在文中指出:

　　　　中國哲學史大體上是圍繞著下述問題發展的:在先秦時唯物主義和唯心主義的鬥爭主要是圍繞著「天道觀」(天人關係)進行的;

〔註1〕湯一介:《湯一介集·第 01 卷·哲學家與哲學工作者》,北京:中國人民大學出版社,2014 年版,《前言》,第 1 頁。

西漢時期的唯物主義與唯心主義的鬥爭主要是表現在目的論和反目
的論（元氣一元論）的問題上；魏晉到隋唐唯物主義和唯心主義的
鬥爭的主要陣線是佛教有神論（神不滅論）和反對佛教有神論（神
滅論）的鬥爭；宋明時期唯物主義和唯心主義的鬥爭主要圍繞著氣
和理、心和物的關係進行。〔註2〕

這段話可以視為湯先生研究中國傳統哲學的提綱，依據他的思路，與佛
教相關的研究範圍就主要確定在了魏晉到隋唐這段歷史時期，他在這一時期
的研究成果也為 80 年代以來學術研究走上正常軌道之後的文化研究奠定了
基礎。

湯先生 80 年代以前的學術論文集中收錄在《湯一介集》第一卷，雖然這
個時期（僅就收入全集的論文來說）沒有一篇論文是以佛學為主題的，但在另
外一些主題的論文當中出現了一些有關佛學的探討，舉其要者有二，一為柳宗
元與佛教的關係，一為寇謙之與佛教的關係，這兩處分析文字應當是湯先生早
期佛學研究的代表。

《關於柳宗元哲學思想的評價》一文是以批判唯心主義與階級分析為標
準評價柳宗元哲學的文章，湯先生分三點對柳宗元與佛教的關係作了分析，
實際上可歸併為兩點，第一點為柳宗元對佛教哲學（《般若》與《涅槃》）的
認同，第二點為柳宗元對作為宗教的佛教的反對（破壞社會經濟）。剔除因特
殊時代環境而帶有的偏見，該文實於佛學研究方面並無多少創建，但卻初步
表達了湯先生的佛教觀，他在文中指出，「柳宗元雖然反對作為宗教的佛教，
但他卻對作為哲學的佛教經典《般若》、《涅槃》有所尚好。」〔註3〕將佛教分
為哲學與宗教兩個部分應當不僅是湯先生研究視野中柳宗元的觀點，更應當
是表達了湯先生本人的看法，從其之後的研究當中不難發現，或許由於時代
的限制，湯先生有意對佛教的宗教性一面避而不談，完全專注於佛教哲學的
研究。

在《寇謙之的著作與思想》一文中，湯先生探討了寇謙之與佛教的關係，
他通過史料的梳理認為，寇謙之並非如向來治史者所認為的那樣反對佛教，

〔註2〕湯一介：《以毛主席的哲學思想為綱改革中國哲學史的教學內容》，《湯一介集·
　　　第 01 卷·哲學家與哲學工作者》，北京：中國人民大學出版社，2014 年版，
　　　第 137 頁。

〔註3〕湯一介：《關於柳宗元哲學思想的評價》，《湯一介集·第 01 卷·哲學家與哲學
　　　工作者》，北京：中國人民大學出版社，2014 年版，第 230 頁。

「且頗欲借助於佛教」〔註4〕，其與佛教的對立「純係當時統治階級種種內部矛盾關係所致」〔註5〕。由此可知，湯先生的觀點主要為兩點：第一，借鑒佛教以改革道教，第二，與佛教的對立。

　　首先，就寇謙之與佛教的關係來說，在湯先生看來，寇謙之實際上是被動的，魏太武帝毀法「多係崔浩之意」，寇謙之並不贊同，並引《釋老志》所載文「始謙之與浩同從車駕，苦與浩諍」加以證明。湯先生的觀點似上承其父湯用彤，湯用彤先生認為，「太武毀法，固亦可謂為佛道鬥爭之結果。但其主動人為崔浩。」其妻、從弟與同事高允皆信佛，而寇謙之「亦不欲毀滅佛教」，故此，「浩獨昌言毀佛，可謂一意孤行也。」〔註6〕就主張太武帝毀法主因崔浩一事，湯一介先生與湯用彤先生一致蓋無疑義，但就寇謙之對佛教的主觀態度方面，湯一介先生實際上修正了湯用彤先生的觀點。事實上，寇謙之對待佛教的態度至今仍是一樁未解公案，先不論所謂寇謙之是崔浩幫兇的說法，即便在寇謙之究竟在主觀上是反對還是不反對佛教上均有相關史料記載支持各自說法，僅就湯用彤先生來說，其在這個問題上應當也是不確定的，所以他只說「寇謙之亦不欲毀滅佛教」（儘管他也在注釋中引用了《集古今佛道論衡》中寇謙之「攝敬釋宗」的文獻），而非「不反對」佛教或「禮敬」佛教，其意或如一些當代學者所主張「寇謙之並不贊成以毀滅性的手段消滅佛教」〔註7〕，況且，據湯用彤先生的論述語氣，寇謙之與崔浩所諍之事，當指太武帝極端的排佛做法，即「崔浩因說帝悉誅天下沙門，毀諸經像」，也就是說，「每次在佛教徒遇到滅頂之災時，寇謙之出面調和、說情」〔註8〕，卻並不能因此斷定寇謙之在總體的態度上不反對佛教。

　　相較湯用彤先生的看法，湯一介先生明確表示寇謙之「不反對」佛教，他如此判斷的原因，或並非純出於學術考慮，很大程度上受到了當時階級分析思路的影響。湯先生此文涉及到對兩教三派的階級利益判定，首先，他認為寇謙之所反對的「三張偽法」之「三張」係指張角、張寶、張梁三位農民起義領袖，

〔註4〕湯一介：《寇謙之的著作與思想》，《湯一介集·第 01 卷·哲學家與哲學工作者》，北京：中國人民大學出版社，2014 年版，第 296 頁。

〔註5〕湯一介：《寇謙之的著作與思想》，《湯一介集·第 01 卷·哲學家與哲學工作者》，北京：中國人民大學出版社，2014 年版，第 297 頁。

〔註6〕湯用彤：《漢魏兩晉南北朝佛教史》，武漢：武漢大學出版社，2008 年版，第 338 頁。

〔註7〕韓府：《「太武滅佛」新考》，《佛學研究》，2003 年第 00 期，第 159 頁。

〔註8〕韓府：《「太武滅佛」新考》，《佛學研究》，2003 年第 00 期，第 159 頁。

湯先生在當時當然是對「三張」持同情態度，因其代表農民階級利益；其次，「統治階級對農民的自收租稅，當然極為反對，為統治階級服務的佛教，也就抓住這一條作為反對道教特別是反對原始道教的重要根據。」〔註9〕而對於「男女合氣之術」，湯先生稱為是佛教對道教的「攻擊之言」、「歪曲與捏造」〔註10〕，所以，就佛教而言，湯先生將其劃入代表統治階級利益一派；至於寇謙之改革道教的根本目的則是為了「反對為農民起義所利用的原始道教，以建立一個政教合一的封建王朝，鞏固封建統治階級的統治」〔註11〕，其新法內容也相應地「在於反對農民革命，污蔑革命的農民為『愚民』，把號召農民起義（指張角、李弘等）的思想稱為『違道叛德』。」〔註12〕特別是對於寇謙之反對「三張偽法」的「男女合氣之術」來說，是「抓住農民革命中的個別現象，加以誇大，攻其一點不及其餘，以達到醜化革命農民的形象的目的。」〔註13〕而這又源於寇謙之受佛教影響甚深，故取佛教污蔑農民革命以之為組織形式的原始道教的那一套說辭。那麼，依據階級分析的標準，寇謙之與佛教理應是沆瀣一氣的幫兇關係，受此思路影響，自然應斷定寇謙之不反對佛教了。湯先生在該文開篇其實也有所暗示，「通過對寇謙之的新道教的分析批判，將會使我們進一步瞭解剝削階級如何利用宗教鬥爭為其政治鬥爭服務。」〔註14〕另外，湯一介先生對崔浩與寇謙之的身份定位也可印證其觀點實受階級分析思路影響，他認為，「崔浩與寇謙之的關係，似一階級的政治家與思想家的關係」〔註15〕，就崔浩來說，其主張更多的考慮自身政治上的利害關係，而寇謙之作為「統治階級的思想家」，「更多地考慮其階級的根本的和長遠的利益」，因而「反對把統治階

〔註 9〕湯一介：《寇謙之的著作與思想》，《湯一介集・第 01 卷・哲學家與哲學工作者》，北京：中國人民大學出版社，2014 年版，第 292 頁。

〔註10〕湯一介：《寇謙之的著作與思想》，《湯一介集・第 01 卷・哲學家與哲學工作者》，北京：中國人民大學出版社，2014 年版，第 293 頁。

〔註11〕湯一介：《寇謙之的著作與思想》，《湯一介集・第 01 卷・哲學家與哲學工作者》，北京：中國人民大學出版社，2014 年版，第 287 頁。

〔註12〕湯一介：《寇謙之的著作與思想》，《湯一介集・第 01 卷・哲學家與哲學工作者》，北京：中國人民大學出版社，2014 年版，第 292 頁。

〔註13〕湯一介：《寇謙之的著作與思想》，《湯一介集・第 01 卷・哲學家與哲學工作者》，北京：中國人民大學出版社，2014 年版，第 293 頁。

〔註14〕湯一介：《寇謙之的著作與思想》，《湯一介集・第 01 卷・哲學家與哲學工作者》，北京：中國人民大學出版社，2014 年版，第 284 頁。

〔註15〕湯一介：《寇謙之的著作與思想》，《湯一介集・第 01 卷・哲學家與哲學工作者》，北京：中國人民大學出版社，2014 年版，第 298 頁。

級內部的鬥爭放在第一位，而主張集中力量來改革道教，實現其政教合一的理想，消滅農民革命」〔註16〕。所以，寇謙之在主觀上就不應當反對同為統治階級利益服務的佛教，其與佛教對立，實因崔浩從短期政治利益出發引起的事件所致，其本人是很被動的。

基於以上分析，湯一介先生得出「寇謙之不反對佛教」的結論應當並非純出於學術立場，而是以階級分析的思路加以推測使然，在分析湯先生的佛學思想時，此種內在思想約束對其學術觀點的影響及其變化不可不察。同時，他後來對此的反思也是推動其佛學研究強調文化維度的出發點之一。

其次，就寇謙之新道教對佛教的借鑒與吸收來說，他認為，所謂新道教是「儒釋道三家思想的產物」，分別吸收了儒家的禮、佛教的戒律和玄學理論。就對佛教的吸收與借鑒來說，湯先生主要分析了新道教在生死形神問題上的變化，他說：「道教本來主要講肉體飛昇（肉體成仙），故不講『靈魂不死』，更無『輪迴』的思想，然寇謙之卻把與道教養生理論根本矛盾的『輪迴』思想引入道教。」〔註17〕並舉出佛道二教的代表人物對兩者的評述來說明「原道教和佛教在生死形神問題上的根本不同」。湯先生此處所引證的人物及著述除道安外，余劉勰、法琳、陶弘景、甄鸞諸人均為晚於寇謙之時代的人物，法琳甚至為隋末唐初僧人。湯先生所謂與寇謙之「新道教」對比的「原道教」應當是指自東漢以來的以早期道教「肉體飛昇」等教義為標準的傳統道教。從湯先生發表於1981年的《略論早期道教關於生死、神形問題的理論》〔註18〕一文的論述方式來看，他在之後的研究當中延續了這種傾向於哲學分析而非史學考證的思路，是為湯一介先生與湯用彤先生研究視角上的不同點之一。

總的來說，儘管囿於時代侷限，湯先生80年代以前的學術觀點不可避免的存在一些樣板化的缺陷，但就佛學相關研究來看，不論從對比較哲學方法的運用上說，還是從對中國哲學發展主線的把握上說均已成型，與80年代之後的佛學研究方法論以及研究所關注的時間範圍兩相對比當可認為，湯先生此期的哲學、佛學研究實與其80年代之後佛學研究緊密銜接，或者說，湯先生於上個世

〔註16〕湯一介：《寇謙之的著作與思想》，《湯一介集·第01卷·哲學家與哲學工作者》，北京：中國人民大學出版社，2014年版，第298頁。

〔註17〕湯一介：《寇謙之的著作與思想》，《湯一介集·第01卷·哲學家與哲學工作者》，北京：中國人民大學出版社，2014年版，第301頁。

〔註18〕湯一介：《略論早期道教關於生死、神形問題的理論》，《哲學研究》，1981年第01期，第50～75頁。

紀 80 年代走上正常學術研究軌道之後，延續而非隔絕了早期的研究思路。

第二節 「文化熱」興起之前的佛學研究

一、研究的基調

　　1982 年齊魯書社出版的《中國古代著名哲學家評傳續編》收入了湯一介先生撰寫的《何承天》部，根據作序的時間以及早一年（1981）即已發表評述文章〔註 19〕來看，湯先生撰寫《何承天》一文的時間必不晚於 1981 年，故此，該文反映了湯先生（恢復正常學術研究）早期的佛學思想。

　　中國社會科學院哲學研究所辛冠潔研究員在該叢書《序》中記錄了當時嶄新的學術局面，並總結了隨之而來的三個新問題，包括「如何評價歷史上的唯心主義；什麼是貫穿中國哲學史的主要線索；如何對待恩格斯提出的思維與存在的關係這一哲學的重大的基本問題」，辛研究員進而指出，「我們必須作出正確的、統一的回答」，現就其「正確的、統一的回答」的具體內容，摘錄要點如下：

　　　　首先，關於對中國歷史上的唯心主義哲學的評價問題。我們以為，作為一種宇宙觀和認識路線，唯心主義是根本謬誤的，它顛倒了主客觀的關係，（中略）。但是，它既然是一種客觀存在，從人類認識發展的複雜性看，有其深刻的認識根源與階級根源。從它的內容看，它又有那怕是片段的合理之處，那麼，我們就應該實事求是地分析它，對待它，而不應該簡單地、粗暴地對待它，更不可企圖從歷史上抹掉它。（略）

　　　　其次，關於什麼是貫串中國哲學史發展的主要線索問題。我們以為貫串中國哲學史發展的主要線索，不是別的而是唯物主義與唯心主義的相互鬥爭。一般來說，沒有這種鬥爭，也就沒有中國哲學史。這不僅是《評傳》與《續編》的編撰者共同一致的看法，也是為《評傳》與《續編》的內容所充分證明了的。（略）

　　　　再次，關於恩格斯所提思維和存在的關係是哲學的重大的基本問題的問題。《評傳》中的四十五位，《續編》中的四十六位，共九

〔註 19〕鄒介：《〈中國古代著名哲學家評傳選編〉和〈中國近代著名哲學家評傳〉簡介》，《國內哲學動態》，1981 年第 07 期，第 32～33 頁。

十一位古代哲學家，就其思想內容來說，沒有一位不存在或不涉及思維與存在的關係這個問題，沒有任何一位的思想面貌不是為他所處的時代和環境所決定的，沒有哪一位不是通過思維與存在的關係來顯現自己的宇宙觀的，即使不承認唯物與唯心的鬥爭，也還是無法迴避精神和自然界究竟誰是本原這一問題。這是《評傳》和《續編》中任何一篇都毫無例外地證明了的。

編撰一部學術著作是不可能沒有一定的觀點，也就是不能沒有一定的指導思想的。（中略）我們認為，學術是必然要為政治服務的，問題是如何確定服務的科學途徑。把歷史事件、歷史人物放到其所處時代的具體環境中，用馬克思主義的思想武器去實事求是地進行考察和分析，做歷史的、全面的探索，力圖作出符合原來狀況的客觀評價，還歷史人物及其思想以原來面貌，（略）。〔註20〕

辛研究員的看法實際上為全書各篇奠定了論述的基調，當然也包括湯一介先生所撰寫的《何承天》部分。

二、何承天與佛教的關係研究

何承天是南朝劉宋大臣，湯一介先生在文中對何承天的定位是唯物主義的思想家和科學家，其對何承天哲學的研究即是由作為唯物主義思想家的何承天對唯心主義的佛教的批判展開的，他在討論何承天哲學思想一節開篇即指出，「作為思想家的何承天，他的主要貢獻在對佛教神不滅、因果報應和空無思想所作的批判。」〔註21〕

湯先生首先總結了何承天的時代佛教興盛的原因，主要與門閥世族所承載的時代精神有關。具體來說，東晉門閥世族集團因無力解決社會矛盾而轉向關心「生死解脫」問題，而這正是宗教的主要功能，「因為宗教歸根結底都是為人們虛構一超現實的世界，並對人們說在那個超現實的虛幻世界中可以解決現實社會中存在的包括生死問題在內的種種苦難」〔註22〕。所以，佛教、道教

〔註20〕辛冠潔、丁健生、蒙登進主編：《中國古代著名哲學家評傳續編》，濟南：齊魯書社，1982 年版，《序》，第 3～5 頁。

〔註21〕湯一介：《何承天》，辛冠潔、丁健生、蒙登進主編：《中國古代著名哲學家評傳續編》，濟南：齊魯書社，1982 年版，第 413 頁。

〔註22〕湯一介：《何承天》，辛冠潔、丁健生、蒙登進主編：《中國古代著名哲學家評傳續編》，濟南：齊魯書社，1982 年版，第 414 頁。

在當時得以迅速發展，「由於佛教的廣泛流行，反對佛教的鬥爭也因之而起。」〔註23〕湯先生總結了當時批判佛教的兩個主要方面，「一是認為它不合中國國情，有違周孔之教」，「二是對佛教宣揚的『神不滅』、『因果報應』等理論進行駁斥」，而就第二點（理論）來說，原因在於「佛教這套『神不滅』、『因果報應』和中國的傳統思想很不相同的緣故」。〔註24〕

在與佛教辯難方面，有和尚慧琳作《白黑論》〔註25〕，揚儒抑佛。湯先生總結《白黑論》要點有三：

第一，佛教把萬事萬物看成因緣和合而生，因此本性是「空」。白學先生反駁說：「今析毫空樹，無傷垂蔭之茂；離材虛室，無損輪奐之美，明無常增其渴蔭之情，陳苦偽篤其競辰之慮。」（慧琳《白黑論》）湯先生解釋說，慧琳的意思是，佛教講「空」並不能取消事物的存在，而只會增加人們的貪欲。

第二，佛教昭示來生之化表面上是「以慈悲存心」，實際上只是在愚弄老百姓，儒家對待生死、超現實問題存疑的態度才比較老實。

第三，佛教用地獄和天堂作為獎懲的手段使人信佛，這是想以一份付出換來百倍利益，如此一來，「利競之路既開，樸質之風日馳」（慧琳《白黑論》）。

從論述內容來看，湯一介先生對慧琳《白黑論》要點的總結應當參考了湯用彤先生《漢魏兩晉南北朝佛教史》相關章節，不過捨棄了湯用彤先生對慧琳之學的看法。〔註26〕

何承天反佛是在《白黑論》作成之後，湯先生指出至少有三次。第一次「大約就在慧琳寫成《黑白論》以後不久，由於何承天把這篇論文寄給宗炳而引起的爭論」；第二次「當在第一次之後不久，由於宗炳針對慧琳的《黑白論》寫了《明佛論》，於是何承天寫《達性論》駁斥宗炳《明佛論》而引起的與顏延之的辯論」；第三次是「何承天作《報應問》，而與劉少府的爭論」。〔註27〕湯用

〔註23〕湯一介：《何承天》，辛冠潔、丁健生、蒙登進主編：《中國古代著名哲學家評傳續編》，濟南：齊魯書社，1982年版，第415頁。

〔註24〕湯一介：《何承天》，辛冠潔、丁健生、蒙登進主編：《中國古代著名哲學家評傳續編》，濟南：齊魯書社，1982年版，第415頁。

〔註25〕湯一介文均作《黑白論》，當為無心之誤。

〔註26〕在湯用彤先生看來，慧琳「未達佛學實相空虛之義，而妄以樹室相比。辭句雖麗，意旨全乖。由此言之，琳比丘者，究為長於製作之文士，而非妙測幽微之哲人。」湯用彤先生述慧琳《白黑論》事，詳見湯用彤：《漢魏兩晉南北朝佛教史》，武漢：武漢大學出版社，2008年版，第282～286頁。

〔註27〕湯一介：《何承天》，辛冠潔、丁健生、蒙登進主編：《中國古代著名哲學家評傳續編》，濟南：齊魯書社，1982年版，第417頁。

形先生在《漢魏兩晉南北朝佛教史》中也提及了這三次論辯，湯一介先生當為直接承繼了其父觀點。湯一介先生總結何承天對佛教的批判可歸為五個問題，分別為：（1）「神」、「形」問題；（2）「因果報應」問題；（3）「眾生」問題；（4）「有」、「無」問題；（5）儒釋優劣問題。

　　總的來說，湯一介先生對上述五個問題的闡述基本上是在參考湯用形先生觀點的基礎上對相關材料的重新編排，此處並無必要詳細摘錄他對這五個問題的解讀過程，而僅對其中要點略作覆述如下：

　　關於何承天與宗炳等名士的論辯，湯用形先生認為其重點皆在「神不滅」，〔註28〕湯一介先生承繼了這一觀點，並有進一步發揮。他認為，佛教「三世輪迴」、「因果報應」的理論基礎是「神不滅」，原因在於，「輪迴」、「報應」須有一主體來承擔，失去了不滅的「神」這一載體，「輪迴」、「報應」就沒什麼實際意義了。但是肉體卻不一樣，是有生滅的，不可能作為「輪迴」、「報應」的載體，故此佛教就提出無形無相的「精神」來作為承擔「輪迴」、「報應」的主體。那麼，要批判佛教，就必須要批判其「神不滅」的理論。

　　湯一介先生此處以對「三世輪迴」、「因果報應」與「神不滅」之間邏輯關係的解讀來揣測何承天的思路。接著，他對「神不滅」論作了哲學上的分析：

　　　　從哲學上說，「生必有死」自然是一正確命題，因為說一事物有「生」（開始）就意謂著有終結，但是佛教在這一問題上也採用了詭辯的辦法。佛教認為，「形體」是有「生」的，所以「形」有滅，但是「精神」是無始的，所以也是不滅的，它只能是脫離「形體」而「獨存」成為「法身」，達到「涅槃」境界。所以慧遠說：「神也者，圓應無生，妙盡無名……感物而非物，故物化而不滅。」（慧遠《沙門不敬王者論》）〔註29〕

　　湯先生從現代哲學的角度對當時佛教「神不滅」論作了評判，認其為一種詭辯論。

　　在湯一介先生看來，何承天雖然並沒有提出反對「神不滅」有力的理論，卻在對「因果報應」的批判上頗具說服力，他認為，何承天從三個方面批判了

〔註28〕湯用形：《漢魏兩晉南北朝佛教史》，武漢：武漢大學出版社，2008年版，第288頁。

〔註29〕湯一介：《何承天》，辛冠潔、丁健生、蒙登進主編：《中國古代著名哲學家評傳續編》，濟南：齊魯書社，1982年版，第419～420頁。

「三世輪迴」和「因果報應」論，包括：報應說違反事實；來世無根據；「無欲」的欺騙性。〔註30〕對於這三個方面批判的詳細內容，此處不擬贅述，只來看湯先生對該批判的看法，他評價說，何承天的駁斥是「有一定說服力」的，原因在於「報應」論「和事實相反」，如何檢驗「理論」的正確與否呢？他說：「『理論』（學說）是不是正確，要在實際中考察，不大顯著的、離我們遠的事情也應該能借助一些器具去認識，不能完全不顧事實、不由實際驗證地瞎說一氣。何承天的這種唯物主義思想，應該說得力於他對自然科學的瞭解。」〔註31〕也就是說，包括宗教理論在內的任何理論，都應該能接受實踐的檢驗。湯先生接著指出，何承天畢竟是站在傳統儒家立場上對佛教進行批判的，故此，其在反對輪迴、報應說頗有說服力的同時，在人性問題上卻犯了錯誤。具體來說，他認為佛教的「眾生」概念「把宇宙中有生命的東西算作一類」頗有道理，而未能認識到其中的合理因素就不對了。

另外，湯先生認為，何承天在批判「法無自性」方面也並不具說服力，但由其批判佛教「空無」本身即已值得肯定，他說：「何承天對佛教『諸法本無自性』的批判雖比較簡單，也說不上深刻，但我們必須看到在南北朝時對佛教『空無』問題的批判，除慧琳和何承天外實少有論及者，這在當時應說是難能可貴的了。」〔註32〕

至於儒家與佛教孰優孰劣的問題，湯先生實際上通過何承天同時表達了自己的看法，即「入世」優於「出世」，他明確指出何承天提倡的積極入世態度要好於佛教的出世。〔註33〕在對何承天批判佛教的諸方面問題討論結束後，湯先生於文末對何承天反佛的總體情況作了總結，認為何承天的貢獻在於以「科學上的成就」對佛教進行了全面的批判，在反佛過程中所作的佛、儒對比有助於人們認識外來文化與中國本土文化之間的相異之處，而他與之爭論的主要對象，一是東晉末著名僧人慧遠的弟子，一是出身名門望族官位很高的顏延之，而他不在乎這些，敢於和他們進行針鋒相對的鬥爭，體現了其「強烈的

〔註30〕湯一介：《何承天》，辛冠潔、丁健生、蒙登進主編：《中國古代著名哲學家評傳續編》，濟南：齊魯書社，1982 年版，第 423 頁。

〔註31〕湯一介：《何承天》，辛冠潔、丁健生、蒙登進主編：《中國古代著名哲學家評傳續編》，濟南：齊魯書社，1982 年版，第 424 頁。

〔註32〕湯一介：《何承天》，辛冠潔、丁健生、蒙登進主編：《中國古代著名哲學家評傳續編》，濟南：齊魯書社，1982 年版，第 433 頁。

〔註33〕湯一介：《何承天》，辛冠潔、丁健生、蒙登進主編：《中國古代著名哲學家評傳續編》，濟南：齊魯書社，1982 年版，第 434 頁。

鬥爭精神」〔註34〕

　　同時，湯先生又指出，何承天的反佛「在哲學思想上」貢獻不大，因沒有提出多少有力的新思想，且因其受到傳統儒家思想束縛，在一些問題上陷入矛盾之中。但總體來說，對於歷史人物，還是應該結合當時的歷史條件作具體分析，不能用今天的標準來苛求古人，因此，對何承天的反佛鬥爭應該有充分的肯定。

　　總的來說，湯一介先生對何承天批判佛教思想的探討是在湯用彤先生相關論述的基礎上進行的，更準確地說，就何承天、慧琳與宗炳、顏延之等南朝名士相互辯難的哲學史敘事，基本上完全參照了湯用彤先生的相關論述，但在對這一階段的儒、佛論戰的評判方面，卻與湯用彤先生截然不同，帶有鮮明的時代性唯物主義立場。或許與該叢書《中國古代著名哲學家評傳續編》旨在介紹性的總結中國古代哲學有關，湯一介先生在其負責撰寫的該篇文章當中並沒有在學術研究的創新上有實質性的突破，不過，對於研究湯一介先生佛學思想來說，該文提供了幫助認識湯先生佛學研究階段性思路變遷的素材，現總結如下：

　　首先，湯先生佛教觀的變化。從《中國古代著名哲學家評傳續編》的序言中可以看出，雖然此時期學術研究的環境相對寬鬆，但依然在「學術為政治服務」的主導之下，〔註35〕學者的研究仍沒有獲得足夠的自由空間，也就最終影響到學者的觀點傾向。不過，仍然可以發現湯先生在佛教觀上的一些細微變化。在 60 年代初湯先生對柳宗元、寇謙之與佛教關係的研究中，他主要以階級分析與批判唯心主義為前提表達其對佛教的看法，其中，階級分析又佔據了主導性位置，由此前提出發，「佛教」在根本上就成為統治階級利益服務、欺騙勞動人民的工具，而唯心主義只是其表現的方式而已。到了《何承天》中，階級分析的意味已經淡化了許多，批判唯心主義相應地成為湯先生佛教觀的主要根據。也就是說，在湯先生上個世紀 60 年代的敘述當中，佛教主要是「為統治階級利益服務的欺騙性工具」，政治化意味濃厚，而此時已經轉變為哲學上的「宗教唯心主義」了。

　　其次，湯一介先生對湯用彤先生觀點的修正。在湯用彤先生看來，慧琳的

〔註34〕湯一介：《何承天》，辛冠潔、丁健生、蒙登進主編：《中國古代著名哲學家評傳續編》，濟南：齊魯書社，1982 年版，第 436～437 頁。
〔註35〕見前述《中國古代著名哲學家評傳續編》序言部分。

《白黑論》雖對當時的佛法末流之弊有所揭露，但實際上卻「未達佛學實相空虛之義」，而慧琳本人也僅為一「長於製作之文士」，在義學、玄理方面並無突出表現。由此推論，慧琳既獲何承天激賞，而慧琳之學卻「未達佛學實相空虛之義」，湯用彤先生對何承天之學的看法可知。湯一介先生則有意捨棄了湯用彤先生評判慧琳的觀點，而將慧琳與何承天置於值得肯定的地位，其文字甚至給人以隔空跨時支持何承天批判佛教的感覺。當然，既然「唯物主義與唯心主義的鬥爭」仍然是中國哲學史發展的主線，也無怪乎湯一介先生在這個問題上肯定「唯物主義思想家何承天」了。

　　湯先生正常的學術研究起始於 80 年代只是一個模糊的表述，他於 1982 年發表的該篇文章仍然屬「遵命研究」範圍，與 60 年代的研究相比雖捨棄了階級鬥爭觀念的影響，但並未有實質突破性嘗試，故此，筆者仍將其劃歸湯先生佛學研究的早期階段之作。

第三章　學術轉型期的佛教與中國傳統文化關係研究

　　上個世紀 70 年代後期，隨著文化大革命結束，中國社會逐漸擺脫了以階級鬥爭為綱的思想枷鎖。進入 80 年代，中國社會知識界開始全面學術轉型，這種轉型包括兩個方面，一是掙脫教條主義控制，一是開拓新的學術研究方法和手段。在這個學術轉型過程中，如何突破教條化限制並重估中國傳統文化的價值和意義成為當時學界的主要課題。

　　湯一介先生此期的學術研究有力促進了學術轉型的開展，有學者指出，「他是最先將哲學史從唯物與唯心、辯證法與形而上學兩個對子的鬥爭史，拉回到人類認識發展史的正道上來的中國學者之一」〔註1〕。

　　胡仲平博士在《湯一介先生學術思想述略》一文中將《郭象與魏晉玄學》一書看作湯一介先生學術轉型的標誌性著作。由於年代的特殊性，所謂「學術轉型」已並非僅就湯先生一人的學術體系發展而言，而具有了當代學術史總體研究趨勢的階段性轉換意義。胡博士的敘述僅指明了上世紀 80 年代學術轉型的起始節點，並沒有定義「學術轉型」的期間，當然，針對整個學術界的研究狀況來定義此區間也是不可能的，但是，如果僅就湯先生的學術體系本身而言，這個區間的確定就是可行的了。湯先生學術轉型期開始的標誌已為胡博士指明，即《郭象與魏晉玄學》一書的出版，筆者認為，該期的終點應參考湯先生對文化問題的研究側重轉向而定，同時，該轉型期實際上又與「文化熱」的整個過程重合，也就是說，「文化熱」結束之時即為湯先生學術轉型期的終點。

〔註 1〕胡仲平：《湯一介先生學術思想述略》，《北京大學學報（哲學社會科學版）》，2014 年第 06 期，第 151 頁。

對於湯先生來說，這一時期的學術轉型除去逐漸擺脫極左思潮的束縛之外，其具體的學術研究側重也從批判封建文化轉到重新認識中國傳統文化的價值上來，而這個轉型任務不可能僅由一本專著（《郭象與魏晉玄學》）所能完成，湯先生因應 80 年代「文化熱」多種思潮激蕩的學術環境所做的重新認識中國傳統文化的一系列研究工作實際上均應當納入其學術轉型期的範圍之內，上世紀 90 年代則開啟了另一輪的學術轉型，由認識中國傳統文化的價值轉向新文化的建構方面上來，後文詳述。

　　湯一介先生於此期關涉佛教的學術成果主要包括：《郭象與魏晉玄學》（湖北人民出版社 1983 年）；《讀〈全唐文〉劄記一則》（《文獻》1983 年第 01 期）；《功德使考——讀〈資治通鑒〉劄記》（《文獻》1985 年第 02 期）；《從印度佛教傳入中國看兩種文化的衝突和融合》（《深圳大學學報》（社會科學版）1985 年第 03 期）；《魏晉南北朝時期的道教》（陝西師範大學出版社 1988 年）。其中，《讀〈全唐文〉劄記一則》一文似為湯先生學術隨筆，《功德使考——讀〈資治通鑒〉劄記》為湯先生少有的考證文章，兩文均在湯先生畢生學術活動主線之外，故本文不擬分析。所以，本章所要探討的對象主要包括《郭象與魏晉玄學》、《魏晉南北朝時期的道教》兩著中有關佛教研究的部分以及《從印度佛教傳入中國看兩種文化的衝突和融合》一文。

　　大體上說，湯先生於學術轉型期關涉佛學的研究在內容上是圍繞「如何重新認識中國文化」問題展開的，這條研究路徑的選擇可以說正回應了 80 年代全盤西化思潮的挑戰。對於湯先生來說，應對全盤西化思潮對中國傳統文化的否定只是這一時期研究工作任務的其中一個重要方面，另一方面，他還要扭轉極左思潮對其學術研究思路的禁錮。暫且不提湯先生於 1984 年出任中國文化書院院長一職對其學術觀點傾向的直接影響，即便從其自身的學術研究歷程來看，重估或肯定中國傳統文化的價值也是其學術研究思維的內在邏輯發展。80 年代之前，湯先生的學術研究受到極左思潮的影響，可以說這一時期其學術研究的重要任務之一即是總體上否定中國傳統文化的價值，那麼，在外部的思想禁錮放開之後，如果要完成自身的思想解放，首要的工作當然不是以另一種方式繼續否定中國傳統文化，而是思考如何重新認識中國傳統文化的價值。沿著此種進路，湯先生基於其哲學素養做了一些轉型性的研究工作。

　　首先，對中國傳統文化體系的主要概念範疇進行梳理及嘗試性的體系建構，這無疑是重新認識中國傳統文化最為簡捷的路徑，也為他之後的比較文化

研究工作奠定了基礎，因其同時構成湯先生 80 年代之後一系列文化研究的邏輯起點，在湯先生學術體系中起到了提綱挈領的作用，故筆者將《論中國傳統哲學範疇體系的諸問題》一文放在了第一章進行討論；其次，湯先生對待宗教的態度在此時期發生了重要轉變，由「維護階級統治的欺騙性手段」到「唯心主義的哲學思想」，再到「體現較高思維水平、為中國傳統文化的發展提供思想動力及資源的哲學體系」，這種轉變是在湯先生對道教、佛教、玄學及儒學的比較研究當中進行的，湯先生的宗教觀並於《魏晉南北朝時期的道教》一著中得以全方位的表達，是為其在肯定中國傳統文化價值基礎上進一步肯定宗教價值的重要階段性研究總結。當然，或許因長期受極左思潮影響之故，湯先生實際上僅僅肯定了宗教在哲學思想意義上的價值，其字裏行間時常透露出對宗教的社會及心理功能的保留態度，以如今的流行話語來說，湯先生此期未對宗教完全脫敏；湯先生的學術素養是以哲學為基底的，其對作為一種宗教的佛教價值的肯定很大程度上是通過研究佛教哲學的相關問題來完成的，由於所處的多種文化思潮激蕩的特殊時代背景，湯先生顯然將其研究工作的重心放在了對中國傳統文化的重新認識上，所以此期尚未對佛教哲學展開專門研究，佛教哲學在其看來是印度外來文化的代表，關注佛教哲學是為了更為完整的梳理中國傳統文化的邏輯發展——其對僧肇哲學的研究即為一例——在這個意義上，或可說湯先生的佛教哲學研究是一種輔助性的手段。但是，我們卻不能忽略，正是因湯先生將作為外來文化的佛教哲學納入中國傳統哲學體系發展的框架之內，從更為宏觀的角度來看待佛教在推動中國本土傳統文化發展中的作用，佛教的價值才得以彰顯，在上世紀 80 年代的特殊學術研究環境中，直接以佛教哲學本身為研究對象並不一定會取得同樣的效果。

總之，上世紀 80 年代的學術轉型期對於湯先生之後二十多年的學術研究工作來說意義非凡，他於此期對佛教的間接性研究在其總體的佛學研究體系當中至為關鍵，在研究方法及研究視野等諸多方面起到了奠基性的作用，以下即根據湯先生此期的主要佛學研究內容詳述之。

第一節　魏晉玄學與佛教的關係研究

一、《郭象與魏晉玄學》出版的學術意義

1983 年，《郭象與魏晉玄學》出版，對於湯一介先生來說，該著具有里程

碑式的意義，因其不僅為湯先生第一部公開出版的學術專著，並且在研究的方式和思路上實現了重大突破。學者們多將該著看作湯先生中年時期學術轉型的標誌性著作，正是在這部書中，湯先生最先「將哲學史從唯物與唯心、辯證法與形而上學兩個對子的鬥爭史，拉回到人類認識發展史的正道上來」〔註2〕。依據胡仲平博士的看法，湯先生 1981 年發表的《論中國傳統哲學範疇體系的諸問題》一文為兩年之後出版的《郭象與魏晉玄學》一著奠定了方法論上的基礎，湯先生在論文中指出「哲學史的研究最終要解決的問題應該是揭示歷史上思想如此發展的邏輯必然性」，而《郭象與魏晉玄學》即是沿著「將哲學史看作是人類認識發展史」並「注重對概念、範疇的邏輯發展的分析研究」路徑展開的。《郭象與魏晉玄學》一書在內容上全面論述了玄學產生、發展的歷史過程，及其與佛、道二教的關係，分析了郭象哲學的內容體系與方法，及其與向秀、王弼等同時代玄學家的思想之間的異同；在研究方法上，「注重對玄學家所使用的基本概念和範疇的把握」，以及「在描述思想演進過程時強調歷史與邏輯的統一」，能夠看出該書撰著受到了多方影響，包括中國傳統考據學、馬克思主義理論乃至德國古典哲學。「《郭象與魏晉玄學》的問世是 20 世紀 80 年代前期中國學者努力擺脫政治與意識形態的束縛，在繼承前輩學者的研究成果，並借鑒西方哲學史研究經驗基礎上的一次富有成果的努力」，是「新時期中國哲學史研究領域的代表作」。〔註3〕

北京大學哲學系胡軍教授在本世紀初發表的一篇文章中也指出，湯先生從事中國哲學史教研工作一開始受到「極左思潮的干擾和教條主義的束縛」，以日丹諾夫「哲學史是唯物主義和唯心主義鬥爭的歷史」作為其哲學史研究的指導思想，在「唯物進步、唯心反動的二元框架」中來分析中國哲學。到了 80 年代初，他開始有意識的突破這種思想束縛，特別強調「哲學史就是認識史」，「應該著重研究哲學史自身特有的問題」，「《郭象與魏晉玄學》就是這一看法具體運用於中國哲學史研究的第一次嘗試。」〔註4〕

如上章所述，早《郭象與魏晉玄學》一年出版的《中國古代著名哲學家評

〔註2〕胡仲平：《湯一介先生學術思想述略》，《北京大學學報（哲學社會科學版）》，2014 年第 06 期，第 151 頁。
〔註3〕胡仲平：《湯一介先生學術思想述略》，《北京大學學報（哲學社會科學版）》，2014 年第 06 期，第 151 頁。
〔註4〕胡軍：《湯一介與中國哲學研究》，《社會科學戰線》，2001 年第 01 期，第 254 頁。

傳續編》中所收錄的湯一介《何承天》一文，仍然是以「哲學史是唯物主義和唯心主義鬥爭的歷史」為指導思想而撰寫的，而這一意識形態的禁錮在《郭象與魏晉玄學》中被打破了，故此，將《郭象與魏晉玄學》一書的出版作為劃分湯一介先生學術研究階段的標誌當無疑義，由該著開始，湯先生正式走上了文化研究的學術道路。

二、佛教傳入及對魏晉玄學的發展

在 1983 年版《郭象與魏晉玄學》一書中，〔註 5〕湯先生專闢一章探討了魏晉玄學與佛教的關係問題，以下就其論述作一簡要梳理。

縱觀全論，湯先生主要討論了兩個問題：第一，佛教傳入中國社會的初期發展；第二，佛教哲學與魏晉玄學之間的邏輯關係。

湯先生對佛教傳入中國的早期歷史發展的梳理當承自湯用彤先生《漢魏兩晉南北朝佛教史》的相關章節。對於印度佛教傳入中國的時期確定，湯一介先生參考了當時公認的說法，認為「必在永平求法之前」，並且「自永平以後佛教在中國才較有影響」。〔註 6〕接下來，湯先生又梳理了佛教傳入之後由早期依附於道術至魏晉依附於玄學的歷史，絕大部分內容沿襲了湯用彤先生的觀點。

關於第二個問題，即魏晉玄學與佛教般若學的內在邏輯關聯，湯一介先生將其納入玄學體系展開討論，具體來說，湯先生的分析圍繞當時（魏晉）哲學思潮所關涉的中心問題「本末有無」展開。他認為，魏晉時以老莊思想為骨架的玄學本體論思潮大為流行，「玄學討論的中心問題為『本末有無』問題，而佛教般若學和玄學有相接近處，因此當時僧人多用玄學解釋佛教教義，他們採用的方法，漸由自相比附的『格義』進展到取『得意忘言』的玄學思辨方法。」〔註 7〕這即是說，魏晉時期佛教般若學與玄學的關係表現在兩個方面：一為討論問題（「本末有無」）上的「接著講」，一為方法（「得意忘言」）上的借鑒。

湯先生首先談到般若學於魏晉流行的原因，他認為，這種情況和當時的社

〔註 5〕在收入《湯一介集》第二卷的《郭象與魏晉玄學》中，「魏晉玄學與佛教」被刪除，轉而收入第四卷《佛教與中國文化》。

〔註 6〕湯一介：《郭象與魏晉玄學》，武漢：湖北人民出版社，1983 年版，第 90 頁。

〔註 7〕湯一介：《郭象與魏晉玄學》，武漢：湖北人民出版社，1983 年版，第 95 頁。

會歷史條件有關，即東晉門閥世族因無力解決社會矛盾而轉向宗教尋求解脫，佛教了生脫死的功能正提供了滿足這種需求的手段。湯先生於此又一次表達了他對宗教的看法，他說：「宗教的目的歸根結底都是為人們找尋一個超現實的世界，說在那個虛幻的世界裏可以解決現實社會中普遍存在而又無法解決的包括生死問題的種種苦難。佛教當然也不例外。」〔註8〕

在《何承天》中，湯先生也表達過與上述類似的看法，不過卻捨棄了「八王之亂」是所謂「統治階級內部的互相殘殺」的表述，而其對於宗教的看法也發生了一些變化。在《何承天》一文中，湯先生說「宗教歸根結底都是為人們虛構一超現實的世界，並欺騙人們說在那個超現實的虛幻世界中可以解決現實社會中存在包括生死問題在內的種種苦難。」〔註9〕刪去「欺騙」這個詞應當不僅僅是出於語言表述上的準確考慮，更反映了湯先生此期對待宗教的態度更為理性，為之後的學術研究中客觀公正的評判宗教的文化價值作了思想上的準備。

接著，湯先生以僧肇《不真空論》所破三家為例，分析了佛教般若學與魏晉玄學在「本末有無」問題上的討論。

湯先生稱魏晉玄學的中心問題乃是對「本末有無」的討論，此觀點當承自湯用彤。〔註10〕何謂「本末有無」呢？湯用彤先生認為，「貴玄言，宗老氏，魏晉之時雖稱極盛，而於東漢亦已見其端矣。然談玄者，東漢之與魏晉，固有根本之不同。」〔註11〕東漢談玄或「稽查自然之理，符之於政事法度」，以致「其所遊心，未超於象數。其所研求，常在乎吉凶」，或探究「宇宙之構造」，「推萬物之孕成」。及至魏晉，乃「不復拘拘於宇宙運行之外用，進而論天地萬物之本體」，「以萬有為末，以虛無為本。夫虛無者，非物也。非無形之元氣，在泰始之時，而莫之與先也。本無末有，非謂此物與彼物，亦非前形與後形。命

〔註8〕湯一介：《郭象與魏晉玄學》，武漢：湖北人民出版社，1983年版，第96～97頁。

〔註9〕湯一介：《何承天》，辛冠潔、丁健生、蒙登進主編：《中國古代著名哲學家評傳續編》，濟南：齊魯書社，1982年版，第414頁。

〔註10〕湯用彤先生在《魏晉玄學流別略論》中說：「道家老莊與佛家般若均為漢晉間談玄者之依據。其中心問題，在辨本末有無之理。」詳見湯用彤：《魏晉玄學流別略論》，《湯用彤全集——第04卷》，石家莊：河北人民出版社，2000年版，第42頁。

〔註11〕湯用彤：《魏晉玄學流別略論》，《湯用彤全集——第04卷》，石家莊：河北人民出版社，2000年版，第41頁。

萬有之本體曰虛無，則無物而非虛無，亦即物未有時而非虛無也。」〔註12〕也就是說，魏晉時期名士與名僧所共同關注的「本末有無」之辨，乃是就本體論意義上的體用關係展開的討論，以當時「尚無」的潮流來說，實為「本無」各派對「本無末有」的闡釋以及「崇有」派對其的反駁。

湯一介先生對僧肇《不真空論》及所破三家的哲學分析當也參考了湯用彤先生的相關論述，大部分觀點與湯用彤先生保持了一致，但在一些「解釋」的問題上又進行了發揮，以下試做分析。

（一）「心無義」與郭象哲學的關係

湯用彤先生採納陳寅恪先生的考證觀點認為，「心無義」之說起於支愍度。對此，《世說新語》、唐元康《肇論疏》均有相關記載，又結合慧達《中論疏記》及《肇論疏》，湯用彤先生最終指出：「心無之義，創者支愍度，傳者道恒、法蘊。」〔註13〕

所謂「心無」，即「無心於萬物，萬物未嘗無」（《不真空論》）之義。湯一介先生在文中直接援引元康《肇論疏》及吉藏《二諦義》來分析，當是直接承繼了湯用彤先生的觀點，不過，他在分析的過程中又指出「心無義」與郭象思想有諸多相似之處：

> 「不空色」就是說「萬物未嘗無」，唐元康《肇論疏》說，「然物是有，不曾無也」，「不知物性是空，故名為失」。「不知物性是空」即以物性為有，這和郭象的思想非常相近。郭象反對「以無為本」，認為「萬有」沒有一個「無」作為它的本體，「有」是唯一的存在，而其存在的根據就在於萬物各有其「自性」，所以他說「物各有性」。「空心」就是說「無心於萬物」。元康疏說：「但於物上不起執心，故言其空。」這點和郭象的學說也很相近。郭象注《莊子》於內七篇均有解題，其中三篇解題均說「無心」。（中略）據此，郭象認為聖人無心而順物，故能「隨變所適，而不荷其累」。雖說「心無義」與郭象思想頗有相似之處，但也並不能肯定說「心無義」是直接由郭象發展而來，只是說在當時玄學風氣的影響下，玄學所討論和注

〔註12〕湯用彤：《魏晉玄學流別略論》，《湯用彤全集——第 04 卷》，石家莊：河北人民出版社，2000 年版，第 41～42 頁。

〔註13〕湯用彤：《漢魏兩晉南北朝佛教史》，武漢：武漢大學出版社，2008 年版，第 180 頁。

意的問題，往往也為佛教所討論和注意。〔註14〕

　　對於「心無義」與郭象之學諸多相似之處的分析並未見之於湯用彤相關論述，湯用彤先生卻以西晉釋氏所謂「本無宗」者（釋道安、竺道潛、竺法汰、慧遠、道生等）與王弼「貴無」義相比擬，向秀、郭象之學與釋氏支道林「即色義」相比擬，並疑支道林之學或受向、郭之影響。〔註15〕問題在於，如其認為支愍度「心無義」與郭象之學相通的話，當會指明並論述一二，但筆者並未看到這樣的文字，是否可以推斷，湯用彤先生並不認為郭象之學與支愍度「心無」之義有內在的關聯？也即是說，在這個問題上，湯一介先生的觀點與湯用彤先生觀點相異。那麼，自然應當推究，湯用彤先生依據何種標準來對各家思想進行比較之後的歸類呢？湯一介先生又依據何種標準？

　　「心無義」基本義即「無心於萬物，萬物未嘗無」，元康《肇論疏》說「（心無義）謂經中言空者，但於物上不起執心，故言其空，然物是有，不曾無也」。湯一介先生之所以將其與郭象之學相較，關鍵即在於「萬物未嘗無」上。從文意來看，「心無義」對於萬物的看法確實是認其為「有」，而郭象「崇有」之學顯然也是認萬物為「有」的，兩者在萬物的實存方面保持了一致，因此說兩者有相似之處並不能說沒有道理。同時需要注意的是，玄學關注的核心問題乃在於「本末有無」之辨，也即是體用之別。湯用彤先生說「愍度乃已屏棄舊義，推求心之體，以為豁如太虛，虛而能知，無而能應」〔註16〕，據此可知「心無義」主以無為本、以有為末。其形上學的主張為著人生論的目的，此義所強調的即在於「於物上不起執心」而「空心」，對於「末有」來說，與其說堅持認其為實際存在的，不如說是一種無所謂的態度。而郭象「崇有」之學則不同，其注《莊》的宗旨在糾正當時破壞禮法、鄙薄名教的社會風氣，「放達及乎末流，只講表面上的浪漫，而並無任達之心胸」〔註17〕，元康以後的此種「放達」並非真正的放達，深為當時名士如樂廣、裴頠、向秀、郭象等所惡，向郭乃作《莊子注》，試圖調和名教與自然。郭象之學注重「有」的

〔註14〕湯一介：《郭象與魏晉玄學》，武漢：湖北人民出版社，1983 年版，第 97～98 頁。
〔註15〕湯用彤：《魏晉玄學流別略論》，《湯用彤全集——第 04 卷》，石家莊：河北人民出版社，2000 年版，第 43～47 頁。
〔註16〕湯用彤：《漢魏兩晉南北朝佛教史》，武漢：武漢大學出版社，2008 年版，第 181 頁。
〔註17〕湯用彤：《魏晉玄學聽課筆記》，《湯用彤全集——第 04 卷》，石家莊：河北人民出版社，2000 年版，第 358 頁。

方面，從形上學的角度來說，其「崇有」之學實際上是以「有」為本的，正和當時「本無末有」的潮流相背，當然也就與支愍度為代表的「心無義」相背。基於以上分析，「心無」與「崇有」不僅在形上學的「本末」觀點上相背，由此引申的人生論也大相徑庭，那麼，其實更應當說郭象「崇有」之學與「心無義」實為兩股相背的思潮，兩種哲學的根本宗旨大異其趣。據此或可推測，湯用彤先生出於史家「同情之默應」態度，主要參考古代賢哲文字表述背後的根本旨趣，推究其在「本無」還是「崇有」上的不同予以歸類，基於此，則釋家「本無」一派與玄學「貴無」的王弼當為一類，而與「崇有」的郭象有別。

與湯一介先生同時代的哲學家李澤厚也對玄學問題展開過討論，為了更加清晰地理解湯一介先生對魏晉般若學與玄學分析思路的獨特之處，在此再以李澤厚論玄為例，對比湯用彤、湯一介與李澤厚三家思路之異同。

李澤厚先生對玄學的看法有一基本前提，即老、莊之異趣，簡要來說，「老子是積極問世的政治哲學；莊子則是要求超脫的形而上學」〔註 18〕。李先生認為，莊子哲學是一種「追求理想人格和人生境界的本體論哲學」，莊子的寓言故事均只為樹立一種「理想人格的標本」，「在莊子看來，這個人的本體存在，由於擺脫了一切『物役』從而獲得了絕對自由」，「莊子的相對主義、虛無主義、不可知論，都是為了指明一切具體事物的存在、變化，包括所謂有無、大小、是非等等，都是有限的、局部的、不確定和無意義的，不必去深究探討」〔註 19〕。老、莊哲學為魏晉玄學提供了思想資源，對待外在標準、規範價值的不同態度又導致了對老、莊的不同解讀，何晏、王弼「以無為本」雖取源於老，但卻不同於老子原本，他們所主張的「以無為本」，實際上是「要求從種種具體的、繁雜的、現實的從而是有限的、局部的『末』事中超脫出來，以達到和把握那整體的、無限的、抽象的本體」〔註 20〕，那麼，何、王的老學實際上「在建立理想人格這一根本主題上」與嵇、阮莊學就相通了，它們構成了同一思潮。向、郭莊學則不同，「其特徵是扭轉嵇、阮那種在政治思想、社會觀念和人格理想

〔註 18〕李澤厚：《莊玄禪宗漫述》，《中國古代思想史論》，北京：三聯書店，2009 年版，第 185 頁。

〔註 19〕李澤厚：《莊玄禪宗漫述》，《中國古代思想史論》，北京：三聯書店，2009 年版，第 195 頁。

〔註 20〕李澤厚：《莊玄禪宗漫述》，《中國古代思想史論》，北京：三聯書店，2009 年版，第 203 頁。

上全面地以莊排儒的傾向」〔註21〕，目的在於「明內聖外王之道」，相應地在政治上強調和肯定現實社會、倫理和秩序等外在價值。

據以上分析當可認為，如果說湯用彤先生的魏晉思想史敘事主要考慮哲學根本旨趣來歸類的話，李澤厚先生則主要以各家思想所欲表達的社會、人文精神來歸類。

不同於湯用彤、李澤厚二位先生，湯一介先生所遵循的應當是另一種分析思路，或可稱為純粹哲學思辨以及哲學體系建構的思路。換言之，湯一介先生對魏晉各派思想體系的分析主要著眼於文字語言本身所表達的哲學意涵，故此他將「心無義」的「不空色」、「物上不起執心」等與郭象的「物各有性」、「無心而不自用」等相較，這種分析視角或也正體現了湯先生「概念範疇研究法」的思路。應當說，湯一介先生的「概念範疇研究法」是純哲學思辨取向的，他似乎是有意抽離各家思想體系中的歷史因素，而集中於文字語言本身所呈現的超越時空的意義系統，這種分析方式在《郭象與魏晉玄學》問世之後幾十年的傳統文化研究當中均有所體現，聯繫到湯先生的學術研究自始至終強烈的現實文化關懷，或可認為，這種分析方式也是湯先生從傳統文化中尋找有益資源以建構新哲學體系的方法論上的自發體現。

（二）「即色義」與玄學的關係

首先，湯一介先生對「即色義」與郭象哲學關係的看法同樣沿襲了湯用彤先生的觀點，但同時強調了兩者的相異之處：

湯先生認為，魏晉玄學家常將「空」或「無」作「本體」解，而支遁說「無體」，主張「色」並不以實在的本體為存在的前提，就與郭象相似。但是，支遁從事物背後沒有實在本體推出「空」，又與郭象相異。

「事物的背後沒有『本體』」的觀點同為支遁與郭象所持當無疑義，而以「事物本來就是『空』的」作為兩者的相異之處似與湯用彤先生觀點的推論有細微差別。對於支遁之學，湯用彤先生解釋說：

> 即色空，注重色與一切法均因緣而成。（中略）緣合而有，故色即空。故待緣之色可謂如幻如夢，本自無有。是蓋空者，因其待緣，因其不自色。至若待緣之假色亦是空，則支公所未悟。故肇公破曰：

〔註21〕李澤厚：《莊玄禪宗漫述》，《中國古代思想史論》，北京：三聯書店，2009年版，第206頁。

「此直語『色不自色』，未領『色之非色』也。」〔註22〕

他又引周顒之論說：

> 周顒《三宗論》之第一宗為「不空假名」，即支道林義：「不空假
> 名者，但無性實，有假，世諦不可全無，為鼠嘍栗。（《大乘玄論》卷
> 一）」此謂法無自性，但有假名。世諦諸法雖有，而是假有。空自性，
> 而不空假名。故如鼠嘍栗，栗中肉盡，而外殼宛然猶存也。〔註23〕

也就是說，支遁之「空」論僅空色之自性，卻不空「假名」，依然承認「假
有」；而對於郭象之學，湯用彤先生則依僧肇之論說：

> 即色論者，偏於崇有，而不知言象所得之非有。故言色未嘗無，
> 而無者色色之自性。自性實無，色相實有。陳義雖與本無論相背，
> 而其分割有無則相符。執著有無，「宰割以求通」，乃墮入名象之域。
> （中略）因不知至虛無生非有物之宗極，故向、郭注《莊》，言至無
> 即實無，而萬物實有。是不知萬物名言所得，假號不真。〔註24〕

據湯用彤先生述僧肇義來看，支遁之學僅空形色而不空假名，即認「色」
之「假有」，與郭象「實有」、「獨化」之說異同兼備。

除「空」與「有」的問題外，湯一介先生認為支遁與郭象在「逍遙」的看
法上更大有不同。在他看來，郭象持「各適性以為逍遙」義，「物任其性，事
稱其能，各當其分，逍遙一也」，而支遁正反對此種看法，「夫桀跖以殘害為性，
若適性為得者，彼亦逍遙矣」。所以說，支遁所謂「逍遙」全在於「『至人』的
心胸能超越時空的限制」〔註25〕，非只「適性」即可「逍遙」。再來看湯用彤先
生對同一問題的看法，他認為，「至若《世說》載支公通《逍遙遊》，卓然標新
理於二家之表。似若支與向、郭立義懸殊，此則亦不盡然」，因「向、郭均言
逍遙雖同，而分有待與無待」，「有待者，芸芸眾生。無待者，聖人神人。有待
者自足。無待者至足。支公新義，以為至足乃能逍遙。」〔註26〕。表面上看來，

〔註22〕湯用彤：《漢魏兩晉南北朝佛教史》，武漢：武漢大學出版社，2008 年版，第
176 頁。
〔註23〕湯用彤：《魏晉玄學流別略論》，《湯用彤全集——第 04 卷》，石家莊：河北人
民出版社，2000 年版，第 48 頁。
〔註24〕湯用彤：《魏晉玄學流別略論》，《湯用彤全集——第 04 卷》，石家莊：河北人
民出版社，2000 年版，第 51～52 頁。
〔註25〕湯一介：《郭象與魏晉玄學》，武漢：湖北人民出版社，1983 年版，第 101 頁。
〔註26〕湯用彤：《魏晉玄學流別略論》，《湯用彤全集——第 04 卷》，石家莊：河北人
民出版社，2000 年版，第 48 頁。

湯用彤先生強調支遁與向、郭的一致性，而湯一介先生強調兩方的差異性，但就湯用彤與湯一介對此問題的論述來看，兩者實際上只是觀察角度的不同而已，並非湯一介修正了湯用彤的觀點。

湯一介先生於「即色義」與玄學關係問題論述之末總結說，支遁「即色義」仍在探討玄學問題，而根據他對「逍遙」的解釋，可以說他實為一玄學家，雖與郭象相異，卻更接近莊子的本意。〔註27〕也就是說，魏晉釋家「即色義」其實是接著玄學講的，與郭象之學實為一脈相承，這在湯用彤那裡也有類似表述，湯先生說：「支道林以通莊命家。其學疑亦深受向、郭之影響。」〔註28〕則二位先生言雖殊而意相近。

（三）「本無義」與玄學的關係

湯一介先生對此問題的討論是以道安的般若學與王弼、張湛的玄學比較而展開的，並未涉及「本無異宗」。

湯先生引吉藏《中論疏》來簡介道安法師的「本無義」說：

> 什師未至，長安本有三家：一者釋道安明本無義，謂無在萬化之先，空為眾形之始。夫人之所滯，滯在末有。若宅心本無，則異想便息。安公本無者，一切諸法，本性空寂，故云本無。（吉藏《中論疏》）

湯先生指出，釋道安法師對般若空宗的看法並非「諸法本無自性」，即「任何事物都沒有實在的自體」〔註29〕，而是更接近王弼「以無為本」之說，又與張湛思想相合。但是，張湛所說之「無」是指在「有」之外，「至無者，故能為萬變之宗主」、「不生者，故生物之宗」，也就是說，「『萬有』之上有一超現實的絕對作為產生『萬有』的宗主」〔註30〕，這就與王弼不太一樣了。王弼雖認「無」為「有」之本體，卻並不認為「有」之外另有一物為「無」，「無不可以無明，必因於有」，「以無為用，不能捨無以為體」。進而湯先生指出，釋道安之「本無」義是將「無」作為「萬有」之先，所以更近張湛之論。

除對「無」的釋義之外，與張湛一樣，道安也拿「元氣論」解釋萬物的構成，根據在於曇濟《六家七宗論》中對「本無宗」思想的記載：

〔註27〕湯一介：《郭象與魏晉玄學》，武漢：湖北人民出版社，1983 年版，第 101 頁。
〔註28〕湯用彤：《魏晉玄學流別略論》，《湯用彤全集——第 04 卷》，石家莊：河北人民出版社，2000 年版，第 47 頁。
〔註29〕湯一介：《郭象與魏晉玄學》，武漢：湖北人民出版社，1983 年版，第 102 頁。
〔註30〕湯一介：《郭象與魏晉玄學》，武漢：湖北人民出版社，1983 年版，第 103 頁。

> 本無之論，由來尚矣。何者？夫冥造之前，廓然而已。至於元氣陶化，則群像稟形。形雖資化，權化之本，則出於自然。自然自爾，豈有造之者哉？由此而言，無在元化之前，空為眾形之始，故為本無。非謂虛豁之中，能生萬有也。夫人之所滯，滯在末有。宅心本無，則斯累豁矣。（《六家七宗論》）

湯先生據此認為，「本無宗」用「元氣論」來解釋天地萬物構成的說法與漢魏之際僧人的解釋一脈相承，他舉康僧會《六度集經》卷九《察微王經》中的記載來說明這一問題，經載：

> 昔者菩薩為大國王名曰察微。志清行淨，唯歸三尊。稟玩佛經，靖心存義。深睹人原始。自本無生。元氣強者為地。軟者為水。暖者為火。動者為風。四者和焉，識神生焉。上明能覺。止欲空心，還神本無。

湯先生又舉《陰持入經》解「五陰種」為「又猶元氣」的記載，由此對比得出「本無宗」在思想上起碼上承後漢的結論。

湯先生認為，道安為代表的「本無宗」與張湛思想的另一相合處在解脫觀上，根據在於：

道安主張「求解脫的關鍵就是要消除對事物的不正確認識」[註31]，從而「蕭然與太虛齊量，恬然與造化俱遊」（道安《人本欲生經注》），而張湛的主張為「如果人能不執著什麼，明瞭生死的來源與去向，自太虛中來，又回到太虛中去，就可以得到解脫」[註32]。

在通過比較道安與張湛思想的相似之處後，湯先生接著引述僧肇對「本無宗」的批評：

> 本無者，情尚於無多，觸言以賓無。故非有，有即無；非無，無即無。尋夫立文之本旨者，直以非有非真有，非無非真無耳。何必非有無此有，非無無彼無？此直好無之談，豈謂順通事實，即物之情哉？（僧肇《不真空論》）

湯先生認為，僧肇是立足於般若宗本旨來對「本無宗」執著於「無」的看法進行批評的，而且，《不真空論》既批評了「本無義」，實又批評了「貴無」和「崇有」，進而發展了魏晉玄學。

〔註31〕湯一介：《郭象與魏晉玄學》，武漢：湖北人民出版社，1983 年版，第 104 頁。
〔註32〕湯一介：《郭象與魏晉玄學》，武漢：湖北人民出版社，1983 年版，第 104 頁。

　　湯用彤先生也對「本無宗」義有所闡釋，他舉道安高足慧遠法師釋本無義「本無之與法性，同實而異名也」，又解釋說：「但此不言無轍之教，無以名之，名之曰『無』。無者真諦，蓋對於俗諦之有而言。故慧達解曰，本無為真，末有為俗。安澄亦曰：別記云，真諦者為俗諦之本，故云無在元化之前也。」〔註33〕根據湯用彤先生的敘述，如果以真諦、俗諦之關係來詮釋「有」與「無」的話，當可認為，所謂「無在元化之先」之「先」並非指時間上的先後，甚至未必指邏輯上的先後，而只是表明真諦與俗諦之間的關係，法性真如與萬有的關係。所以，道安實際上並未認為「空無」中產生「萬有」，當然「無」就更非「有」之「宗主」了。另外，吉藏《中論疏》謂僧肇所破「本無」乃「本無異宗」，湯用彤先生稱「嘉祥大師所言，雖或如理」，並接著指出僧肇所破「本無義」與道安之「本無義」的差別，即僧肇所破「本無義」乃針對「情尚於無」、「賓服於無」，指「於虛豁之中生萬有」，而道安「本無義」卻非指此。由湯用彤先生所述「本無異宗」之義來看，與張湛之「無」更相契合的實為此宗，「本無者，未有色法，先有於無，故從無出有，即無在有先，有在無後，故稱本無」（安澄《中論疏》），湯用彤先生稱此宗執「實無」，「與安公空寂之說截然為二派也。」〔註34〕從將「無」與「有」對立來說，似乎張湛與「本無異宗」之說比之與「本無宗」之說倒更為接近。至於說僧肇發展了魏晉玄學，依湯用彤先生之說則為「雖頗具談玄者之趣味，而其鄙薄老、莊，服膺佛乘，亦幾突破玄學之藩籬矣。」〔註35〕

（四）僧肇「不真空論」

　　湯一介先生於此節簡要陳述了僧肇「不真空」的含義，所謂「不真空」，就是說「一切事物都是不真實的存在」〔註36〕。沒有真實的事物，也就是「假有」，至於為什麼會「假有」，湯先生接著說：「照僧肇看，《中論》說事物都是由因緣和合而成的，所以沒有『自性』；既然因因緣而生起了，所以也是『不

〔註33〕湯用彤：《漢魏兩晉南北朝佛教史》，武漢：武漢大學出版社，2008 年版，第169 頁。

〔註34〕湯用彤：《漢魏兩晉南北朝佛教史》，武漢：武漢大學出版社，2008 年版，第172 頁。

〔註35〕湯用彤：《魏晉玄學流別略論》，《湯用彤全集——第 04 卷》，石家莊：河北人民出版社，2000 年版，第 52 頁。

〔註36〕湯一介：《郭象與魏晉玄學》，武漢：湖北人民出版社，1983 年版，第 105～106 頁。

無』，不能說根本什麼都沒有。」〔註37〕

　　在根據《不真空論》陳述了僧肇「空」義之後，湯先生評價說，《不真空論》的內容和方法均比較符合印度佛教般若學原意，而其出現則基於兩個條件：第一個是歷史的條件，即在僧肇的時代，《般若經》大小品及《大智度論》等譯出，使得當時有可能對印度佛教般若學有更清楚的瞭解；第二個條件則是思想上的接續，即玄學的發展使得「『非有非無』這類思想有可能接著它出現而發生影響」〔註38〕。湯先生的意思應當是指，魏晉時期的玄學家和僧人探討「本末有無」是中國傳統文化在此期的表現形式，而作為外來文化的般若學傳入使得當時僧人有可能依據般若學的「空」觀來詮釋「有」與「無」的內涵和關係，中國和印度兩種文化的碰撞，即玄學和般若學的交流印證，為「非有非無」觀點的形成提供了思想上的條件，或者說，般若學傳入帶來了一種全新的也更為高級的哲學思辨方式，推進了玄學自身體系的發展。

三、文化交通規律的初步探討

　　以對魏晉時期佛教與玄學的關係分析為基礎，湯先生提出了一個異質文化交流溝通上的問題——「一種外來思想文化的傳入和原有思想文化如何相處」〔註39〕。具體來說，佛教作為一種外來思想文化如何與中國傳統文化結合，如何從最初形式上的依附到後來的衝突，最終被吸收而構成中國傳統文化的重要成分，這個過程又提供了哪些可資借鑒的經驗呢？湯先生分三個方面對這個過程作了分析：

　　（一）首先是佛教傳入中國社會之後的依附階段。湯先生陳述了這種依附、發展的過程，即由佛道而至佛玄。他指出，從具體思想的依附上來說，漢代佛教重要信條「精靈不滅」、「因果報應」與中國原有思想相似，而小乘禪法又與中國本土黃老神仙家的吐納之術相似；魏晉時期般若學的理論又與本土玄學相似，故得以依附玄學而發展。直到鳩摩羅什《中論》譯出，中國社會才對般若學原意有所瞭解，換句話說，作為外來文化的佛教般若學才開始以其本來面貌發展流行。根據湯先生的論述或可說，早期的依附階段是佛教之後得以流傳於中國社會的前提。

　　湯先生並著重提出了一個問題，即王弼、何晏「以無為本」之說在思想上

〔註37〕湯一介：《郭象與魏晉玄學》，武漢：湖北人民出版社，1983年版，第106頁。
〔註38〕湯一介：《郭象與魏晉玄學》，武漢：湖北人民出版社，1983年版，第107頁。
〔註39〕湯一介：《郭象與魏晉玄學》，武漢：湖北人民出版社，1983年版，第107頁。

是否溯源於佛教？對此，他持否定態度，因為，「玄學的產生不僅是由於當時社會的需要，而且從漢魏之際的名理之學、才性之辨以及儒、道、名、法交錯互相影響來看，從思想發展的內在必然性來看，它也是我國思想自然發展的結果。」〔註40〕況且，也沒有材料支持這種看法。隨後，他又補充了兩條原因：第一，漢魏之際士大夫並不重視佛教；第二，般若學之「本無」與王弼「以無為本」思想並不相同。第一個問題根據在於《理惑論》的記載，對於第二個問題，湯先生指出，《般若經》中的「本無」與王弼所說的「本無」不是一回事，前者實際上不承認有所謂「本體」，而後者卻主張「無」是「有」的「本體」。據此，王弼、何晏代表的魏晉玄學所講核心問題與般若學雖然用了相近的概念，但含義卻不同，這就表明魏晉玄學有其自身「思想發展的內在必然性」，是中國固有思想的發展。

　　湯先生指出，魏晉時期，印度佛教傳入中國的學說主要為般若空宗，基本命題為「諸法本無自性」，即一切事物乃是因緣所生而無實在的自體，故為「空」，但依然存在諸種不真實的現象，為方便施設而冠以假名。甚至，就連「空」亦為「假名」。「說『空』是為了破除執著『有』，如果『有』已破除就應知『空』也是『假名』，而不可說一切俱無」〔註41〕，這就是佛教的「中道觀」，也就是「非有非無」的思想。

　　直到東晉末年《中論》譯出，般若空宗原旨才為僧肇《不真空論》首先加以準確闡釋，而在僧肇之前，「中國僧人對般若學的瞭解大體都是用中國當時流行的玄學思想去瞭解」〔註42〕，原因何在呢？湯先生受恩格斯「傳統是一種巨大的保守力量」論斷啟發，解釋了般若學傳入初期依附於玄學的原因，他說：

　　　　任何一種思想文化傳統都有保守的一面，對外來的思想文化都
　　　　產生抗拒性，因此外來思想文化必須首先適應原有思想文化的要求，
　　　　依附於原有的思想文化，迎合原有的思想文化，同它接近的部分比
　　　　較容易傳播，然後不同的部分逐漸滲透到原有的思想文化中去，使
　　　　原有的思想文化有所改變。〔註43〕

　　或可說，湯先生的解釋並非史學取向的，即使其看法以恩格斯的論斷展

〔註40〕湯一介：《郭象與魏晉玄學》，武漢：湖北人民出版社，1983年版，第108頁。
〔註41〕湯一介：《郭象與魏晉玄學》，武漢：湖北人民出版社，1983年版，第110頁。
〔註42〕湯一介：《郭象與魏晉玄學》，武漢：湖北人民出版社，1983年版，第111頁。
〔註43〕湯一介：《郭象與魏晉玄學》，武漢：湖北人民出版社，1983年版，第111～112頁。

開，似也應當看作文化學上的一種嘗試性探索，也就是說，湯先生並未滿足於對中國哲學發展歷史的直觀把握，而是尋求一種普遍意義的文化交通規律的探究。

（二）其次是佛教傳入的適應階段。湯先生分析了魏晉玄學從王弼、何晏開始直至僧肇「不真空義」的邏輯發展過程，簡要來說，王弼思想體系視「體」、「用」如一，但又同時強調「無」的絕對性以及「崇本息末」，造成了其體系中的「自我矛盾」，「就其『崇本息末』方面說，可以引出否定『有』，而包含著『非有』的意思」〔註44〕。王弼「貴無」經向、裴發展至郭象「崇有」，「崇有」之說直接否定了作為本體的「無」，而包含了「非無」的意思。再至張湛，企圖融合王弼、郭象兩人思想，湯先生指出張湛的融合只是「機械地拼湊」，是「矛盾」的，因此不嚴密。到了僧肇依般若空宗講「非有非無」，接著王弼、郭象將玄學體系發展的更為嚴密了。湯先生通過分析玄學理論體系的邏輯發展過程，進而指出，「僧肇的思想雖然是從印度佛教般若學來的，但卻成為中國哲學的重要組成部分，使魏晉玄學成為由王弼——郭象——僧肇，構成中國傳統哲學的一個發展圓圈」〔註45〕。

湯先生對魏晉玄學發展圓圈的分析顯然是受到唯物主義辯證法的啟發，他實際上將從王弼、何晏到郭象、張湛，再至僧肇哲學的發展過程看作一個「矛盾不斷發展」的過程，各個階段的哲學思想均包含了自我矛盾，通過否定的方式進行到下一個階段，由此，僧肇的佛教哲學也因處於這個所謂「圓圈」之中而實際上成為中國哲學的重要組成部分。

湯先生最後以「思想文化的繼承性」來解釋中國哲學這種圓圈式發展過程的原因。聯繫其對魏晉玄學的發展過程考察，當可認為，湯先生實際上強調了兩個方面的問題：首先，一種思想文化體系具有內在的發展邏輯，且往往是圍繞一系列核心哲學或文化問題展開的；其次，外來文化的本土化過程與本土文化關注的核心問題緊密相關，或者說與本土文化的發展需求相關，例如佛教般若學因有助於在更高的思辨水平上探討中國本土文化魏晉玄學所關注的「本末有無」問題而得以根植於中國文化之中。

（三）最後是關於佛教的思維水平與其實際影響效力之間的關係。湯先生指出，外來文化必須至少在某一方面超出原有思想文化的水平，才能對其發揮

〔註44〕湯一介：《郭象與魏晉玄學》，武漢：湖北人民出版社，1983 年版，第 112 頁。
〔註45〕湯一介：《郭象與魏晉玄學》，武漢：湖北人民出版社，1983 年版，第 113 頁。

影響作用。他首先提出一個問題，即「印度佛教般若空宗的思維水平是否全面高於中國原有的思想文化」〔註46〕，雖然他說這需要仔細研究才能得出結論，但也同時明確的表達了般若空宗作為一種「思辨哲學」在「思維水平」上超出王弼、郭象等玄學思想的看法。湯先生並沒有解釋「思維水平」具體所指，但依其文義當可推斷應當指「哲學範疇的抽象化水平」而言。

他將中國哲學體系的重要範疇「天」、「帝」等被更為抽象化的概念「理」、「天理」、「道」等代替稱為「唯心主義得到發展」〔註47〕，言外之意顯然即指「理」、「天理」、「道」等概念在「思維水平」上高於「天」、「帝」等具象化概念，也就是說，湯先生以「思維水平的高低」來衡量哲學體系的完善程度，而「思維水平」的高低又以概念的「具象」與「抽象」程度來衡量，那麼，中國哲學體系的發展過程就可以表達為：原本以具象概念構成的中國傳統哲學體系吸收了外來的印度佛教思想之後，發展為抽象化程度更高的哲學體系，這是一種進步。湯先生的觀點顯然內含了對佛教文化的價值認同。

湯先生接著強調，並不是說兩種思想文化體系相遇之後，較高的一方必然會對較低一方發生深遠影響，而必須滿足上述兩個條件，即「依附」與「繼承」。在筆者看來，這兩個條件實際上是針對同一個問題的兩種觀察結論，因依湯先生的觀點為前提的話，外來思想文化只有「繼承」了原有思想文化關注的核心問題之後，才可以談「依附」於原有文化體系的問題，般若學繼承玄學關注的「本末有無」問題與般若學依附於玄學而發展不就是依兩種視角對同一歷史現象的觀察結論嗎？湯先生又舉出唯識學、因明學兩種思維水平較高的佛教學說並沒有在中國思想文化的發展過程中發揮很大影響的例子來證明他的觀點，並強調，「它們並沒有成為中國傳統思想的組成部分，我們仍然把它們看成是印度的思想」〔註48〕。由此可以看出，在湯先生看來，外來文化在中國的長期存在本身並不能當作構成中國傳統文化體系一部分的充要條件，如果把這種情況（外來文化成為中國文化的一部分）稱作「外來文化的中國化」的話，有理由認為，湯先生應當暗示了「外來文化中國化」的關鍵，即立足於中國本土文化的基本概念範疇體系，只有能夠契合這個體系的外來文化才能順利的完成其中國化的過程。也就可以說，般若學因在更高層次上討論玄學問題而中

〔註46〕湯一介：《郭象與魏晉玄學》，武漢：湖北人民出版社，1983年版，第114頁。
〔註47〕湯一介：《郭象與魏晉玄學》，武漢：湖北人民出版社，1983年版，第114頁。
〔註48〕湯一介：《郭象與魏晉玄學》，武漢：湖北人民出版社，1983年版，第115頁。

國化，唯識學因與中國本土文化關注的基本概念範疇不一致而未能中國化。

　　湯先生通過對魏晉玄學由王弼、何晏到郭象再到僧肇的發展過程考察，已經嘗試性的提出了一個文化交流溝通的規律，表現為「依附──辯證地自我否定──融合」的過程。當然，湯先生於多年之後坦承這個時期的探討尚顯粗糙，而對於本文的關注重點來說，應當認為，湯先生的比較哲學研究是一種動態性的思路，他所關注的實際上是文化交通中的比較文化研究，而非寬泛的比較哲學研究，從其幾十年來的比較文化研究狀況來看，其研究思路事實上涉及到了文化價值的認定問題，當然也包括如何認識佛教的價值問題，這種認定是通過考察一種文化形態對另一種文化形態自身進化的作用來完成的，也是靜態的比較哲學研究無法解決的問題。

第二節　佛教傳入的意義與啟示

　　如果說湯先生於此期出版的《郭象與魏晉玄學》一著間接涉及佛學研究的話，《從印度佛教傳入中國看兩種文化的衝突和融合》一文則是正面討論佛教史問題的重要文章。該文發表於 1985 年，此前一年，中國文化書院成立，或可認為，湯先生發表此文並非僅出於純粹學術的興趣，而更多為因應當時各種文化思潮交相激盪的學術環境，表達其保守主義的文化態度。湯先生在該文摘要中說：「本文考察了印度佛教傳入中國後『比附』、『衝突』、『融合』的三個階段，探討了中國文化開放型的特點。」〔註49〕考察佛教傳入歷史並非其撰寫該文的最終目的，而是為著現實的文化觀點服務，正如其接下來所說「對過去的歷史進行分析和考察，……從中找到某些規律性的現象」〔註50〕。

　　該文分為兩個部分，第一部分為印度佛教傳入的歷史考察，第二部分為基於考察對文化交通問題的簡要探討，以下試作分析。

一、印度佛教傳入的歷史考察

　　在文章的第一部分，湯先生首先指出，「印度佛教傳入中國大體上有這樣一個過程：首先，它依附於中國原有思想文化，而有所流傳；其次，是和中國

〔註49〕湯一介：《從印度佛教傳入中國看兩種文化的衝突和融合》，《深圳大學學報（社會科學版）》，1985 年第 03 期，第 80 頁。

〔註50〕湯一介：《從印度佛教傳入中國看兩種文化的衝突和融合》，《深圳大學學報（社會科學版）》，1985 年第 03 期，第 80 頁。

傳統思想文化發生矛盾和衝突；最後，為中國思想文化所吸收，大大推動了中國文化的發展。」〔註51〕湯先生此前於《郭象與魏晉玄學》一著中實已分析過印度佛教傳入的歷史過程，但當時的分析尚有一些模糊，實際上僅明確了佛教傳入初期的「依附」階段，而對後續發展中的「衝突」與「吸收」階段語焉不詳，這個缺憾在該文中得以彌補。

接著，他分別探討了上述三個階段佛教與中國傳統文化之間的交互過程及特點。

第一，佛教傳入的第一個階段——「比附」。與《郭象與魏晉玄學》一著相較，該文的論證顯為詳細嚴密，特別是對魏晉時期小乘禪法依附於道術發展的強調為前著所無。具體來說，湯先生仍然繼承其父湯用彤先生的觀點，將佛教傳入第一階段劃分為對道術的依附與對玄學的依附兩個階段。

佛教對道術的依附在漢代初傳時期與魏晉時期又有不同表現：在漢代，湯先生一方面舉楚王英「尚浮屠之仁祠」、牟子《理惑論》及《四十二章經》稱「佛教」為「佛道」的記載來證明佛教依附於「道術」的事實；另一方面，從社會思想上來看，漢代佛教所講主要內容「精靈不滅」與中國本土文化中「有鬼論」的思想相類，言外之意，這種思想上的貫通為事實上的依附提供了理論上的可能性。入魏，佛教在中國的傳播分為兩支：一為安世高小乘禪法系，一為支婁迦讖大乘般若系。湯先生以當時最有影響的《安般守意經》和《陰持入經》與道家、神仙家的呼吸吐納、養生成仙之術比較說明，小乘禪法一系依附於道術得以發展。

至於佛教對玄學的依附，湯先生指出，支讖一系所傳大乘般若學所謂「神返本真」而與「道」合已受老莊思想影響，之後支謙譯《般若波羅蜜多心經》為《大明度無極經》，將「般若」概念譯為「大明」，應當是取《老子》「知常曰明」之義，而把「波羅蜜」譯作「度無極」則是「附會《老子》二十八章『復歸於無極』一語」〔註52〕。魏晉時以老莊為主幹的玄學本體論盛行，因般若學與玄學相近，因此發生佛教徒以玄學解釋佛教理論的「格義」或「連類」現象。至東晉，般若學「六家七宗」流行，而其討論問題依然是「本末有無」，湯先生特別強調，「所謂『本無』是繼承王弼、何晏『貴無』派思想而發展；所謂

〔註51〕湯一介：《從印度佛教傳入中國看兩種文化的衝突和融合》，《深圳大學學報（社會科學版）》，1985 年第 03 期，第 81 頁。

〔註52〕湯一介：《從印度佛教傳入中國看兩種文化的衝突和融合》，《深圳大學學報（社會科學版）》，1985 年第 03 期，第 81 頁。

『心無』則是多與嵇康思想相接近；而『即色』與郭象的『崇有』不無相應關係」〔註53〕。

　　該部分的結論完全延續了《郭象與魏晉玄學》中的觀點，即本土文化的保守性與對外來文化的抗拒性導致異質文化交通中的早期依附。

　　第二，佛教傳入的第二個階段——「衝突」。湯先生將該階段的期間定於東晉之後，此期佛教與中國文化的關係主要表現在般若學對玄學的依附，他指出，「印度文化與中國原有文化畢竟是兩種不同思想體系的文化」，因此，「它不可能永遠依附於原有思想文化」〔註54〕。至東晉中後期，一來佛經翻譯日多，二來佛教般若學本身確實有勝過中國傳統文化之處，因而兩種文化之間必然發生衝突，主要體現在「依佛經原意講佛教還是依中國傳統思想講佛教」之間的衝突。

　　湯先生主要參考《弘明集》及《廣弘明集》的記載指出：「在南北朝時，佛教和原有中國傳統文化的衝突表現在各個方面，從政治思想、哲學思想一直到倫理道德和宗教信仰諸方面」〔註55〕，這些衝突主要表現在儒、佛之爭與儒道之爭。儒、佛之爭方面，主要集中於「神滅」與「神不滅」、沙門是否應敬王者、「因果報應」有無以及「人」與「眾生」關係等問題的爭論。佛、道相爭則表現為：先有「老子化胡」之爭，繼之「生死」、「形神」問題之爭，接下去又出現「出世」、「入世」之爭與「華夏」、「夷狄」之爭等。

　　在簡要考察了此期佛教與儒、道之間衝突的各方面情況之後，湯先生總結說：

　　　　從南北朝到隋唐，儘管存在著兩種文化的不斷矛盾和衝突，但是中華民族並沒有拒絕外來文化，而是在這種矛盾衝突中盡力吸收著外來文化，這就表現了一個民族的自信心和其自身文化的價值。正是由於這樣的兩種文化的矛盾與衝突，而在這種矛盾衝突中中華民族又不斷地吸收著外來文化，從而大大地推動了中華民族文化的向前發展。這一時期，我國的文化無論在文學、藝術、建築、雕塑

〔註53〕湯一介：《從印度佛教傳入中國看兩種文化的衝突和融合》，《深圳大學學報（社會科學版）》，1985年第03期，第82頁。

〔註54〕湯一介：《從印度佛教傳入中國看兩種文化的衝突和融合》，《深圳大學學報（社會科學版）》，1985年第03期，第82頁。

〔註55〕湯一介：《從印度佛教傳入中國看兩種文化的衝突和融合》，《深圳大學學報（社會科學版）》，1985年第03期，第82頁。

以至於哲學思想等等方面都表現出生氣勃勃的姿態。〔註56〕

湯先生於此實際上表達了其在異質文化交通問題上所持的開放性觀點，得出這一結論的根據在於兩個方面：第一，接受外來文化，「表現了一個民族的自信心和其自身文化的價值」；第二，從歷史上的先例來說，接受外來文化，有利於「推動中華民族文化的向前發展」。

第三，佛教傳入的第三個階段——「融合」。此階段融合的結果形成了三大中國化的佛教宗派，即天台、華嚴、禪宗。湯先生認為，三大中國化的佛教宗派（天台、華嚴、禪）所討論的問題最重要且影響最大的有兩個，一為「心性」問題，一為「理事」問題，他說：

> 孟子說：「盡其心者，知其性也，知其性，則知天矣。」這已接觸到心性問題，但還沒有展開。而禪宗由於討論「佛性」問題，而把「佛性」與「本心」的問題大大地展開了。禪宗實際上是從一個側面發展了中國原有的「心性」學說。至於「理事」關係問題，華嚴宗用「體用」關係講「理事無礙」，實與魏晉玄學有關，並開宋明理學「理一分殊」之先河。蓋魏晉玄學已有「體用如一」的思想，王弼講「無因於有」，「雖貴以無為用，不能捨無以為體」，均在用「體用如一」說明「有」、「無」的關係。〔註57〕

也就是說，中國傳統文化中的儒家、玄學均因佛教的傳入，吸收了佛教哲學的成分，使得自身的體系更加完善，佛教也因關注中國傳統文化探討的主要問題而在中國社會得以發揚光大，這是一個雙向互利的過程。湯先生認為，華嚴宗和禪宗對中國思想之所以影響最大，「正因為它們是中國化的佛教的緣故」，而與中國傳統文化格格不入的唯識宗「在唐初雖經玄奘大師大力提倡，但僅僅流行了三十年而告衰落」，究其因，乃出於「唯識宗是道地的印度佛教」〔註58〕之故。不過，湯先生此處的表述實易引起誤解，中國化佛教宗派於中國思想影響最大而唯識宗則無甚影響的原因當然不能簡單的歸結為前者是「中國化的佛教」而後者是「印度佛教」。縱觀湯先生對佛教中國化問題的探討，

〔註56〕湯一介：《從印度佛教傳入中國看兩種文化的衝突和融合》，《深圳大學學報（社會科學版）》，1985年第03期，第83頁。

〔註57〕湯一介：《從印度佛教傳入中國看兩種文化的衝突和融合》，《深圳大學學報（社會科學版）》，1985年第03期，第83頁。

〔註58〕湯一介：《從印度佛教傳入中國看兩種文化的衝突和融合》，《深圳大學學報（社會科學版）》，1985年第03期，第84頁。

當可推測其實欲表達的意思為，華嚴、禪宗所討論的主要哲學問題「心性」、「理事」與中國傳統文化的關注相合，故此才不但扎根於中國社會，而且影響到中國本土文化體系的發展。唯識學則不同，其所討論的問題並未為中國傳統文化所同樣關注，故對於中國社會來說，唯識宗始終被當作一種陌生的外來文化來對待，也就難以對中國文化主體產生實際影響。

對於宋明理學與佛教的關係，湯先生認為，「到宋朝，理學反對佛教，而且從哲學思想發展上說完全取代了佛教」〔註59〕。需要注意的是，湯先生所謂理學取代佛教僅為「從哲學思想發展上」說，筆者認為，或可理解為以儒學為本體的中國傳統文化至宋明理學完成了對印度佛教文化的吸收，理學從而佔據了社會主流思想文化的地位。依湯先生之見，宋儒提出「天理」問題乃為中國傳統文化「入世」觀念的時代性發展，具體來說是為「治國平天下」提供理論上的基礎，故此「天理」為「實理」而非印度佛教所講的「空理」，其根本內容為「仁義禮智信」，又以「仁」為最根本，「『仁』或為『性』之本體，或為『心』之本體，故心性問題成為宋明理學的根本問題」〔註60〕。「心性的修養」並非一種「純認知的過程」，從根本上說是一「道德實踐的過程」，經由此點（道德實踐），宋儒關注的中心問題——「心性」就和禪宗的修養工夫聯繫起來了。而此期禪宗為適應社會的「入世」要求已由印度佛教的「出世」轉向「入世」方向的變革，也就是說，印度思想中國化了，終為宋明理學所吸收，故此可說，宋明理學從「哲學思想發展」上取代了佛教。湯先生最後作出總結：「宋明理學在吸收了中國化的佛教禪宗、華嚴宗等理論的基礎上，為中國哲學建立了一套本體論、價值論、人生哲學等較為完整的體系，把中國哲學向前推進了。」〔註61〕

二、文化交流溝通規律的探討

通過對印度佛教傳入中國社會的三個歷史階段的考察，湯先生指出，中國文化以開放性的態度對印度佛教思想的吸收是其生命力和文化價值的表現。

〔註59〕湯一介：《從印度佛教傳入中國看兩種文化的衝突和融合》，《深圳大學學報（社會科學版）》，1985 年第 03 期，第 84 頁。

〔註60〕湯一介：《從印度佛教傳入中國看兩種文化的衝突和融合》，《深圳大學學報（社會科學版）》，1985 年第 03 期，第 84 頁。

〔註61〕湯一介：《從印度佛教傳入中國看兩種文化的衝突和融合》，《深圳大學學報（社會科學版）》，1985 年第 03 期，第 84 頁。

這種結論似乎重在表明立場和態度，學理的意味反而淡薄了一些。不過，筆者認為，學者對學術研究的推動可以沿思想和學理兩條路徑進行，在某些特殊時代，學者的思想在學術史上的意義和價值反而要比學理的論證更為重要，湯一介先生所處的各種文化思潮交相激蕩的「文化熱」時期即是這樣的一個特殊時代，他以印度佛教傳入中國三個階段的歷史考察為例證，站在民族傳統文化本位的立場，主張以「開放性」的態度接納和吸收外來思想文化，無疑為全盤西化甚囂塵上的文化大討論環境注入了一絲難得的理性聲音，或許可以說，湯先生將復興中國傳統文化的使命感帶入了學術研究當中，以致其文顯現出學理與思想、情感並行不悖的論述特色。

湯先生於文末表達的對於現代化與傳統之間關係的看法，因與本文的討論主題關涉不大，故不作詳論。不過，湯先生的表達本身卻給予我們一個提示，他的學術研究工作越來越具濃厚的現實文化關懷，「如何反省中國傳統思想文化的價值，如何從過去外來文化傳入的歷史中得到某些借鑒，如何改造和發展中國傳統思想文化，使之適應當前現代化發展的趨勢」成為其今後很長一段時期包括佛學在內的學術研究活動所要解決的一系列問題。

第三節　宗教理論及佛道比較研究

一、《早期道教史》簡介

《魏晉南北朝時期的道教》（後更名為《早期道教史》）一書出版於 1988年，後收入《湯一介集》，湯一介先生在《自序》中對該書的意義從五個方面作了自我評價，他說：

> 如果這本書在 20 世紀 80 年代有點意義，首先是我肯定「宗教」對人類社會生活（特別是心理和精神上的需求）的意義，把「宗教」與「迷信」作某種必要的區分。其次，我論證「道教」成為一種完整意義上的宗教（如基督教、印度佛教）是經過長達兩三百年才完成的，這是因為完整意義的宗教應該有其宗教理論、固定的教規教化、經典系統、超人的神仙譜系和傳授的歷史等等。因此，我從以上諸方面介紹了中國道教的產生和其早期的發展。第三，我注意到道教不僅與中國的道家（老子、莊子等）的思想有著密切的關係，而且和儒家社會政治理論（如「廣嗣興國」之術）有著不可分割的

關係。同時它也大量吸收和整合印度佛教的思想和教規才得以成為一種有特色的有影響的宗教團體。特別是中國道教以後的發展，正是由於唐初成玄英等又吸收了佛教三論宗的學說而使之其哲學理論精細化、系統化，而開啟了道教的「內丹學」，而使道教的「內丹學」與「外丹學」成為道教不可或缺的兩個重要部分。（中略）我對「宗教」的態度是，不用什麼「唯心主義」、「唯物主義」、「辯證法」、「形而上學」等等硬套在「宗教」上。這是因為，我雖不信任何「宗教」，但我對「宗教」卻存有敬意。「宗教」作為一種文化，往往和信仰這種宗教的民族精神有著密切的關係。〔註62〕

從湯先生《自序》的自我評價來看，該書與本文主題相關的內容主要表現在兩個方面：第一，湯一介的宗教觀；第二，早期道教與佛教的關係。

需要注意的是，後收入《湯一介集》第三卷《早期道教史》的第十一章「為道教創立哲學理論的思想家成玄英」實作於 2005 年，於 2006 年由崑崙出版社出版《早期道教史》時才補充進來，所以，湯先生有關成玄英哲學與佛教哲學關係部分的研究是 21 世紀之後的事情了，其意義也就並不延伸至 80 年代。另外，為避免與《佛教與中國文化》重複，該書在收入《湯一介集》時刪除了四章與佛教研究有關的內容，筆者擬結合《早期道教史》（《湯一介集》收錄版）與 1999 年版《佛教與中國文化》來分析。

二、湯一介的宗教觀

在《早期道教史》一書中，湯先生開宗明義地指出，宗教是一種「社會意識形態」，「把宗教作為意識形態來研究它的發展歷史，在今天不僅有其一般性的意義，而且有著某種特殊的意義。」〔註63〕在他看來，諸如「宗教的本質是什麼」以及「宗教能否現代化」等等問題均是應當予以認真研究的。〔註64〕由此可以看出，湯先生在擺脫極左思潮的思想桎梏之後，開始嘗試對宗教進行更為理性的學理思考。湯先生認為，對於道教的研究有助於加深對「民族文化、

〔註62〕湯一介：《湯一介集‧第 03 卷‧早期道教史》，北京：中國人民大學出版社，2014 年版，《自序》，第 1～2 頁。

〔註63〕湯一介：《湯一介集‧第 03 卷‧早期道教史》，北京：中國人民大學出版社，2014 年版，第 1 頁。

〔註64〕湯一介：《湯一介集‧第 03 卷‧早期道教史》，北京：中國人民大學出版社，2014 年版，第 1 頁。

民族心理以及思維方式的特徵」的瞭解,以及能夠「從一個側面使我們更加認真地考慮當今世界的宗教理論和實際問題」。〔註65〕

(一)宗教的構成要素及其與迷信、信仰的關係

湯先生的宗教觀是在對道教創立的歷史考察過程中表明的。

首先,他區分了「宗教」與「迷信」,強調並不是任何的迷信思想都可以被稱為宗教,即便宗教中往往包含大量的迷信成分。進而,他又指出宗教與「有神論」之間的關係,認為宗教一般來說是有神論的,但並不是任何形式的有神論都能成為「完備意義的宗教」,何謂「完備意義的宗教」呢?他說:

> 一種完備意義上的宗教(這裡指的是階級社會裏的宗教),它不僅有對神靈的崇拜,而且應有一套教義的理論體系和較為固定的教會組織、教規教儀以及傳授歷史等等。一般地說,宗教總是要把世界二重化為現實世界和超現實世界,其教義認為人們只有在超現實世界裏才能永遠擺脫現實社會生活中存在的種種苦難,人們的美好的、幸福的生活最後只能在那超現實的彼岸世界中實現。〔註66〕

湯先生對宗教的理解極強調其「出世」的一面,他在談到歷史上儒家終未發展為一種宗教時將原因歸結於儒家「治國平天下」的基本觀念影響。在他看來,「入世」取向的儒家不但自身並未成為一種宗教,甚至有抑制宗教意識產生的社會功能,他說:「隨著漢王朝的衰落,儒家思想本身既然不能成為一種宗教,而其統治地位又走了下坡路,儒家統治地位的削弱從而為一種宗教的產生提供了條件。歷史的進程向我們表明,每當統治階級的統治思想發生信仰危機的時候,也往往是宗教意識易於滋生和廣泛發生影響的時候。」〔註67〕需要注意的是,湯先生始終強調「儒家思想」而非「儒家」在阻止其成為宗教上的作用,並且從其表述來看,他似乎認為宗教的核心在於「思想」而非其他,也正因此,後來的道教才能夠吸收和利用「儒家思想」中的某些部分來完善自身的宗教理論體系。

除「思想」的體系外,宗教還必須具備「組織」因素,佛教即為道教提供

〔註65〕湯一介:《湯一介集‧第03卷‧早期道教史》,北京:中國人民大學出版社,2014年版,第1~2頁。

〔註66〕湯一介:《湯一介集‧第03卷‧早期道教史》,北京:中國人民大學出版社,2014年版,第4頁。

〔註67〕湯一介:《湯一介集‧第03卷‧早期道教史》,北京:中國人民大學出版社,2014年版,第4頁。

了這樣的樣板。湯先生指出，神仙家因其無組織所以稱不上一種宗教團體。與道教相比，佛教則為一「完整形態的宗教」，兼具教義與組織因素，「這就給道教的創立提供了一個可以參考的樣板。」〔註68〕

以上述分析為鋪墊，湯先生通過概念的比較嘗試探討了宗教的本質。在列舉了馬克思、費爾巴哈（「人民的鴉片」）及列寧（「勞動者的呻吟」）對宗教本質的揭示之後，湯先生採納了普列漢諾夫的定義——「人用以實現其對超人的神秘力量——人認為自己就依賴於這些力量——的關係的形式」。在簡單指出宗教的本質之後，湯先生提出接下來的問題是，「有沒有一種超人的神秘力量以及對此超人的神秘力量應如何理解？人們為什麼要相信有一種超人的神秘力量？信仰一種超人的神秘力量是否即是迷信？」〔註69〕這一系列問題的答案則需要對宗教與迷信、信仰之間的區別與聯繫進行分析得出。

首先，關於迷信與宗教信仰。湯先生認為，迷信是科學的對立面，信仰是一種精神上的需求，無法被科學證實和證偽，宗教則是「滿足人們精神和心理上需要的一種形式」。〔註70〕今天看來，湯先生將迷信視之為科學對立面的看法，對比西方學界幾種較為流行的科學觀來，〔註71〕略顯粗淺甚至有悖事實，但如果立足上世紀八十年代末的背景考察的話，先樹立一個普遍認同的科學的評判標準，再將迷信從當時社會群體的宗教認知中分離出來放到科學的對立面，宗教範疇自然在集體認知中獲得了更寬鬆的空間。另外，湯先生似並未將信仰與宗教真正區分開來，不過，考慮到信仰所暗含的「思想」意味，更顯示出湯先生將「思想」作為宗教各要素核心的傾向。那麼，宗教的核

〔註68〕湯一介：《湯一介集・第03卷・早期道教史》，北京：中國人民大學出版社，2014年版，第6頁。

〔註69〕湯一介：《湯一介集・第03卷・早期道教史》，北京：中國人民大學出版社，2014年版，第7頁。

〔註70〕湯一介：《湯一介集・第03卷・早期道教史》，北京：中國人民大學出版社，2014年版，第7～8頁。

〔註71〕注：西方傳統的觀點認為，科學的內容就是那些經過證實不可能出錯的事實、定律、理論的集合，以卡爾・波普爾（Karl Popper）為代表的學者批判了這一觀點，認為科學不是證實而是批判、證偽的過程，托馬斯・庫恩（Thomas Samuel Kuhn）進一步修正了上述觀點，認為科學的發展既不是一些確定知識的線性累積，也不是簡單的批判證偽的過程，而是常規時期與革命時期交替進行的，是一個範式轉換的過程。在常規時期，科學是科學共同體在範式指導下的解迷活動，範式成為科學共同體共同遵守的規範與信念。如此，依據幾種典型的「科學」觀念，不論「科學理論」還是「科學發現」均不具備絕對的真理性，對科學的認知也是可能導致迷信的。

心「思想」要素是什麼呢？湯先生認為，宗教具有一種化「真、善、美」為「超人神秘力量」的「理想主義」的意味，這種宗教信仰「大概是人們在一定歷史條件下的一種心理特性」〔註72〕。湯先生揣度宗教徒的心理說，他們認為迷信是「對缺乏科學知識者的愚弄」，是「沒有『理想』的人精神貧乏的表現」。並且，照他們來看，「人們總應該有個信仰，即使是最徹底的懷疑主義者，也信仰自己的『懷疑』」〔註73〕。

湯先生接受了普列漢諾夫的宗教定義，將對「超人的神秘力量」的信仰作為宗教的核心要素，並且，他又用「理想主義」在「超人的神秘力量」與「真、善、美」之間架起了一座橋樑，以此闡釋宗教信仰的內涵。湯先生雖以揣度宗教徒心理的方式來表達宗教徒眼中的宗教與迷信，但筆者認為此處似不僅為一種描述性的事實陳述，而也應當看作湯先生本人對宗教與迷信區別的看法。如此一來，當可看出，湯先生對宗教與迷信進行區別的關鍵標準即在於科學或科學意識，具備科學意識與否是判斷宗教信仰與迷信的關鍵指標。湯先生在討論宗教與迷信區別初始即已提出一個看法——迷信與科學對立，信仰是一種精神需要，宗教是滿足這種精神需要的一種形式。依現在的宗教學理論來衡量的話，將迷信簡單地看作與科學的對立只能說有部分道理，但並未觸及兩者區別的關鍵，對科學、科學意識的無條件堅持實也可能走向迷信，已如上述。當然，我們不能以現在的理論發展水平來苛求二十多年前的學術觀點，應當說，從上個世紀八十年代中後期的宗教學的發展背景來看，湯先生耗費大量筆墨於此嘗試將宗教、信仰與迷信相區分的努力是值得肯定的，從其於 2012 年所撰寫的《早期道教史》一書《自序》來看，理性的重新審視宗教的價值才是其根本動機，這種努力對於推進宗教學研究的深入開展來說至關重要。

其次，關於信仰與宗教的區別和聯繫。湯先生認為，「宗教和信仰當然可以說有著必然的聯繫」，因「宗教總是一種信仰」〔註74〕，但信仰卻並不必然都可說是一種宗教。他舉例說「科學的無神論」與「儒家哲學」都是信仰的對象，但兩者卻並非宗教，無神論是一種科學，而儒家學說是一種「宗教性的哲學思

〔註72〕湯一介：《湯一介集・第 03 卷・早期道教史》，北京：中國人民大學出版社，2014 年版，第 8 頁。

〔註73〕湯一介：《湯一介集・第 03 卷・早期道教史》，北京：中國人民大學出版社，2014 年版，第 8 頁。

〔註74〕湯一介：《湯一介集・第 03 卷・早期道教史》，北京：中國人民大學出版社，2014 年版，第 8 頁。

想體系」。因此，不僅需要區分信仰與宗教，還要區分「宗教性的學說」與宗教。湯先生將「無神論」作為一種科學來看待的觀點當可有助於推斷此期他對宗教的基本態度，筆者於上述論及湯先生對「宗教」相關概念的比較是一種重新審視宗教價值的嘗試，如果說將宗教與迷信區別開來是湯先生肯定宗教價值的體現，那麼此處將宗教與「科學的無神論」相比較，則似乎暗示了他對宗教的保留態度，筆者推測其宗教觀或為：因宗教涉及「虛幻」的信仰，與科學存在矛盾，故當否定；又因宗教乃出於「理想主義」的態度對「真、善、美」的虛幻信仰，從動機及其社會、心理效應來說則當肯定。湯先生接下來的論述進一步佐證了這種推斷。

湯先生認為，信仰分為「理性主義的信仰」（或理性的信仰）和「非理性主義的信仰」（非理性的信仰）兩種，宗教信仰屬後者。而一種「非理性主義的信仰」要想成為一種「完備意義上的宗教信仰」，必須要用某種理論體系為它作論證，否則，「非理性主義的信仰」就不可能構成完整意義上的宗教。雖然湯先生此處並未明確說明，但從該著的論述語氣以及九十年代論及禪宗時對禪宗宗教性淡化的肯定態度，當可認為，湯先生此期對「非理性主義的信仰」是持保留態度的，因此他提出一個待解決的問題，即「人類的精神生活到底是否必須從『非理性主義』方面得到某種自我滿足，或者說在社會生活中對宗教的信仰也是人們的某種心理需要」〔註75〕。

當然，除去理論體系之外，完整意義上的宗教還須具備組織性等要素。湯先生在這裡的論述方式需要注意，他認為，「作為一種完整意義上的、特別是對人類社會歷史有著長期影響的宗教還必須有固定的教會組織、教規教儀、禮拜的對象和傳授的歷史等等」〔註76〕，湯先生研究宗教理論的目的似乎是為了基於某種標準對歷史現象進行「解釋和歸類」，而僅參考普列漢諾夫的宗教定義是無法得出「完整意義上的宗教」應當具備哪些要素的，於是他直接以成熟的世界性宗教作為樣板，通過描述並分析該樣板宗教的構成，以此來得出宗教的一般構成要素。這或許也是他一貫倡導的「比較宗教學」研究方法的體現，實際上與西方比較宗教學（如麥克斯·繆勒、馬克斯·韋伯等）名同實異，後者借助語言學、現象學等手段來揭示宗教所體現的人類思維或宗教的社會功

〔註75〕湯一介：《湯一介集·第03卷·早期道教史》，北京：中國人民大學出版社，2014年版，第9頁。

〔註76〕湯一介：《湯一介集·第03卷·早期道教史》，北京：中國人民大學出版社，2014年版，第9頁。

能，而前者則為通過表層比較來得出宗教的表面特徵。

對於宗教的組織性要素問題，湯先生認為，並不是只要具備了一定的組織要素，就可以稱為「宗教團體」，許多這種組織只能稱之為「迷信組織」。那麼，如何才能稱為一種「完整意義上的宗教團體」呢？湯先生接著通過分析道教的發展來嘗試揭示一種完整意義上的宗教團體發展的一般規律。在此不擬完整復述，只提示其中與本書主題相關的一點，即湯先生對宗教理論體系的看法，他說：

> 完整意義的宗教必須有其宗教教義的理論體系，這個體系要有它的哲學基礎，因而它的宗教教義的思想體系決不能是純粹的胡說白道，而總是有某種對人生理解的深刻思想內容，有成系統的哲學理論。印度佛教之所以成為影響很大的世界性宗教，正因為它有一套相當深刻的對人生理解的理論體系。道教的教義如果只是停留在如《太平經》那樣一些雜亂無章的內容上，就很難成為在中國較有影響的宗教團體。〔註77〕

由此來看，湯先生極為強調「哲學理論系統」在構成「完整意義上的宗教」方面的作用，而「哲學理論系統」的完善也相應地成為湯先生對佛教價值予以肯定的重要依據。

（二）宗教的比較特徵

湯一介先生指出，一種完備意義上的宗教必定有其不同於其他宗教的特點，不僅表現在「外在的形式」（教會組織形式、教規教儀、尊崇的神靈等）上，「更深刻地則應表現於其理論體系的層面」，這些理論體系通常是由「若干基本命題」和「一系列的概念範疇」所構成。在湯先生看來，宗教理論體系的「基本命題」和「概念範疇」是各種宗教以及教派之間根本區別的標誌，如佛教以「諸行無常」、「諸法無我」、「涅槃寂靜」的三法印為基本命題，而中世紀的基督教則以「上帝存在」、「靈魂不死」和「意志自由」為基本命題，道教也同樣有其獨特的基本命題，即「人如何不死」的問題。

湯先生認為，通過對不同宗教基本命題、概念、範疇等的比較有助於瞭解宗教的特點，研究道教發展過程中與佛教的衝突即有助於瞭解佛、道二教的特點。湯先生指出，早期道教一方面受到佛教的影響，另一方面又對佛教加以排

〔註77〕湯一介：《湯一介集‧第03卷‧早期道教史》，北京：中國人民大學出版社，2014年版，第9頁。

斥和批判，到東晉以後，道教逐漸發展成為完備意義上的宗教，而與佛教的分歧越來越明顯，這種分歧主要表現在三個問題上：生死、形神問題；因果報應問題；出世、入世問題。

對於道教為何沒有像佛教一樣成為世界性宗教，湯先生認為，「主要是由於它作為一種宗教，其理論和實踐都有很大缺陷，且帶有過於強烈的民族特色」〔註78〕。具體來說，道教追求「長生不死」和「肉體成仙」，而其宗教理論又「太粗糙」，不得不吸收佛教的思想以完善；道教中「非科學」、「反科學」的成分與其科學因素之間存在極大的矛盾。也就是說，由於自身內部理論體系存在著諸多矛盾，故而道教的發展受到限制，未能像佛教一樣成為影響廣泛而深遠的世界性宗教。

三、南北朝佛、道二教的矛盾與衝突

湯先生於《早期道教史》一著中特別討論了南北朝時期道教與佛教的關係，主要表現在四個方面：佛道先後高下問題；生死形神問題；因果與承負問題；出世與入世問題。

（一）佛、道先後之爭

湯先生對佛、道先後之爭問題的討論並非僅為歷史的考證，而更體現出文化交通的意味。他於《佛道關於老子化胡問題的爭論》開篇即指出，印度佛教傳入中國社會之後，一開始依附於中國傳統文化，伴隨佛經翻譯日多，和中國傳統文化之間的衝突日漸顯明。魏晉南北朝時期佛教與中國傳統文化之間的衝突除儒、佛之爭外，尚表現為與中國「本民族的宗教」道教之間的衝突。

佛道之爭始於漢代，湯先生首先提及《太平經》對佛教的吸收與排斥，因該問題實早已由湯用彤先生於《漢魏兩晉南北朝佛教史》一著中詳論，故湯一介於此僅簡要復述了湯用彤先生的觀點，此不贅述。

湯一介先生對佛道之爭的討論主要集中於魏晉南北朝時期，需要注意的是，他是在相關理論的指導下完成這一分析工作的。湯先生在分析之始引述恩格斯的論斷說：「民族神是能夠容忍別的一些民族神同他們在一起的——而且在古代也是一般的規律——但決不能讓他們高居在自己之上」〔註79〕，隨後，

〔註78〕湯一介：《湯一介集・第 03 卷・早期道教史》，北京：中國人民大學出版社，2014 年版，第 14 頁。
〔註79〕湯一介：《佛教與中國文化》，北京：宗教文化出版社，1999 年版，第 124 頁。

他又簡要補充了捷萬斯的比較宗教學觀點：

> 一種舊宗教裏的神，當這箇舊宗教被一派新興宗教戰勝了的時候，這箇舊宗教裏的神便要被新興宗教貶為惡鬼的地位。因此用比較宗教學的方法，巴比倫暴風雨神成了惡鬼的原因可以得到合理的解釋。像在巴比倫把暴風雨神貶為惡鬼的地位，這或者是一種民族神可以容忍別的民族神但決不能讓它高居於自己之上的形式，但也還可以有其他的形式存在。〔註80〕

參考捷萬斯的理論，湯先生指出，道教對待佛教的態度可能是「另外一種民族神容忍別的民族神但決不能讓他們高居在自己之上的形式」〔註81〕，主要表現為佛道先後之爭，而這一問題又是由道教提出「老子化胡說」而引起的。關於「老子化胡說」的歷史考證，本文不擬詳細復述，實際上湯先生於《早期道教史》一著中討論這個問題，目的似在於補足其魏晉時期道教歷史發展狀況，對老子化胡問題也多沿襲了前人的考證結論，而更加之以新的理論參考，故此，筆者將重點探討湯先生由此問題而闡發的理論解釋，於其「老子化胡說」的考證方面不作贅述。

對於道教為何提出「老子化胡說」，湯先生認為，道教是中國本民族的傳統宗教，是為中國傳統文化的代表，佛教則為外來宗教，是為外來文化的代表，道教之所以提出「老子化胡」的說法，乃基於中國素來持有的「華夷之見」。漢魏時期未見有佛教徒針對「老子化胡」的反駁，究其因，或因老子其時同為黃老之學及魏晉玄學所尊，佛教仍依附於道術而地位有所不及所致。也就是說，佛教勢力尚弱，務以生存為先。佛教徒對「老子化胡」之說的反駁在西晉中葉以後，通過改道教《西升經》等一系列事件來達到尊佛貶老的目的。湯先生直斥佛、道之間這種以篡改經典為手段的往來爭鬥是種「造假」和「欺騙」。〔註82〕

佛教對「老子化胡」的反駁於東晉愈演愈烈，至南北朝，佛教勢力大盛，道教始向佛教妥協退讓，並有「調和」之勢，表現為《夷夏論》中「道則佛也，佛則道也」的說法。與道教的妥協退讓不同，佛教則步步緊逼，繼續堅持在佛

〔註80〕湯一介：《佛教與中國文化》，北京：宗教文化出版社，1999 年版，第 124～125 頁。

〔註81〕湯一介：《佛教與中國文化》，北京：宗教文化出版社，1999 年版，第 125 頁。

〔註82〕湯一介：《佛教與中國文化》，北京：宗教文化出版社，1999 年版，第 129 頁。

道中分一高下，表明其時佛教勢力盛於道教。〔註83〕

　　湯先生在考察了自漢至南北朝佛教與道教由「老子化胡說」引發的一系列先後之爭的歷史之後總結說：「我們研究這類問題，是把它作為一種社會現象來對待，研究作為一種意識形態的宗教的特殊性和社會作用。據以上材料，我們可以說本章開頭引用恩格斯的那段話是合乎實際的，對我們研究宗教史是十分有意義的。」〔註84〕

　　湯一介先生對歷史上宗教現象表現出極為客觀的態度，他認為，因佛、道二教先後之爭的具體做法明顯有違事實，故此「本無意義」，但作為一種客觀存在的社會現象來說，研究其「作為一種意識形態的宗教的特殊性和社會作用」還是有意義的。湯用彤先生論及「老子化胡說」時認為：「漢世佛法初來，道教亦方萌芽，紛岐則勢弱，相得則益彰。故佛道均藉老子化胡之說，會通兩方教理，遂至帝王列二氏而並祭，臣下亦合黃老、浮屠為一，固毫不可怪也。」〔註85〕在湯用彤先生看來「相得益彰」的佛道之爭，在湯一介先生則為「偽造歷史，信口雌黃」，兩者對待宗教神聖敘事的態度差別顯而易見，如果說湯用彤先生在此問題上體現出其一貫的「同情之默應」態度，湯一介先生則顯得「同情」不足，而「客觀」有餘，這種差別或可歸結為時代背景相異導致，對於本文的研究主題來說，湯一介先生在不同時期宗教特別是佛教研究態度的轉變頗值得注意。

（二）佛、道「生死問題」之爭

　　至於南北朝佛教與道教之間在哲學理論上的衝突，湯先生認為直接導源於東晉佛經傳譯數量大增而致的印度佛教原旨為漢地佛徒有更多瞭解，從而需要解決以往比附中國傳統哲學思想來理解佛教的問題。

　　湯先生指出，佛教與道教在理論問題上的根本不同之處集中在對「生死」問題的解釋。具體來說，佛教將「有生」看作痛苦的根源，只有「神與形離」才能解脫。道教則講「肉體成仙」，持「長生不死」之論，只有肉體與精神永遠結合而「長生不死」，才能「不受現實社會的苦惱所限制，而進入永恆的神仙世界」〔註86〕。

〔註83〕湯一介：《佛教與中國文化》，北京：宗教文化出版社，1999 年版，第 132 頁。
〔註84〕湯一介：《佛教與中國文化》，北京：宗教文化出版社，1999 年版，第 134 頁。
〔註85〕湯用彤：《漢魏兩晉南北朝佛教史》，武漢：武漢大學出版社，2008 年版，第 42 頁。
〔註86〕湯一介：《佛教與中國文化》，北京：宗教文化出版社，1999 年版，第 138 頁。

　　佛教重點向人們解釋「人死後如何」，而道教則關注於「人如何不死」，二教對待「生死」的根本態度上所持觀點各異，但都要求「解決生死問題以求得解脫而『成仙』或『成佛』」〔註87〕，這點是一致的，也就是說，在宗教性的終極問題解決方面異曲同工。

　　佛、道二教在「生死」問題上的分歧必然涉及到「神形」關係問題上的爭論。湯先生認為，佛、道二教關於「神形」問題的宗教理論都各有其與中國傳統思想的契合之處，佛教所主張「神不滅」論方面，在其傳入之前即有各種各樣的「有鬼論」存在，道教長生方面則更可追溯至先秦各種神仙家言。湯先生引述梁代陶弘景所論證明這個問題，並稱「陶弘景把佛道二教『超生死，得解脫』的問題歸結為神形關係問題，並簡明地揭示其分別，可說甚得其要」〔註88〕。湯先生並總結說：「佛教『形盡神不滅』的思想是基於把神形看成是兩回事，是兩種不同質的實體，但既在輪迴之中，形神則既不能『離』，又不能是同一種實體，所以陶弘景說『非離非合，佛法所攝。』」〔註89〕湯先生似乎是將佛教般若學與比附道術的佛道結合起來解釋陶弘景的佛教「非離非合」之說。他接著又引用了《抱朴子》、《雲笈七籤》、《養性延命錄》、《太平御覽》等不同時期的道教典籍說明道教主張「肉體成仙」的思想，此不贅述。

　　關於佛道兩教提供給信徒的具體成仙、成佛之道，湯先生則分為兩個方面作出分析。

　　首先，佛道兩教在提供給信徒成佛、成仙的普遍性上是一致的。湯先生認為，與玄學主張的「聖人不可學致」不同，「作為宗教的佛教和道教則不能如此看問題，從原則上說都要主張人人可以『成佛』、『成仙』。」〔註90〕他並徵引了一系列道教典籍的記載來說明「神仙由積學所致」的問題。而對於佛教來說，從「一闡提亦得成佛」的典故來看，其時佛教在「原則上」也主張任何人皆得成佛。此為湯先生根據其宗教理論分析的兩者相似之處。其次，佛道兩教具體的修行觀點則大相徑庭。道教重「身體的修煉」，而佛教則重「覺悟」即由智慧得解脫。簡言之，一為「煉形」、一為「治心」。

　　通過以上兩點分析，湯先生總結了兩種宗教修行的方法，一是靠「內心的

〔註87〕湯一介：《佛教與中國文化》，北京：宗教文化出版社，1999 年版，第 139 頁。
〔註88〕湯一介：《佛教與中國文化》，北京：宗教文化出版社，1999 年版，第 140 頁。
〔註89〕湯一介：《佛教與中國文化》，北京：宗教文化出版社，1999 年版，第 140 頁。
〔註90〕湯一介：《佛教與中國文化》，北京：宗教文化出版社，1999 年版，第 141 頁。

覺悟」，一是靠「物質力量的幫助」，佛道二教於此兩方面各有側重。具體來說，佛教不論小乘禪法系還是大乘般若系均重內心的覺悟，而道教則重通過外在的助力以煉養成仙。〔註91〕

　　為什麼會有這種區別呢？主要源於二教宗教理論的根本不同。佛教因將現實世界看作一切苦惱的根源，故此其解脫之道側重依靠智慧認識人生虛幻無所執著而達致涅槃；道教主張肉體飛昇，故其側重物質方面的煉形，以至神形不離、長生不死。

（三）佛教的「神形二本論」

　　早期道教與佛教除在「生死問題」上的差別外，另有「形神關係」上的不同，並且，「形神問題」又與「生死問題」相聯繫。但是，如果要深入探討佛、道在生死問題上的差異，就必須要搞清楚二教在神形關係問題方面的理論根據。湯先生分別討論了所謂道教「神形同質論」與「元氣論」的關係以及佛教「神形二本論」的理論根據，本文以下只對其關於佛教的討論部分予以梳理。

　　湯先生論證佛教「神形二本論」主要以東晉名僧慧遠之說為線索，他指出，慧遠通過「連類」的方法引莊子、文子之說比附佛教來論證「形盡神不滅」，並且，慧遠又批評用「氣的聚散」來解釋生死的觀點，而認為「神」與「形」有本質的不同，「照當時佛教徒的看法，『神』和『形』是兩種不同的實體，這就是佛教以『神』、『形』為二本的理論」，〔註92〕該論由劉宋鄭道子著《神不滅論》加以闡發，由於「神」、「形」各自獨立，故此為兩種相異的實體。湯先生指出，「鄭道子關於『神』、『形』關係的理論無非是說『形』是一種粗糙的物質性實體，而『神』是一種靈妙的精神性實體。由於『神』和『形』是兩種不同的實體，因此，『形』盡而『神不滅』。」〔註93〕除此之外，他認為漢晉佛教「形盡神不滅」又受中國傳統文化思想的影響，即印度佛教與中國社會流行的「有鬼論」結合而成此論。〔註94〕

　　接著，湯先生引慧遠《沙門不敬王者論》、宗炳《明佛論》與《周易》對「神」的說法相比較，他認為，《周易》中的「神」是「微妙變化」的意思，

〔註91〕湯一介：《佛教與中國文化》，北京：宗教文化出版社，1999 年版，第 144〜145 頁。
〔註92〕湯一介：《佛教與中國文化》，北京：宗教文化出版社，1999 年版，第 156 頁。
〔註93〕湯一介：《佛教與中國文化》，北京：宗教文化出版社，1999 年版，第 157 頁。
〔註94〕湯一介：《佛教與中國文化》，北京：宗教文化出版社，1999 年版，第 157 頁。

而慧遠及宗炳皆取《易傳》中「神」的兩種意思引申為「神明」。在湯先生看來，慧遠「形盡神不滅」的觀點可能又受到玄學的影響，且其論比道教「神、形均為氣構成」之說更為先進，不過又認為該論的合理性仍存疑。

那麼，佛教如何論證「神形二本」呢？湯先生繼續徵引鄭道子《神不滅論》與慧遠《沙門不敬王者論》來說明「薪火喻形神」的論證過程，其為今人所熟知，茲不贅述。

湯先生以「神形二本論」來概括魏晉佛教「形盡神不滅」之說顯現出鮮明的當代哲學分析意味。

（四）「承負」與「輪迴」

湯先生認為，佛教的輪迴說與階級社會中人們對「來世問題」的信仰有關，而「來世問題」又與「賞善罰惡」的觀念有關，他解釋說，宗教常有「賞善罰惡」的規定，神則掌握著這種力量。但是，基於文化差異，在各自宗教中「賞善罰惡」的具體表現上互有不同。世界上大多數宗教都主張靈魂不死，生前為善可進「天國」或「西方極樂世界」等等，為惡則會下「地獄」，而許多宗教中的「來世」觀念即導源於「善惡報應」的表現方式。〔註95〕

湯先生的意思似乎是說，普遍性的「賞善罰惡」觀念催生出「善惡報應」觀念，由於行善作惡事實上並不一定在今世受償和受罰，為了滿足人們「賞善罰惡」的願望，所以在一些宗教中（如佛教）就產生了「來世」的觀念。

中國佛教在南北朝時期接受了「來生受報」的觀念，並導致佛徒與俗人的激烈論爭。湯先生指出，中國自古就有祖先崇拜，這是一種「有鬼論」思想，但中國古代社會卻並沒有所謂「來世」的說法，雖有報應之論，但只是以為人所做善惡會對其後子孫禍福有影響，這就和佛教的輪迴說很不一樣。在道教則有「承負」之說，認為人這一生承擔由自身行為導致的善惡報應，甚至及於子孫。道教在南北朝末期受到佛教很大影響，其「承負」之說也吸收了佛教「因果報應」的思想，如陶弘景即信受了佛教「精靈不死」、「輪迴」以及「來世」的觀念。湯先生最後總結說，陶弘景受到佛教的影響，借鑒佛教改革了道教，將中國傳統思想中「子孫受報」的觀念與佛教「來世」的觀念相結合而成「因果報應」論。〔註96〕應當可以說，從文化交通的層面來看的話，「因果報應」論的形成為中印兩種異質文化交流溝通的結果。

〔註95〕湯一介：《佛教與中國文化》，北京：宗教文化出版社，1999年版，第163頁。
〔註96〕湯一介：《佛教與中國文化》，北京：宗教文化出版社，1999年版，第172頁。

（五）佛教的「出世」與道教的「入世」

湯先生認為，雖然佛、道二教均以「救世」為目標，但在對待「出世」與「入世」的關係上大異其趣，這也是文化差異的表現，他說：

> 中國傳統思想大都是把積極「入世」看成是最高的政治和道德的準則。道教在這方面也深深打上了這一積極入世思想的烙印。而印度佛教同樣的受著印度傳統文化的消極「救世」思想的影響，把「出世」作為「救世」的根本手段。〔註97〕

對於中國傳統「入世」觀念，湯先生徵引儒家典籍所載文字總結說：

> 無論是漢武帝還是董仲舒，他們的最高理想只是要在現實社會中實現他們所向往的「王道」。終漢一代，許多思想家和儒生部都企圖使他們的政治理想實現於現實政治，而其結果是江河日下，所謂「理想」只是「幻想」而已。但這種要求積極入世（治世）的傳統卻深深地植根中華民族的心理之中，成為特殊的心理特性了。〔註98〕

另外，西漢「黃老之術」的政治哲學兼修身養生之術經過發展，也與儒家倡導的「入世」精神一樣根植於中國傳統文化的土壤當中，構成一種獨特的心理特性。而道教也把「養生」兼「治國」的傳統繼承了下來，並以宗教的形式加以鞏固。

既然道教要求兼顧「養生」與「治國」，所以在早期的道教文獻中，並不要求「出家」，並批評佛教的「離世事」。在後期的發展過程中，道教也逐漸完善了其於「出世」與「入世」關係的思想，如寇謙之「即世間而出世間」與陶弘景「出世間而即世間」。湯先生對早期道教處理「出世」與「入世」關係的看法是從中印比較文化的層面來思考的，他認為，道教與佛教分屬兩種文化傳統，早期道教主張「出世」與「入世」相即而不衝突，問題在於如何對待「彼岸世界」與「此岸世界」。道教的「彼岸世界」是可以在「此岸世界」中實現的，也就是所謂「太平世界」。既然道教所期待的理想世界在現實的世界當中就能實現，「出世」與「入世」也就不存在根本差別，現實世界也因此就不能被認為是一個「苦海」了，故此早期道教主張「樂生惡死」，由此，湯先生說：「（道教）是追求『人如何不死』，著重現實生活的，這點可以說也是表現了中

〔註97〕湯一介：《佛教與中國文化》，北京：宗教文化出版社，1999 年版，第 173 頁。
〔註98〕湯一介：《佛教與中國文化》，北京：宗教文化出版社，1999 年版，第 174～175 頁。

華民族是一缺乏超越性宗教思想感情的民族。」〔註99〕

　　也就是說，道教未將「彼岸世界」與「現實世界」對立，而是將其合二為一，消解了「出世」與「入世」之間的衝突。至於所謂「超越性宗教思想感情」具體所指，湯先生並沒有給出詳細的解釋，從其表述來看，「超越性」當指強調「出世」的宗教精神。

　　湯先生接著討論佛教在「出世」與「入世」關係上的看法，他認為，「雖然在階級社會中，任何宗教都離不開政治」〔註100〕，但「從原則上說，佛教卻要求僧人必須出家」〔註101〕，原因即在於佛教所建構的宗教理論。具體來說，佛教認為人生之「苦」源於對這一現實的世界「有所求」，如果「無所求」，就能徹底的「出世間」而得到解脫。佛教所謂「八苦」，前四種苦（生苦、老苦、病苦、死苦）是自然規律，無法避免，人們卻要求避免，後四種苦（愛別離苦、怨憎會苦、求不得苦、五陰盛苦）也是不可能做到的。「求不得苦」為一切苦的根源，而這又是由於「五陰〔註102〕盛」所致。「五陰」積聚而成之世界本來不真，但人們把這些不真實作為真實的東西去追求，所以會痛苦，要想解脫，就需要消滅求取的欲望，因此佛教才主張佛教徒「出家」，目的即在於此。道教則不主張「出家」，甚至主張干預政治，如果說道教的積極「入世」主張體現了中國傳統文化的要求，佛教的「出世」即為體現了印度傳統文化的要求。〔註103〕

　　依湯先生的敘述來看，他並未僅僅將早期道教與佛教在「出世」、「入世」問題上的差異看成是兩種宗教之間在理論上的分歧，兩者在特定時期（佛教傳入、道教初期發展）的差異性表現從根本上說乃是源於不同傳統文化的內在要求，也就是說，湯先生實際上賦予了「文化」以一種思想動力的意義，結合他在其他論著中更為詳細的表述，這種「文化的動力」功能應當可以解釋為社會群體集體思維自發發展的內在邏輯。

〔註99〕湯一介：《佛教與中國文化》，北京：宗教文化出版社，1999 年版，第182 頁。
〔註100〕湯一介：《佛教與中國文化》，北京：宗教文化出版社，1999 年版，第183 頁。
〔註101〕湯一介：《佛教與中國文化》，北京：宗教文化出版社，1999 年版，第183 頁。
〔註102〕「五陰」即「五蘊」，包括色、受、想、行、識。
〔註103〕湯一介：《佛教與中國文化》，北京：宗教文化出版社，1999 年版，第184 頁。

第四章　新文化建構框架下的佛教哲學研究

　　經過上世紀 80 年代的學術轉型，從 90 年代開始，湯一介先生的學術研究方向逐漸轉移到建構性的文化研究上來。

　　就當時的學術環境來說，隨著「文化熱」的結束，知識界持續多年的文化問題之爭以「全盤西化」的偃旗息鼓與「中國傳統文化復興」的全面主導而告一段落，「國學熱」的興起即是最為顯著的標誌。作為「中國文化書院」創院院長的湯一介先生在學術界的話語權威地位得以正式確立。這一時期，湯先生不僅參加國內外文化交流活動愈趨頻繁，接受學界及媒體採訪的次數也顯著增加，這也給予了他更多的表達及倡導「中國傳統文化復興」觀點的機會；就湯先生個人的學術研究體系來說，上世紀 80 年代將近十年的全方位學術轉型意義的研究工作，不僅使其基本上擺脫了極左思潮的思想禁錮，比較文化、比較哲學以及範疇研究的方法和思路得以確立，研究的視角也隨著其對「文化問題」的進一步思考順利拓展開來。

　　對應上世紀 80 年代的「文化熱」，「國學熱」構成 90 年代最具代表性的時代背景，對於這兩股相繼出現的文化思潮，1995 年湯先生在接受採訪時說，「文化熱有一種非常強烈的批判精神」，與之不同，「國學熱就是在對傳統進行批判以後，我們如何來建構我們的新文化，它把重點放到建設方面上來了。」〔註 1〕從湯先生此期的學術研究工作來看，他也的確由 80 年代「重新認識中

〔註 1〕羊凡、林川：《著名學者王元化、湯一介、沈善洪、陳方正四教授訪談錄——反思文化、傳統、尋覓精神資源》，《學習與思考》，1995 年第 02 期，第 22 頁。

國傳統文化的價值」轉到了「建構新文化」上來，而對於新文化的建構來說，當然離不開對中國傳統文化中的思想資源進行梳理的工作，其中重要的一個環節即是對佛教哲學特別是中國化佛教三大宗派哲學的研究。湯先生在《郭象與魏晉玄學》第三版的後記中提到，上世紀 90 年代開始，他開始集中思考「中國文化現代化的走向」問題，以此為推動，「研究了一點印度佛教文化」〔註2〕。湯先生所說「研究了一點印度佛教文化」當指上世紀 90 年代開始的佛學專門研究，從本文列出的《湯一介著作年表》的情況來看，這一時期涉及到佛教的研究主要包括如下一些文章：《論禪宗思想中的內在性和超越性問題》（1990年）；《天台宗及其哲學問題》（1991 年）；《印度佛教傳入中國的歷史考察》（1993年）；《華嚴宗及其哲學問題》（1995 年）；《華嚴「十玄門」的哲學意義》（1995年）；《禪宗的覺與迷》（1997 年）；《僧肇〈肇論〉的哲學意義》（1999 年）；《關於僧肇注〈道德經〉問題──四論創建中國解釋學問題》（2000 年）。這些文章可以分為三類，其一是佛教哲學（主要為中國化佛教哲學）的研究，其二是比較文化研究，其三是以佛學為例的方法論（解釋學）研究。其中，《關於僧肇注〈道德經〉問題──四論創建中國解釋學問題》一文也較為特殊，為湯先生自 1998 年開始探討創建中國解釋學問題發表的五篇論文的第四篇，雖然涉及到僧肇這一重要佛教人物，但該文僅為一有關創建中國解釋學問題的考證性文章，所得結論為否定僧肇注《老子》，並未著力探討僧肇哲學，故此，該文事實上並不屬佛學相關研究，而是隸屬於解釋學問題，湯先生也將此文收入全集《思考中國哲學》卷，而非《佛教與中國文化》卷，所以，該文不在本書探討之列。

湯先生此期的佛學研究在結構上相對明晰，重點在中國化佛教三大宗派哲學研究，另外兩篇實際上是對上世紀 80 年代以佛教為切入點探討比較文化問題的繼續思考，以下擬分兩部分討論之。

第一節　比較文化視野下的佛教再探討

1993 年出版的《獅在華夏──文化雙向認識的策略問題》會議論文集收錄了湯先生的《文化的雙向選擇──印度佛教輸入中國的考察》一文，後收入

〔註 2〕湯一介：《湯一介集‧第 02 卷‧郭象與魏晉玄學》，北京：中國人民大學出版社，2014 年版，《第三版後記》，第 471 頁。

《佛教與中國文化》。該文實際上是在湯先生於 1985 年發表的《從印度佛教傳入中國看兩種文化的衝突和融合》一文基礎上的完善，內容上大部分保留了下來，值得注意的修訂之處有如下兩點：

首先，湯先生在 1993 年文中明確提出文化的「雙向選擇」問題。他認為，「在兩種不同傳統的文化相遇過程中，文化的發展有一個雙向選擇的問題。這種文化的雙向選擇，對於有較長歷史較高水平獨立發展起來的民族文化或許表現得更為明顯。」〔註 3〕湯先生此文雖收入以「文化雙向認識」為主題的會議論文集，但顯然並非受當時（90 年代）學界關於「文化問題」的研究動態影響，追溯湯先生「文化雙向選擇」的思想源泉，必須要再次提及其父湯用彤先生，《湯用彤全集》收錄有一篇講演提綱，題為《佛教在中國文化上的地位》，該提綱內容分為三個部分，分別為：文化的移植；中國佛教；結論。其中，在「文化的移植」部分，湯用彤先生提出，「外來文化對於固有文化發生影響是交互的」〔註 4〕。不難看出，湯一介先生所說「文化雙向選擇」實際上即湯用彤先生「文化交互影響」的另一種表達。

其次，結論部分完善了以佛教傳入為例說明的「文化雙向選擇」規律，明確地將此種規律概括為三個方面：

第一，本土文化特徵的保存。湯先生認為，中印兩種文化相較的話，中國文化最明顯的特徵即是「治國平天下」的「入世」精神。佛教傳入中國之後雖有影響，但卻不得不為適應中國文化的要求而有所改變，漸漸朝著「世俗化」的方向發展，中國文化的「入世」特徵也得以保存；第二，本土文化對外來文化的吸收。本土文化為保持其活力需要不斷吸收外來文化以豐富自身，中國文化從漢以後直到隋唐的發展過程即是顯例；第三，文化雙向選擇的長期性和階段性。湯先生認為，印度佛教傳入中國經歷的由依附到衝突再到融合的過程或許是「一種文化吸收另外一種文化的一般規律」，而由明清之際西方文化依附於中國文化再到古今中外之爭的狀況，也證明了此點。

與 1985 年所持的對外來文化的「開放」態度相比，湯先生此時更強調「多元開放」的文化態度，強調對中國文化的傳播與對外來文化的接受和吸收同樣加以關注，也即採取「雙向選擇」的文化態度。

〔註 3〕湯一介：《佛教與中國文化》，北京：宗教文化出版社，1999 年版，第 2 頁。
〔註 4〕湯用彤：《佛教在中國文化上的地位》，《湯用彤全集——第 02 卷》，石家莊：河北人民出版社，2000 年版，第 438 頁。

　　由該文可以看出，上世紀 90 年代湯先生在「文化交通問題」上的觀點更為成熟和完善，從我們關注其對佛教的態度而言，反過來說，此期湯先生對於佛教在文化交通中的作用也更為肯定了。當然，該文畢竟為湯先生為參加學術會議而作，並不能因此認為其對佛教的關注重點又回到了「如何重新認識佛教文化」的老問題上來。

第二節　中國化佛教哲學研究

　　湯先生在上世紀 90 年代的佛學研究主要集中在對中國化佛教三大宗派的理論研究，其中，《天台宗概述》(《儒道釋與內在超越問題》(1991))一文主體部分移植自湯用彤先生《隋唐佛教史稿》，僅作了一些文獻上的擴充工作，故本節僅指出作為中國化佛教三大宗派之一的天台哲學在 90 年代為湯先生所關注這一事實，而不擬復述該文內容。以下就湯先生對禪宗與華嚴哲學的研究逐次探討。

一、禪宗的「內在超越性」問題研究

（一）研究的背景

　　湯先生對禪宗的研究側重於揭示其「內在超越性」，1990 年發表的《論禪宗思想中的內在性和超越性問題》一文為其代表，該文為湯先生探討「中國傳統哲學」普遍具有的「內在超越性」問題的其中一篇，據其在《我的哲學之路》中的自述，他關注該問題實受到歷史學家余英時先生的啟發。1987 年夏湯先生參加「儒家與基督教對話國際討論會」時提交了《論儒家哲學中的內在性與超越性問題》一文，隨後又撰寫了《論魏晉玄學中的內在性與超越性》。在對中國化的佛教禪宗做了一些研究之後，湯先生又接連發表了《論禪宗思想中的內在性與超越性》和《禪師話禪宗》兩篇文章。最後撰寫的是《論老莊哲學中的內在性與超越性》，後湯先生將上述四文列為一組，收入《儒釋道與內在超越問題》一書。〔註5〕這麼看來，《論禪宗思想中的內在性與超越性》是湯先生對中國傳統文化問題一系列思考中的一環，湯先生為何要對這一問題如此著力呢？這實際上是湯先生在「建構新文化」大框架之內的一個階段性

〔註 5〕湯一介：《我的哲學之路》，《湯一介集·第 06 卷·思考中國哲學》，北京：中國人民大學出版社，2014 年版，第 15～16 頁。

研究任務。

　　首先，湯先生認為，「內在超越」為儒家、佛教、道教的共同特徵，他說：「如果說以『內在超越』為特徵的儒家哲學所追求的是道德上的理想人格，超越自我而成『聖』；以『內在超越』為特徵的道家哲學所追求的是個人的身心自由，超越自我而成『真』(『仙』)；那麼，以『內在超越』為特徵的中國禪宗則以追求瞬息永恆的空靈境界，超越自我而成『佛』。」〔註6〕

　　這種以「內在超越」為特徵的哲學之價值「正在於把『人』看成是具有超越自我和世俗限制能力的主體，它要求人們向內反求諸己以實現『超凡入聖』的理想，而不要求依靠外在的力量」〔註7〕。但是，湯先生的目的並非僅僅在於明確以「內在超越」為特徵的中國哲學的價值，或者說這個問題其實是他在上世紀80年代重點關注的，而進入90年代，湯先生對中國傳統哲學的研究則有更進一步的目的，即「建構新文化」。在他看來，所謂「新文化」具體內涵何指呢？湯先生又簡要分析了西方哲學的特徵，他認為，西方哲學的主流「多有一個外在於人的世界」，而基督教更是有一個「外在於人的超越性的上帝」，與中國哲學顯然不同。湯先生的意見即是要融「內在超越」與「外在超越」於一爐建立一種新的哲學，他說：

　　　　個人超越性的境界可以靠其內在的道德修養來實現，但整個社會並不一定能因此而合理和完美；要使整個社會合理和完美，除了提高個人內在的道德修養之外，還需要有另一套外在的力量來配合，這就必須建立一套客觀的行之有效的、公正的政治法律制度。以「外在超越」為特徵的西方哲學和基督教應該說對建立客觀有效的政治法律制度更適合。〔註8〕

　　所以，湯先生主張既應當關注以「內在超越」為特徵的中國哲學，又不能忽視「外在超越」哲學的建構和發展，「如果東西方哲學能在更高的層次上建成包含著以『內在超越』為特徵的中國哲學和以『外在超越』為特徵的西方哲學，那麼東西哲學不但可以以多種形式相會合，而且將使人類的哲學能在更高

〔註6〕湯一介：《我的哲學之路》，《湯一介集·第06卷·思考中國哲學》，北京：中國人民大學出版社，2014年版，第16頁。

〔註7〕湯一介：《我的哲學之路》，《湯一介集·第06卷·思考中國哲學》，北京：中國人民大學出版社，2014年版，第16頁。

〔註8〕湯一介：《我的哲學之路》，《湯一介集·第06卷·思考中國哲學》，北京：中國人民大學出版社，2014年版，第17頁。

的層次上得到發展。」〔註9〕

　　對於這一系列的設想來說，首要的任務當然是要詳細分析中國傳統哲學的「內在超越性」，湯先生此期即是在如何建立更為圓滿的包容「內在超越」和「外在超越」的新哲學體系框架之內來研究包括禪宗在內的中國哲學的。

（二）禪宗的「內在超越性」分析

　　在《論禪宗思想的內在性和超越性》一文中，湯先生認為，禪宗之所以能夠在唐以後一枝獨秀，其中之一重要原因即為其更能體現中國哲學的「內在超越」特徵。也就是說，禪宗適應了中國哲學理論發展的內在要求，突出地表現在強調「內在本心」在修行中的核心作用。湯先生分三個方面對禪宗的「內在性」和「超越性」作了分析：

　　第一，禪宗對「本心」的強調。湯先生指出，印度佛教本是一種人生哲學，較為簡單，但經歷了漫長的歷史發展之後，體系愈趨繁雜。隋唐以後，中國的一些佛教宗派（天台、華嚴）致力改變這種狀況，至禪宗慧能，更將這一趨勢發展到了極致，確立了「不立文字」的做法。湯先生基於《壇經》及禪宗公案認為，慧能本人尚未直接正式倡導「不立文字」，只是說不能執著於經典，而更應當依靠「本心」，之後的禪門高僧則逐漸發展起破除經典及語言文字束縛的主張。〔註10〕

　　第二，禪宗對「見性成佛」的強調。湯先生指出，坐禪本為佛教修行所須，但到慧能則主「見性成佛」，否定由禪定得解脫的路徑。後世禪師也都以不同方式強調不靠外在修行手段，而依靠「內在本心」達到超越境界，這樣，本為佛教徒必修的「戒、定、慧三學」，即被禪門高僧們否定掉了。湯先生指出：

　　　　禪宗的這一否定，似乎所有的修持方法全無必要，從而把一切
　　外在的形式的東西都否定了。禪宗如是看是基於「平常心是道心」，
　　在平常心外再無什麼「道心」，在平常生活外再不須有什麼特殊的生
　　活，如有此覺悟，內在的平常心即可成為超越的道心。〔註11〕

〔註 9〕湯一介：《我的哲學之路》，《湯一介集·第06卷·思考中國哲學》，北京：中國人民大學出版社，2014年版，第18頁。

〔註10〕湯一介：《論禪宗思想中的內在性和超越性問題》，《北京社會科學》，1990年第04期，第111頁。

〔註11〕湯一介：《論禪宗思想中的內在性和超越性問題》，《北京社會科學》，1990年第04期，第113頁。

　　湯先生並引述印順法師《中國禪宗史》中的文字來支持這種看法，即「性是超越的（離一切相，性體清淨），又是內在的（一切法不異於此），從當前一切而悟入超越的，還要不異一切，圓悟一切無非性之妙用。這才能入能出，有體有用，事理如一，腳跟落地。」〔註12〕

　　第三，禪宗對「念」、「悟」的強調。湯先生認為，印度佛教受印度文化影響頗多神秘主義色彩，而中國禪宗至慧能則提倡「我心自有佛，自佛是真佛」，後世禪宗僧人延續並推進了這種精神。

　　通過上述三個方面的分析，湯先生總結說，中國禪宗的基本命題即為「識心見性」與「見性成佛」，何謂「心」、「性」呢？他解釋說，「心」和「性」是《壇經》中的基本概念，「心」和「性」意思相近，均指「每個人的內在生命的主體」〔註13〕，「心」、「性」的作用可變現為諸種事物。也就是說，世間萬物皆由「心」的「思量」而從「自性」中變現出來，就像萬物在虛空中一樣。一念迷，即不能見「自性」，「自心」清淨，即為「見性」，就是佛菩薩。也就是《壇經》所說的「我心自有佛，自佛是真佛；自若無佛心，向何處求佛」（《壇經》）。

　　湯先生依託《壇經》對「心」、「性」的解釋有兩處需要注意。首先，「心」和「性」表面上義雖相近，但實際上還是有區別的。方立天先生在《中國佛教哲學要義》中對《壇經》中「心」的解釋是「人的心理活動、精神現象、個人的內在生命主體」，而對「性」的解釋則是「一切事物不變的性質、本質」，「就眾生來說，性是指生命的本質、主宰」〔註14〕。從湯先生所引《壇經》文本來看，「心」和「性」確實在某些情況下似可通用，但卻並不能因此而忽視兩者的區別。方立天先生指出，「作為慧能《壇經》主要思想範疇的心與性，兩者的關係是多方面的，歸結起來，有對立、統攝、依存和同一的多重關係」，《壇經》將這種關係譬喻為「心地性王」，即所謂「心即是地，性即是王。性在王在，性去王無。性在身心存，性去身心壞。」（《壇經》）既然「性」具有統攝「心」的功能，那麼很顯然，兩者各有所指，此為其一。其次，湯先生根據《壇

〔註12〕湯一介：《論禪宗思想中的內在性和超越性問題》，《北京社會科學》，1990 年第 04 期，第 114 頁。

〔註13〕湯一介：《論禪宗思想中的內在性和超越性問題》，《北京社會科學》，1990 年第 04 期，第 116 頁。

〔註14〕方立天：《中國佛教哲學要義》，《方立天文集‧第五卷》，北京：中國人民大學出版社，2012 年版，第 322、325 頁。

經》「心量廣大，猶如虛空」一句，解釋為萬物都是由「心」之「思量」作用而從自性中「變現」出來的。儘管不能確定湯先生「變現」一詞是在何種意義上使用的，但使用「變現」的概念極易招致誤解，而認慧能之說為「實在論」，方立天先生對同一句的解釋為「宇宙整體都是自性的顯現」，他說：「在慧能看來，眾生的自性既能含藏也能顯現宇宙萬事萬物，這裡的含藏主要是就眾生對萬事萬物的認知意義來說的，這裡的顯現是就眾生覺悟時的境界意義上說的。」〔註15〕「變現」與「顯現」雖然只差一字，但顯然「顯現」一詞更接近慧能「萬法盡是自性見」的原意，至少，「變現」是有歧義的。

湯先生也對「佛性」的概念作了分析，他說，「佛性」多見於宗寶本《壇經》，很少見於敦煌本。《壇經》有兩處講到「佛性」較為重要：第一處是「慧能在黃梅五祖處所作的偈：『佛性常清淨』」〔註16〕，第二處是「答韋使君問，說『功德在法身，非在福田；自法性有功德，平直是德。內見佛性，外行恭敬』」〔註17〕。第一處說明「清淨」為「佛性」的本質，與「自性」相同，故「佛性」即「自性」；另一處說明「佛性」即「自法性」，亦即「人之內在本質」。「基於此，禪宗即可立其『識心見性』、『見性成佛』的理論」。〔註18〕

湯先生區分了「佛性」在兩種語境下的不同涵義，接著徵引《壇經》相關經文指出禪宗「識心見性」的法門即「無念為宗，無相為體，無住為本」。何謂「無相、無住、無念」呢？湯先生一一作了解釋：所謂「無相」，即「對於一切現象不要去執著（離相）」〔註19〕；所謂「無住」，即不將「念」繫縛於對象之上；所謂「無念」，即「在接觸事物時，心不受外境的任何影響」〔註20〕，「念」是心的作用，而心之作用所對的是「境」，如果能夠「於諸境上心不染」，就可以不受外境的干擾，「自性常清淨」而成佛道。故此，「『無相』、『無住』、『無

〔註15〕方立天：《中國佛教哲學要義》，《方立天文集·第五卷》，北京：中國人民大學出版社，2012年版，第328頁。
〔註16〕湯一介：《論禪宗思想中的內在性和超越性問題》，《北京社會科學》，1990年第04期，第115頁。
〔註17〕湯一介：《論禪宗思想中的內在性和超越性問題》，《北京社會科學》，1990年第04期，第115～116頁。
〔註18〕湯一介：《論禪宗思想中的內在性和超越性問題》，《北京社會科學》，1990年第04期，第116頁。
〔註19〕湯一介：《論禪宗思想中的內在性和超越性問題》，《北京社會科學》，1990年第04期，第116頁。
〔註20〕湯一介：《論禪宗思想中的內在性和超越性問題》，《北京社會科學》，1990年第04期，第116頁。

念』實均一心的作用，且迷與悟均在一念之間，故成佛道當靠頓悟。」〔註21〕

　　通過對禪宗（慧能）的「識心見性」及其「無住」、「無相」、「無念」法門的分析，湯先生得出若干結論，簡要概括如下：（1）禪宗之所以可以被稱為「中國的思想傳統」，對宋明理學發生深刻影響，原因在於其以「內在超越」為特徵。禪宗「追求一種瞬間永恆的神秘境界」，故仍具「宗教」的形式；（2）禪宗雖具宗教形式，但由於其破除外在束縛，故又含否定宗教形式的意義，可稱為一種「非宗教的宗教」，極具「即世間」的入世精神；（3）禪宗因其「內在超越性」特徵而具有某種擺脫傳統宗教的模式。（4）禪宗否定一切外在束縛，破除執著及權威，一任本心，這種「思想解放」作用難能可貴；（5）禪宗頗具主觀主義特色，對外在的客觀標準持否定態度，「既不利於外在世界的探討和建立客觀有效的社會制度和法律秩序，同時在探討宇宙人生終極關切問題上也不無缺陷」〔註22〕。

　　根據上述結論，湯先生提出建立更為完滿的包融「內在超越」與「外在超越」哲學體系的看法，並以儒家及墨家為例簡要分析了中國傳統文化在提供這種思想資源上的潛在能力，茲不贅述。順帶指出，湯先生對於禪宗不利於「外在世界的探討和建立客觀有效的社會制度和法律秩序」的判斷似有些不對題。一種（修養論的）思想觀念的取向與外在的社會規範建立是兩個領域的問題，即便相關，這種關係也往往不是直接對應的，就如基督教教義並不鼓勵主動的盈利行為，但事實上新教卻刺激了該類（資本主義）行為的群體性發生。當然，湯先生於此點題確有助於推動中國傳統文化與現代社會制度建構之間關係的深入研究。

　　湯先生後於 1991 年又將《論禪宗思想中的內在性和超越性問題》一文的內容進行精簡之後發表於科普雜誌《百科知識》，並改題名為《禪師話禪宗》。該文並未對前文進行實質性的修改，只是更加明確了一些觀點，如點明中國禪宗「識心見性」之說正與中國傳統思想對「心性問題」的重視相契合，因而可說是發展了中國哲學，成為「中國思想文化由隋唐佛學向宋明理學的過渡」〔註23〕。

〔註21〕湯一介：《論禪宗思想中的內在性和超越性問題》，《北京社會科學》，1990 年第 04 期，第 116 頁。

〔註22〕上述分析參見湯一介：《論禪宗思想中的內在性和超越性問題》，《北京社會科學》，1990 年第 04 期，第 117 頁。

〔註23〕湯一介：《禪師話禪宗》，《湯一介集·第 04 卷·佛教與中國文化》，北京：中國人民大學出版社，2014 年版，第 208 頁。

二、華嚴宗哲學研究

湯一介先生於 1995 年發表《華嚴「十玄門」的哲學意義》一文，該文為湯先生為數不多的專論佛教哲學的文章，收入 2014 年版《湯一介集》，添加了「華嚴宗簡史」部分，並改題名為《華嚴宗及其哲學問題——十玄門》，因增加的「簡史」部分僅為泛談，並未有個人獨到見解，故本節僅據 1995 年文對湯先生的研究予以分析。

《華嚴「十玄門」的哲學意義》一文分為三個部分，第一部分簡要敘述華嚴宗判教理論及核心概念「四法界」、「六相圓融」的內容並予以哲學價值的判定，以此說明華嚴宗為圓教的學理根據，第二部分詳細探討「十玄門」的哲學意義，第三部分為「十玄門」哲學的實踐應用。該文雖為一篇佛教哲學專論文章，但放在湯先生的中國哲學研究體系當中來看的話，實為湯先生實踐「範疇研究法」，探討中國哲學現代化轉化的一次嘗試，因華嚴宗哲學鮮明的經典詮釋意味，湯先生後期重點關注的「中國詮釋學」問題也不妨認為是該文的題中應有之義。

（一）對華嚴判教理論的簡述及評價

湯一介先生繼承湯用彤先生的觀點認為，佛教既為宗教又為哲學，華嚴宗是為一典型。華嚴宗所討論的哲學問題不僅具中國哲學史上的意義，且對今日的哲學研究大有參考價值，並特別指出，其中「華嚴的『十玄門』最有哲學意義」〔註24〕。

為闡釋「十玄門」的特殊意義，湯先生首先簡要評析了華嚴的「判教」理論。他指出，雖然華嚴宗並不是第一個發展「判教」理論的，但相對印度佛教及中國佛教天台宗的判教，「如果從一個系統論的觀點看，華嚴的『判教』或更為嚴整，它表現了歷史和邏輯的統一」〔註25〕。就佛教「判教」的內涵，湯先生認為，「所謂『判教』，是佛教各宗派為調和佛教內部不同的說法，樹立本派的正統地位和權威，對先後所出之經典從形式到內容給予重新的安排和估價，分別深淺、大小、權實、偏圓等，用以確定本宗派為佛的最完善的學說。」〔註26〕

〔註24〕湯一介：《華嚴「十玄門」的哲學意義》，《中國文化研究》，1995 年第 02 期，第 17 頁。

〔註25〕湯一介：《華嚴「十玄門」的哲學意義》，《中國文化研究》，1995 年第 02 期，第 17 頁。

〔註26〕湯一介：《華嚴「十玄門」的哲學意義》，《中國文化研究》，1995 年第 02 期，第 17〜18 頁。

華嚴的判教〔註27〕表現出「由小乘到大乘，大乘則由始至終、由漸而頓、由偏到圓的次第，而這一次第由相對的矛盾概念展開」〔註28〕，所以「從理論上說較天台的『判教』系統〔註29〕更為嚴整」〔註30〕。就判教的「嚴整性」和「包容性」，他認為：

> 一種較好的、較有價值的哲學體系大都應是能容納其他哲學的體系。因此，我認為華嚴判教的意義可注意有二：它的判教體系是嚴整的，此其一也；它可以容納其他學說，此其二也。嚴整而又可容納其他各種學說正是「圓融」的特徵，故華嚴為「圓教」應甚合理。〔註31〕

湯先生推崇華嚴判教的觀點既有其獨到之處，同時有些問題似可商榷。首先，湯先生對佛教判教的解釋突出調和與推尊本派的特點，這與該文涉及的華嚴宗判教甚至隋唐佛教整期的判教當屬契合，但根據學者研究，中國佛教史上另一判教理論發展的高峰期——南北朝判教則「側重於對印度佛教的吸收與理解」〔註32〕，故此，湯先生此處對判教的定義突出了佛教的宗派性格，而有失判教概念所應具備的普適性和總括性。關於判教的定義，此處特舉一例以資參考，判教是「中國佛教學者根據印度佛教典籍，對印度原有佛教學說體系，按照中國佛教學者自身的信仰理解、價值觀念和宗教實踐，予以全面反思、批評和總結，在同中國傳統文化相融合的基礎上，將印度佛教理論按照時間的先後、義理的深淺、修行的次第和價值的高下，予以重新整合，從而建立起中國化的佛教理論體系。」〔註33〕同時，考慮到湯先生長期關注異質文化選擇或調和的問題，突出判教的「調和」特點或為一種學術研究旨趣的慣性使然。

其次，湯先生推崇華嚴判教理論，評價其較天台更為「嚴整」，表現了「歷

〔註27〕華嚴判教分為小乘教、大乘始教、大乘終教、頓教、圓教。
〔註28〕湯一介：《華嚴「十玄門」的哲學意義》，《中國文化研究》，1995 年第 02 期，第 18 頁。
〔註29〕即「五時八教」，「五時」分別為華嚴時、阿含時、方等時、般若時、法華涅槃時，「八教」分「化儀四教」與「化法四教」，其中，「化儀四教」分別為頓教、漸教、密教、不定教，「化法四教」為藏教、通教、別教、圓教。
〔註30〕湯一介：《華嚴「十玄門」的哲學意義》，《中國文化研究》，1995 年第 02 期，第 18 頁。
〔註31〕湯一介：《華嚴「十玄門」的哲學意義》，《中國文化研究》，1995 年第 02 期，第 18 頁。
〔註32〕蘭天：《中國佛教早期判教理論述評》，2004 年西北大學博士論文，第 91 頁。
〔註33〕蘭天：《中國佛教早期判教理論述評》，2004 年西北大學博士論文，第 1 頁。

史與邏輯的統一」以及由「相對的矛盾概念」展開的次第。嚴整之外，華嚴判教也頗具包容性。因學者自身學養、氣質及研究目的的不同，判教的優劣評判往往體現出濃重的個人特色，湯先生將形式上的「嚴整性」與「包容性」作為評判標準，不妨成一家之言。另一些學者對天台、華嚴判教之優劣則有不同的看法，如牟宗三先生即認為天台宗判教比華嚴宗判教更為圓滿，其根據是天台宗所分判之圓教「融納、攝受各種佛教經典和理論」，而華嚴宗的圓教則有「高居於其他佛教經典和理論之上、隔別不融」之弊。〔註34〕再如，方立天先生雖持華嚴判教較天台優勝的看法，但同時也指出華嚴判教在「創造性和嚴謹性」上遜於天台，帶有「無分析、批判的調和色彩」。〔註35〕順帶一提，華嚴判教在多大程度上表現了「歷史與邏輯的統一」，是一個仁者見仁智者見智的問題，有學者即認為，因印度佛教文化的特殊性，「使得中國佛教的判教理論始終糾纏於歷史和邏輯的相互關係中」，總是「無法達到邏輯和歷史統一的高度」。〔註36〕

　　判教本身即已暗含了當時佛教學者出於各色目的的價值偏向，就華嚴宗的五教說，在唐代就有慧苑法師提出了質疑，清涼澄觀又針對其辯難進行了解釋。迨至近代，太虛法師也撰文表達自己的見解。可見判教歷來就是一個爭論不休的問題，而後世學者對各宗派判教的研究與評判又加入了另一層價值考量，使得天台與華嚴二宗判教理論的高下優劣更難抉擇。就湯先生特重華嚴判教的嚴整性與包容性而言，雖在義學層面相較太虛、周叔迦、牟宗三、方立天諸專研佛教的學者稍有欠缺，但放在湯先生對中國哲學整體性的研究框架之中，並考慮到其所持的開放性文化態度來看，推崇華嚴判教的二性特徵自有其邏輯自洽。

（二）「四法界」思維方式解析

　　華嚴宗以「法界」範疇來構建其理論體系，所謂「四法界」（理法界、事法界、理事無礙法界、事事無礙法界），一般認為出於華嚴宗四祖澄觀，法藏在《華嚴發菩提心章》中所說的法界觀實為三種，分別為真空觀、理事無礙觀、

〔註34〕詳見韓煥忠：《20世紀天台判教研究綜述》，《哲學動態》，2002年第12期，第34頁。

〔註35〕詳見韓煥忠：《20世紀天台判教研究綜述》，《哲學動態》，2002年第12期，第34頁。

〔註36〕蘭天：《中國佛教早期判教理論述評》，2004年西北大學博士論文，第83頁。

周遍含容觀。〔註37〕

　　湯先生舉「四法界」為接下來討論「十玄門」的哲學意義做鋪陳，故並未詳細分析「四法界」的哲學意涵，僅提出一個論點，即華嚴宗從思維方式上說是更為中國式的，「至少可以說它必然引出或歸於中國式的思維方式。」〔註38〕在他看來，印度大乘與小乘、空宗與有宗均強調存在一個「超現象世界」而與現象界相對，因而失於堅持「體用一如」的理念，華嚴宗則通過確立「四法界」說解決了這一問題，特別是所謂「理事無礙法界」、「事事無礙法界」蘊含了「圓融」的哲學意涵，湯先生並用現代西方哲學的概念對其進行了詮釋：

> 　　華嚴宗就其「四法界」學說看，如果我們據「理事無礙」、「事事無礙」所得出之結論，本體必須由現象來呈現，現象與現象之間因均為本體之呈現而互相呈現，則可以不必於現象界之外求超現象的世界，不必離現象以求本體，不必於個別外求一般，這樣就打通了眾生界與佛世界、現象與本體、個別與一般之間的隔絕，而達到一種「圓融無礙」的地步。所以照我看，隋唐佛教宗派之中國化，從根本上說，主要不在其體系之內容，而在其思維方式的中國化。它影響宋明理學，主要也不在其思想內容（其思想內容是受到理學家批評的），而在於它的中國化的思維方式。〔註39〕

　　湯先生此論與其自上世紀80年代起即關注並強調的文化內在發展邏輯一脈相承。關於華嚴宗哲學的中國化特色，不惟湯一介先生，方立天先生也表達過類似的看法，他認為，總體上看，「事事無礙論還是中國佛教的思想命題」，「它的結構、內涵與旨趣都表現出與印度佛教迥然相異的中國思想風貌」〔註40〕，主要表現在與中國傳統哲學思想所側重的「務實」、「齊同」、「本末」、「體用」等觀念的契合，故可說，「華嚴宗的事事無礙論是中國佛教思想命題和中國思維方式，是先秦莊子以來『齊物』思想的發展，也是著重探討本末體用關

〔註37〕〔唐〕法藏：《華嚴發菩提心章・表德第四》，《大正藏》第四十五冊，第652頁。

〔註38〕湯一介：《華嚴「十玄門」的哲學意義》，《中國文化研究》，1995年第02期，第18頁。

〔註39〕湯一介：《華嚴「十玄門」的哲學意義》，《中國文化研究》，1995年第02期，第18頁。

〔註40〕方立天：《中國佛教哲學要義》，《方立天文集・第五卷》，北京：中國人民大學出版社，2012年版，第561頁。

係的魏晉玄學的發展。」〔註41〕

　　兩位學者的表達看似相近，但仔細分析，觀點稍有差別。湯先生以「理事無礙」與「事事無礙」的哲學內涵為據，認此為中國化的思維方式，突出「圓融」的特徵；方立天先生則將「中國佛教思想命題和中國思維方式」嚴格限定在「事事無礙」論，借先秦莊子哲學的概念來說，突出「齊物」的特徵。「圓融」與「齊物」均為中國傳統哲學的典型思想，不追究兩概念的邏輯推演理路，僅從狹義的字面意義上來說，莊子「萬物齊同」的命題和思維僅涉及「事」的層面，而未直接探討「理」及「理事」的關係，將其看作「事事無礙」的另一種表達是沒有問題的。「圓融」則既涉及「事」的層面，又涉及「理」的層面，既表達「理」與「事」的圓融無礙，又表達「事」與「事」的圓融無礙。我們或可推測，方先生並未將「圓融」的命題或思維看作中國文化所特出，至少與印度佛教哲學相比如此。

　　「理事無礙」的圓融觀實際上確非中國哲學所特出，僅舉一例以證，「色不異空、空不異色，色即是空、空即是色」即包含了「理事無礙」的圓融觀念。湯先生該處立論稍顯粗獷。

（三）「事事無礙法界」的佛典依據辨析

　　由上所述，「理事無礙」的圓融觀念實非中國哲學所特出，那麼，「事事無礙論」是否如方先生所言，在「結構、內涵與旨趣」上迥異於印度佛教？這個問題涉及到印度佛教中國化的表現，也涉及到湯先生一直關注的詮釋學問題，所以，本節就以湯、方二位先生的看法作為契機稍作探討。筆者認為，在印度佛教經典中，「事事無礙論」或並未以很明確的文句彰顯，但仔細分析相關文獻，「事事無礙」所包含的命題應該是有表現的，只不過是通過運用不同的概念、範疇，以及以描摹景象的方式來象徵性表達的。以下試析華嚴宗「事事無礙」論與《華嚴經》等經典的關係。

　　華嚴宗「四法界」的實際創建者為四祖清涼澄觀，關於「四法界」的表述，華嚴諸師大同小異，此處僅以《佛學大辭典》中的引用解釋為參考，如下：

> 法界者，一切眾生身心之本體也。法，軌則也。界有性分二義。
> 若約事說界，即是分義。謂隨事分別故也。若約理說界，即是性義。
> 謂諸法性不能變易故也。以此性分，互相交絡，則成理事無礙法界，

〔註41〕方立天：《中國佛教哲學要義》，《方立天文集‧第五卷》，北京：中國人民大學出版社，2012年版，第561頁。

以理融事，一一融通，則成事事無礙法界也。一事法界，謂諸眾生色心等法，一一差別，各有分齊，故名事法界。二理法界，謂諸眾生色心等法，雖有差別，而同一體性，故名理法界。三理事無礙法界，謂理由事顯，事攬理成，理事互融，故名理事無礙法界。四事事無礙法界，謂一切分齊事法，稱性融通，一多相即，大小互容，重重無盡，故名事事無礙法界。〔註42〕

　　不考慮概念的宗教旨趣，「四法界」是華嚴宗根據佛教經典推演出來的對世界及人與世界之間關係的四個方面認識。簡要來說，「事法界」表現象，「理法界」表本體，「理事無礙法界」表本體與現象的互依互融，「事事無礙法界」表現象之間的相即相入。其中，「事事無礙法界」被視為華嚴宗修行的最高境界。所謂「事」，從高僧們在語言和實踐方面的應用來看，幾乎囊括了世間萬象以及一個人在世上的所有身心活動，「事事無礙法界」就是要通過理解和實踐該種認識方法，證得佛的境界。不難推測，對於杜順、智儼、法藏、澄觀等華嚴諸師，以盡力探索佛所說經文的玄旨來注疏，應當是他們從主觀上抱持的態度，注疏的目的當然不是為了批判和超越佛之旨意的發揮，而是探賾索隱，發明彰顯，所以有理由相信作為華嚴宗教理核心要義的「法界緣起」、「四法界」、「十玄門」等所要表達的深奧命題理應在原經中有所體現，因此才要「探」出來。法藏在《華嚴經探玄記》篇首總結《華嚴經》要旨說：

華嚴經者，斯乃集海會之盛談、照山王之極說，理智宏遠，盡法界而互真源；浩汗微言，等虛空而被塵國。於是無虧大小，潛巨剎以入毫端；未易鴻纖，融極微以周法界。故以因陀羅網參互影而重重，錠光玻黎照塵方而隱隱，一即多而無礙、多即一而圓通，攝九世以入剎那、舒一念而該永劫，三生究竟堅固種而為因、十信道圓普德顯而成果，果無異因之果，派五位以分鑣；因無異果之因，總十身以齊致。〔註43〕

　　從「無虧大小，潛巨剎以入毫端；未易鴻纖，融極微以周法界」，「以因陀羅網參互影而重重，錠光玻黎照塵方而隱隱」，「一即多而無礙、多即一而圓通」，「攝九世以入剎那、舒一念而該永劫」等語看來，法藏很篤定《華嚴經》中含藏了「理事無礙」乃至「事事無礙」的玄理，放在現代語境中，我們可以

〔註42〕丁福保：《佛學大辭典》，北京：文物出版社，2015年版，第1154頁。
〔註43〕〔唐〕法藏：《華嚴經探玄記》，《大正藏》第35冊No.1733，第107頁。

說，法藏認為《華嚴經》中包含了「四法界」等華嚴教理的命題。當然，法藏有沒有超出經文原旨過度發揮，還是要比照經文來確定。

《大方廣佛華嚴經》菩薩十住品中頌曰：

> 諸佛子！彼菩薩應學十法。何等為十？所謂：知一即是多，多即是一，隨味知義，隨義知味，知非有是有，知有是非有，知非相是相，知相是非相，知非性是性，知性是非性。何以故？欲於一切法方便具足故，有所聞法，即自開解，不由他悟。〔註44〕

上引為東晉佛陀跋陀羅所譯六十卷《華嚴經》，該段偈頌為法慧菩薩承佛神力，宣說菩薩十住行的內容，唐實叉難陀譯八十卷《華嚴經》所載語句與之大同小異，茲不贅述。

「一即是多，多即是一」是華嚴宗人常用來描述「四法界」的句子，該處經文雖並未詳細描述此句內涵，但從後文「有」與「無」、「相」與「非相」、「性」與「非性」來類比的話，該句文義是含有消除世間萬象種種之間差別而相攝相入的意思的。「事事無礙」文義雖簡潔明瞭，但訴諸我們的常識思維，卻是極難體會的，為了更加明確經文中的描述確與「四法界」為同一命題，我們另舉明末僧人紫柏真可的一段話來幫助理解。

從華嚴宗教理在唐代之後與禪、淨土各宗法門的融合來看，「事」和「理」這一對範疇可以引申出更具實踐性的概念，紫柏真可就用另一套概念置換了「理」和「事」來詮釋「四法界」，使之更易於理解，且更適合於指導修行實踐。他說：

> 夫華嚴大典，雖文豐義博，實雄他經，然其大義，不過四分，四法界而已。一念不生謂之理法界，一念既生謂之事法界。未生不礙已生，已生不礙未生，謂之事理無礙法界。如拈來便用，不涉情解，當處現成，不可以理求之，亦不可以事盡之，權謂之事事無礙法界。行者能信此、解此、行此、證此，總謂之四分也。
>
> 又事理無礙法界，自大典東來幾千載，而黑白諸豪傑，莫不以為此經，是根本法輪，皆研精殫思，疏之論之。至於事事無礙法界，則如子聞父名，終不敢稱。謂縱有強發揮者，亦不過以理融事，事始無礙。若然則大雄氏，於事理無礙之外，設此法界，豈不徒然也

〔註44〕〔東晉〕佛陀跋陀羅譯：《大方廣佛華嚴經》，《大正藏》第9冊No.0278，第446頁。

耶。又帝心之與善慧，或曰：「懷州牛吃禾，益州馬腹脹，天下覓醫
人，灸豬左膊上」等語，乃不過旁敲耳。夫帝心善慧，皆文殊彌勒
再來。彼二大菩薩，於事事無礙法界，亦惟旁敲，不敢正言。

今子書是經，於青山白雲之間，可謂大有勝緣也者。知子前三
法界，可以智識通之。末後一界，子若不離智識而求之，則終不入
矣。且離智識而可求之，則土木偶人，亦可求之矣，何待子求。子
若求而未通，未通之處，正好猛著精彩，拼命求之。如命根忽斷，
則子所書之經，譬如塗毒鼓，擊之發聲，有心無心，聞者皆不旋踵
而死，死後復活，再來印可未晚也。〔註45〕

紫柏真可的論述有幾點值得注意。第一，他以「念」的「已生」、「未生」
來重新詮釋「四法界」，是對抽象色彩濃厚的「理」、「事」概念的具象化演繹，
顯然更易於學人掌握要領。根據不同的情境，選擇不同的概念來詮釋佛教義學
理論，是中國古代知識分子得以將印度佛教這一異域文化發揚光大的普遍做
法，也是印度佛教中國化的體現。可以說，以「理」、「事」概念表述的「四法
界」教理不僅可以使用「念」之「已生」、「未生」來重新詮釋，在另外的情境
中，「空」與「色」、「淨」與「染」、「有」與「無」、「體」與「用」等概念或
更契機。回溯至印度佛教原典，經文中使用不同概念範疇表達的命題與「理事
無礙」、「事事無礙」一致實為情理之中，同時，因其文句過於隱晦且富於詮釋
的彈性，也就很容易被讀者忽略。

第二，真可將「事事無礙」置於「四法界」中最高的境界層次。前三境界
是可以通過思維理解並把握的，「事事無礙」的境界卻無法訴諸思維，而只能
「旁敲」。根據他的思路，即便「事事無礙」這個概念以及杜順諸師的理論架
構也只是「旁敲」，該種境界是佛在《華嚴經》裏設立的，本無法訴諸直接的
文字表達，也不能以「智識」把握。唯一的道路只有脫離「智識」，當然也肯
定需要「言語道斷」，才能證入此種境界。真可是一位禪僧，他對華嚴宗教理
的理解和詮釋顯然融合了禪宗離言絕相、明心見性的色彩，又依禪法重實行的
取向，「事事無礙」自然被真可推崇至最高。但「事事無礙」論的境界很難通
過文句直接表達，難以為智識所把握，應當是確當的。準此可知，在佛教經文
裏，「事事無礙」即也應以「旁敲」、譬喻的方式來表現。

《華嚴經》中有一段偈說：

〔註45〕〔明〕真可：《紫柏尊者全集》，《續藏經》第 73 冊 No.1452，第 174 頁。

> 一微塵中入三昧，成就一切微塵定，
> 而彼微塵亦不增，於一普現難思剎。
> 彼一塵內眾多剎，或有有佛或無佛，
> 或有雜染或清淨，或有廣大或狹小，
> 或復有成或有壞，或有正住或傍住，
> 或如曠野熱時焰，或如天上因陀網。
> 如一塵中所示現，一切微塵悉亦然。
> 此大名稱諸聖人，三昧解脫神通力。〔註46〕

澄觀疏：

> 「一微塵中」下四頌，明因陀羅網三昧門。於中，初二句標定
> 心境。然有二意：一由一多相即故入一定能成多定，由成多定令一
> 塵內有一切塵，一一塵中現一切剎；二但令一塵現剎，一切亦爾，
> 故云成就一切微塵定。次二句明不壞相而普現，故云不增。次二頌
> 明一塵中所現剎相無礙，如焰重現、如帝網。次半頌舉一例餘，亦
> 有二意：一例上一塵之內所具之塵；二例如一塵入定示現，餘塵入
> 定示現亦然。後二句結用所因，略辨三門：一三昧力，此同標中。
> 二不思議解脫力，如《不思議品》云「於一塵中現三世佛剎」等。
> 三神通力，謂幻通自在，並如下說。〔註47〕

　　上引偈文字義顯明，澄觀疏中，「一定能成多定」、「一塵內有一切塵，一
一塵中現一切剎」、「一塵中所現剎相無礙，如焰重現、如帝網」等語句可以說
是對該段偈文的忠實闡釋，其內容正是「事事無礙法界」的蘊意。

　　除對神通景象的直接闡述之外，以「象」表意的間接方式在經文中也極常
見。就華嚴宗核心要義「法界緣起」來說，《華嚴經》中的「因陀羅網」是對
其最常用的譬喻。所謂「因陀羅網」，又叫「帝網」，是帝釋天宮殿裏一種寶珠
結成的網，《五教章通路記》中說此網「一珠之中，現諸珠影。珠珠皆爾，互
相影現……各各影現珠中，所現一切珠影，亦現諸珠影像形體……各各影現，
二重所現珠影之中，亦現一切」〔註48〕。這個譬喻的蘊意應當也包含了「事事無
礙法界」的教理。《華嚴經》功德華聚菩薩十行品中說：

〔註46〕〔唐〕實叉難陀譯：《大方廣佛華嚴經》，《大正藏》第 10 冊 No.0279，第 7 頁。
〔註47〕〔唐〕澄觀：《大方廣佛華嚴經疏》，《大正藏》第 35 冊 No.1735，第 622 頁。
〔註48〕丁福保：《佛學大辭典》，北京：文物出版社，2015 年版，第 814 頁。

　　菩薩摩訶薩住大悲心，修習如是諸深妙法，寂靜究竟。得佛十
力，入因陀羅網法界自在，成就如來無礙解脫。人中雄猛，大師子
吼，得無所畏；為法轉輪王，能轉無礙清淨法輪；成就智慧解脫，
了知一切世間所行；絕生死回流，入智慧大海；悉能饒益一切眾生，
護持三世諸佛正法，窮盡諸佛方便大海。是名菩薩摩訶薩第十真實
行。此菩薩安住真實行已，能令一切天人、八部、無量眾生清淨歡
喜。〔註49〕

　　如果熟悉「因陀羅網」在《華嚴經》中的使用語境的話，當可判斷「因陀
羅網法界自在」應當與「事事無礙法界」是一致的，前者為後者的一種象徵化
表達。

　　如果上述例子尚屬間接表明《華嚴經》裏已有「事事無礙」論的命題，那
麼澄觀在其疏中對四法界的解釋則直接與經文相契合：

　　一等理法界，故經云「如法界一性，如法界自性清淨，善根迴
向亦復如是。」其文非一。二等事法界，經云「欲見等法界無量諸
佛、調伏等法界無量眾生，或願起等法界無量行、或願成等法界無
量德、或願得等法界無量果。」皆即理之事也。三等理事無礙法界，
經云「願一切眾生作修行無相道法師，以諸妙相而自莊嚴，則相無
相無礙。」皆其類也。四等事事無礙法界，故經云「一佛剎中現一
切佛剎」等。〔註50〕

　　引文中「四法界」的闡釋均能在《華嚴經》中找到文句依據，其中，「事
事無礙法界」所據之「一佛剎中現一切佛剎」在晉譯《華嚴經》中所載如下：

　　復次，菩薩摩訶薩修善根業如是迴向：令一切佛剎皆悉清淨，
以無量莊嚴具而莊嚴之；令一佛剎廣大如法界，如一佛剎，一切佛
剎亦復如是。得最正覺於一佛剎，悉皆顯現一切佛剎，如一佛剎，
一切佛剎亦復如是。〔註51〕

　　「事事無礙法界」的核心在於多法相即相入，雖然紫柏真可認為此種境界
無法直接描述且無法通過智識來把握，但拋開宗教神秘主義的一面，「事事無

〔註49〕〔東晉〕佛陀跋陀羅譯：《大方廣佛華嚴經》，《大正藏》第 9 冊 No.0278，第
　　　　 472 頁。

〔註50〕〔唐〕澄觀：《大方廣佛華嚴經疏》，《大正藏》第 35 冊 No.1735，第 730 頁。

〔註51〕〔東晉〕佛陀跋陀羅譯：《大方廣佛華嚴經》，《大正藏》第 9 冊 No.0278，第
　　　　 537 頁。

「礙」的邏輯還是很清晰的，其要點包括以下幾個方面：

第一，每一事相均表現出區別於其他事相的狀態。

第二，每一事相的力用均涉入其他一切事相。

第三，每一事相均在其他一切事相涉入之後的基礎上發揮效用再次涉入其他一切事相，如此反覆。

第四，因事相之間分別互相涉入，實際上事相之間本質上並無分別。

第五，因上條，整個世界即成為一個緊密聯繫的整體，如因陀羅網。

「事事無礙」的哲學內涵似乎與經驗上的認知相違背，但如果站在佛教世界觀和認識論的立場上，自有其教理依據，且依華嚴宗人的看法，「事事無礙法界」才是真實的。我們可用現實人生為喻來理解「事事無礙」的邏輯，社會中每一個個體的人之存在，其個性均受社會總體的狀況（制度、規範、習慣等）所形塑，個體的言、思、行所生的勢用又共同規定著社會總體狀況，由此可推，每一個體的個性均為其他個體行思的勢用所及而體現出其他一切個體的個性，如此反覆，重重無盡，整個世界便成為一個緊密聯繫的系統。上述道理頗為淺顯，僅能作為譬喻來分析「事事無礙法界」的基礎邏輯，華嚴宗教理的真義需要站在佛教的世界觀來體認。例如，從「十世」和緣起的角度出發，「事事無礙」關照下的世界就迥異於我們尋常認知的世界，不僅包含橫向空間層面的相即相入，也包含縱向過、現、未時間層面的無礙，並且華嚴宗人會說，「空間」和「時間」本身也是「六相圓融」的，任何對其世俗觀念上的認知都是凡夫妄見，這就很難用經驗思維來把握了。

即便我們無法真切體認華嚴宗「事事無礙法界」，但從其文義所歸納出來的命題以及思維方式來看，確與莊子「物無非彼，物無非是」的「齊物」思想在形式上如出一轍。《華嚴經》等印度佛教經典中雖已具備「理事無礙」、「事事無礙」的種子，但從卷帙浩繁又隱晦不明的佛藏中分析、歸納並創建起一套使用中國傳統哲學範疇組成的邏輯嚴密的理論體系，卻是中國華嚴宗人的貢獻，湯、方二位先生雖並未在此對佛教中國化問題展開詳論，但實有點題之功。

（四）「六相圓融」的現代詮釋

「六相圓融」可視為華嚴宗人所持的基本認識工具，對「四法界」和「十玄門」的體認都需要以此為觀照的原則。「六相」即「總相」、「別相」、「同相」、「異相」、「成相」、「壞相」，唐譯《華嚴經》中說六相：

> 願一切菩薩行，廣大無量，不壞不雜，攝諸波羅蜜，淨治諸地。

總相、別相、同相、異相、成相、壞相，所有菩薩行，皆如實說。
〔註52〕

清涼澄觀在《大方廣佛華嚴經隨疏演義鈔》中釋「六相圓融」曰：

一「總相」者，一含多德故。二「別相」者，多德非一故。三「同相」者，多義不相違故。四「異相」者，多義不相似故。五「成相」者，由此諸義緣起成故。六「壞相」者，諸緣各住自性，不移動故。〔註53〕

湯先生根據法藏《金獅子章》對「六相圓融」的哲學意義做了簡要說明。他認為，所謂「圓融」，即「一法依他法而有意義，相即相融，任何一概念的意義只有在一種關係中才能成立」〔註54〕。隨後，他將「六相」分作了三組加以解釋。首先，「總相」與「別相」。湯先生認為「總相」與「別相」是就全體與個別方面說，「法藏認識到『個別』就是『全體』之『個別』，它不能離『全體』而為『個別』，『全體』即是『個別』之『全體』，它不能離『個別』而有『全體』，故『一即一切，一切即一』也」〔註55〕；其次，「同相」與「異相」討論的是「同一性」與「差別性」，且與「總相」、「別相」有關係，「『同相』、『異相』是『總相』、『別相』之『同相』、『異相』」，所以「『同一性』與『差別性』是『全體』與『個別』的同一與差別」；再次，「成相」與「壞相」討論的是「現實性」與「可能性」的問題。

湯先生的詮釋帶有濃厚的辯證法色彩，嘗試用西方哲學的概念範疇來重新闡述「六相圓融」的命題，認為「六相圓融」實際上構成一個「從多層次、多視角觀察的概念系統」，從總、別、同、異、成、壞其中任意一個概念出發，都可以「從各個層次各個視角把所有的概念整合起來，而成為一個相對而成就的概念體系」，以致「相相圓融」。

湯先生對「六相圓融」的詮釋放在九十年代早期的學術語境中頗有啟發意義，將「六相」的概念以全體與個別、同一性與差別性、可能性與現實性的現

〔註52〕〔唐〕實叉難陀譯：《大方廣佛華嚴經》，《大正藏》第 10 冊 No.0279，第 181 頁。

〔註53〕〔唐〕澄觀：《大方廣佛華嚴經疏演義鈔》，《大正藏》第 36 冊 No.1736，第 414 頁。

〔註54〕湯一介：《華嚴「十玄門」的哲學意義》，《中國文化研究》，1995 年第 02 期，第 18 頁。

〔註55〕湯一介：《華嚴「十玄門」的哲學意義》，《中國文化研究》，1995 年第 02 期，第 18 頁。

代概念加以重新闡釋，令人耳目一新，為中國傳統哲學的現代化詮釋提供了一個值得探索的方向。同時，他的分析思路也不可避免的仍然受時代所侷限，質言之，華嚴宗「六相圓融」說並非僅為一邏輯嚴密的哲學體系，根本上說還是一種宗教義理，有著宗教修證上的旨趣。華嚴宗人的教理建構在如今雖不妨以哲學的面貌呈現，但僅從解析教理字面意思的初衷來詮釋義理，難免忽視佛教義學所蘊含的宗教旨趣。受限於時代學術研究環境，湯先生對「六相」的詮釋顯以達成接近字面意思為直接目的，以「成相」、「壞相」為例，就表面上來看，由「成相」與「壞相」推出「現實性」與「可能性」的對立統一，進而推出「否定之否定」的哲理，從文句字面意思的對應來看問題似乎不大，也確實有助於學人在現代社會的通俗語境中瞭解華嚴宗哲學究竟表達了些什麼內容，但最終卻以哲學的旨趣掩蓋了宗教的旨趣，我們的思維從「現實性」與「可能性」概念所得到的與從「成相」、「壞相」得到的或已差之千里。更進一步說，欲對「六相圓融」所蘊含的義理做符合原旨的解讀，須在佛學的語境中進行，並不是說一定要使用一成不變的佛學概念，而是說要充分注意到概念術語背後的佛教基礎世界觀和認識論。歷代義學大家對佛教典籍的注解雖也時有新的創建，但一定離不開原始文獻的旁徵博引，在結果上即有助於達致忠實表達概念原旨的效果，而純以現代西方哲學的概念範疇及思路方法來詮釋佛教義理，得在便於理解，失在易偏離旨趣。

當然，湯先生以此方式來詮釋佛學義理，一方面或受其馬克思主義哲學方法論影響，另一方面或也有著為其宏大的建構新文化的目標提供思想資源的思考。

（五）「六相圓融」的宗學蘊意探析

「六相圓融」是華嚴宗觀法的基礎，用現代語言來說，它可稱為華嚴宗哲學的方法論基礎。「六相圓融」在華嚴宗教理體系中的地位和作用，《金師子章光顯鈔》所載可資參考：

> 謂一乘圓教法界緣起，無盡圓融方便，以此六相圓融義為秘要也。是故至相等大師，忽值他人，謂曰：「師欲得解一乘義者，須深重六相之義。可一兩月間攝靜思之，自達經宗耳。」言訖忽然不見。依之大師守此旨，不盈累朔，達經義，學者殊可留思矣。〔註56〕

〔註56〕〔唐〕法藏：《華嚴金師子章》，方立天校釋，北京：中華書局，1983 年版，第 122 頁。

又,《華嚴綱要》中說:

> 古德釋經以六相十重玄門,以收全部之義。[註57]

可見,「六相圓融」既是華嚴核心教理之一,也是華嚴宗義學大師詮釋經文的指導工具,還是理解華嚴宗核心觀點「法界緣起」的關鍵門徑,在華嚴宗教理體系中佔有極重要的地位。

從文句字面意義上看,總與別、同與異、成與壞所表達的意思並不難理解,湯一介先生已在文中做了簡要的解釋,但是,考察「六相圓融」在古代文獻中的詳細記載,我們卻很難將其與字面意義上的「全體與個別」、「同一性與差別性」、「現實性與可能性」的相互依存等同,因此類經轉換的概念遮蔽了「六相圓融」得以成立的佛教教理基礎,不以這些基本教理為前提,由「六相圓融」引申出的哲學命題極令人費解而無意義。

茲以法藏詳論「六相」的一段問答為例來說明以上問題。法藏曾以「舍」與「椽」為喻來解答關於「六相圓融」的疑問,節錄其中關於「總相與別相」的問答如下:

> 問:何者是總相?答:舍是。問:此但椽等諸緣,何者是舍耶?答:椽即是舍,何以故?為椽全自獨能作舍故,若離於椽舍即不成,若得椽時即得舍矣。問:若椽全自獨作舍者,未有瓦等亦應作舍?答:未有瓦等時,不是椽故不作。非謂是椽而不能作,今言能作者,但論椽能作,不說非椽作,何以故?椽是因緣,由未成舍時無因緣故,非是椽也。若是椽者其畢全成,若不全成不名為椽。問:若椽等諸緣,各出少力共作不全作者,有何過失?答:有斷常過。若不全成但少力者,諸緣各少力,此但多個少力,不成一全舍,故是斷也。諸緣並少力,皆無全成,執有全舍者,無因有故是其常也。若不全成者,去卻一椽時舍應猶在,舍既不全成,故知非少力並全成也。問:無一椽時豈非舍耶?答:但是破舍無好舍也,故知好舍全屬一椽,既屬一椽,故知椽即是舍也。問:舍既即是椽者,餘板瓦等應即是椽耶。答:總並是椽,何以故?去卻椽即無舍故,所以然者,若無椽即舍壞,舍壞故不名板瓦等,是故板瓦等即是椽也。若不即椽者,舍即不成,椽瓦等並皆不成。今既並成,故知相即耳。一椽既爾,餘椽例然。是故一切緣起法不成則已,成則相即,鎔融

〔註57〕〔明〕德清:《大方廣佛華嚴經綱要》,《續藏經》第 8 冊 No.240,第 489 頁。

無礙，自在圓極，難思出過情量，法性緣起一切處準知。

　　第二別相者，椽等諸緣別於總故，若不別者總義不成，由無別時即無總故。此義云何？本以別成總，由無別故總不成也。是故別者，即以總成別也。問：若總即別者，應不成總耶。答：由總即別故，是故得成總。如椽即是舍，故名總相。舍即是椽，故名別相。若不即舍不是椽，若不即椽不是舍。總別相即，此可思之。問：若相即者，云何說別？答：只由相即，是故成別。若不相即者，總在別外，故非總也。別在總外，故非別也。思之可解。問：若不別者，有何過耶？答：有斷常過。若無別者，即無別椽瓦，無別椽瓦故，即不成總舍，故此斷也。若無別椽瓦等，而有總舍者，無因有舍，是常過也。〔註58〕

　第一，「椽即是舍」何以成立？舍由椽造，舍即為總相，椽為別相，這在邏輯和經驗上是沒有問題的。但是，「椽全自獨能作舍」的陳述就與經驗不合，因為從日常經驗的角度來看，舍當然不能只由椽來造，還要有瓦等其他的部分；「離於椽舍即不成」、「得椽時即得舍」在經驗和邏輯上也沒有問題，但以此推論出「椽即是舍」卻是不合經驗的。那麼，單論「全體和個別的統一」，也是不合經驗且無意義的，原因在於語境的不同。法藏「椽即是舍」基於佛教緣起等論的語境，而「全體和個別的統一」卻似乎基於現代二元論哲學的語境，或者說，語境不明。

　　「椽即是舍」顯然並非是經驗意義上的，法藏此段的解說實際上隱含了佛教「緣起論」的世界觀基礎以及「體與用」、「性與相」、「理與事」的認識論原理。新羅華嚴宗僧人元曉解釋「六相圓融」說：

　　　　此中總別二相，標其法界緣起道理，以其別緣而起總德。同異二相，明其緣起相應道理。成壞二相，顯此緣起離邊道理。〔註59〕

　華嚴宗以「六相圓融」彰顯「緣起」論，我們在反向分析「椽即是舍」的成立邏輯時，實際上也要以「緣起」作為基礎。

　　除以「緣起」作為分析的基礎外，「理」和「事」的分別也是確定「六相圓融」的適用情境必須考量的。如隋代淨影慧遠曰：

〔註58〕〔唐〕法藏：《華嚴一乘教義分齊章》，《大正藏》第45冊No.1866，第499頁。
〔註59〕〔新羅〕表員：《華嚴經文義要決問答》，《續藏經》第8冊No.0237，第419頁。

六種相者，出《華嚴經‧十地品》也。諸法體狀，謂之為相，門別名門。此門所辨，異於餘門，故曰門別，如經中說「不二法門有盡解脫門」等。若對行心，能通趣入，故曰門也。門別不同，故有六種，所謂總、別、同、異、成、壞。此六乃是諸法體義。體義虛通，旨無不在。義雖遍在，事隔無之。是以《論》言：「一切十句，皆有六相。除事，事謂陰界入等。」陰界入等，彼此相望，事別隔礙，不具斯六，所以除之。若攝事相以從體義，陰界入等一一之中，皆具無量六相門也。〔註60〕

又，元曉曰：

但世界成壞，是事成壞故。成時非壞，壞時非成。六相成壞，是理成壞故。成即是壞，壞即是成。但取小分相似為喻。〔註61〕

法藏也有對同一問題的解釋：

除事謂陰界入等者，此辨定其義，謂約道理說融通，非是陰等事相中辨，故除簡之。〔註62〕

華嚴諸師對「六相圓融」適用情境的看法一致，均來自世親《十地論》，慧遠所謂「此六乃是諸法體義」之「體」，也就是元曉所說「六相成壞，是理成壞」之「理」，又都與法藏「謂約道理說融通」所指的「道理」名異實同。故此，我們可以確定，法藏「椽即是舍」是就椽、舍的理體而言，而非對其事相來說，套用今日哲學的概念範疇，是就椽、舍的本體而非現象來說。當然也必須注意，因兩者所依據的語境不同，「本體」和「現象」其實並不能在沒有限定的情況下等同於「理體」和「事相」。《佛學大辭典》中「事」條載：「（事）梵語曰迦他（迦為遏之誤 Artha 之音譯），見梵語雜名。事者對於理之稱。顯密異其義，顯教以離因緣之無為法為理，因緣生之有為法為事。」〔註63〕佛教教理中「理」的概念包含「離因緣而無為」的蘊意，「事」包含「緣生而有為」的蘊意，「本體」與「現象」無此義，故形似而實異。

按照「緣起」法則，「舍」依據「椽」成立，同時「椽」依據「舍」成立，「舍」與「椽」相互作為對方成立的「緣」。緣起法無自性，皆賴緣生，在這

〔註60〕〔隋〕慧遠：《大乘義章》，《大正藏》第 44 冊 No.1851，第 524 頁。

〔註61〕〔新羅〕表員：《華嚴經文義要決問答》，《續藏經》第 8 冊 No.0237，第 419 頁。

〔註62〕〔唐〕法藏：《華嚴經探玄記》，《大正藏》第 35 冊 No.1733，第 282 頁。

〔註63〕丁福保：《佛學大辭典》，北京：文物出版社，2015 年版，第 1029 頁。

個意義上，「椽」和「舍」的「理體」是不異的。此「理體」，不同的佛教文獻對其有不同的稱呼，《華嚴經》稱「法界」，《法華經》稱「實相」，華嚴宗人慣用「理」來指代。因理體不異，所以「椽即是舍，舍即是椽」。我們也可以借用諸師慣用的「虛空」為喻來使該句的邏輯更加清晰。虛空整體是總相，為「舍」，東方的虛空為「椽」，西方的虛空為「瓦」，東方與西方的虛空相對虛空整體而言是別相。不論東西還是整體，皆為虛空，故不異，東、西虛空又各有東、西的分位，故與虛空整體以及彼此之間不一。準此可知，不僅「椽即是舍」，椽也即是瓦，瓦也即是舍，依次類推。「舍」、「椽」、「瓦」就「理體」的層面而言，圓滿具足，相即相入。

依據上述分析，只有在接受華嚴宗「法界緣起」的前提下，在「理體」的認識層面，「椽即是舍」才能成立，「椽全自獨能作舍」也才能成立，同時也應當注意，在經驗的層面，以上兩句均是不成立的。

第二，「成相」與「壞相」的宗學與哲學內涵問題。湯先生對「成相」與「壞相」的分析充分表明了華嚴宗學向現代哲學轉換時語境不一致時的困境。關於「成相」與「壞相」的哲學內涵，他說：

> 構成一物之「因素」，如果是這一物之「因素」，此物才是此物，此物之「因素」才是此物之「因素」，此物與此物之因素互相成就，才有現實的此物，此謂「成相」。各種構成彼物之「因素」，如果它還不是構成彼物之「因素」，那麼既無彼物，亦無彼物之「因素」，它們不能互相成就，因此不可能有現實之彼物和彼物之「因素」，但仍不失有成為彼物和彼物之「因素」的可能性，此謂「壞相」。「壞相」只是說明無現實之物與其「因素」，而不是說無成為現實之物與其「因素」之可能。如無可能性則「現實性」亦不存在。蓋因肯定與否定，從一方面說否定是肯定之否定，而肯定則是否定之否定，「壞相」不僅可以是對肯定之否定，也可以是對否定肯定之後的否定。〔註64〕

在華嚴宗人那裡，「成相」與「壞相」也是認識「法界緣起」的重要方法。所謂「成相與壞相」，即「諸根合會有師子是成相，諸根各住自位是壞相」〔註65〕，依然是就「理體」角度言，當用「可能性」與「現實性」的概念代入時，就又

〔註64〕湯一介：《華嚴「十玄門」的哲學意義》，《中國文化研究》，1995 年第 02 期，第 19 頁。

〔註65〕〔唐〕法藏：《華嚴金師子章》，方立天校釋，北京：中華書局，1983 年版，第 114 頁。

遮蔽了「成相」與「壞相」的華嚴宗學意蘊。華嚴宗人宣稱，其「法界緣起」不同於其他大小乘的緣起理論，智儼在《華嚴一乘十玄門》中開宗明義指出：

> 明一乘緣起自體法界義者，不同大乘二乘緣起，但能離執常斷諸過等。此宗不爾，一即一切，無過不離，無法不同也。〔註66〕

在華嚴宗人看來，小乘緣起為業感緣起，大乘始教為賴耶緣起，大乘終教為如來藏緣起，皆不究竟，華嚴宗所主張的法界緣起才是圓融自在的。法界緣起與其他緣起論不同之處主要表現在不從「緣」切入來論「緣起」，而是直接以「性起」來論「緣起」，且「以不起為起」，茲節錄其問答如下：

> 問：性起及緣起，此二言有何別耶？答：性起者，即自是言不從緣言緣起者，此中入之近方便，謂法從緣而起，無自性故，即其法不起中令入解之。其性起者，即其法性，即無起以為性故，即其以不起為起。〔註67〕

就我們所討論的六相問題來說，其他緣起論皆蘊含次第相續的邏輯，「成相」與「壞相」如果用「現實性」與「可能性」來詮釋問題不大。但是，華嚴宗「法界緣起」在緣起論上走的更遠，也更徹底，把世界的本質看作類似因陀羅網一般，隨舉一法即涵容一切，一成一切成，我們在經驗世界中感知到的存在與先後、現實性與可能性，從「法界緣起」論「理體」的層面是有悖法義的。當我們說柱子還沒有建成房子時是有建成的可能性，以及說柱子現實性的建成了房子時，無異於說「緣聚即有，緣散則離」，那是三乘的看法，而華嚴宗論緣起是「緣聚不有，緣散未離」〔註68〕，即如元曉法師所說，世界的成壞是「事成壞」，「成時非壞，壞時非成」，而六相成壞，是「理成壞」，「成即是壞，壞即是成」。「現實性」和「可能性」只是就「事」上說成壞，違背「法界緣起」的教理。由此也可知，「否定是肯定之否定」、「肯定則是否定之否定」的說法，也與「法界緣起」觀照下的「成即是壞，壞即是成」的圓融關係形似而實異，茲不贅論。

（六）「十玄門」的哲學意義解析

「十玄門」為華嚴宗開顯「法界緣起」論的重要教理，由智儼（承杜順之

〔註66〕〔唐〕智儼：《華嚴一乘十玄門》，《大正藏》第45冊No.1868，第514頁。
〔註67〕〔唐〕法藏：《華嚴經問答》，《大正藏》第45冊No.1873，第610頁。
〔註68〕〔唐〕智儼：《華嚴經內章門等雜孔目》，《大正藏》第45冊No.1870，第585頁。

意）始創，法藏於《五教章》中繼續敷演，並調整了條目的次序，但是他在《探玄記》中又稍作了內容上的改變，後清涼澄觀完全繼承了法藏的版本。茲列三種十玄如下：

一、智儼《一乘十玄門》

一同時具足相應門　二因陀羅網境界門

三秘密隱顯俱成門　四微細相容安立門

五十世隔法異成門　六諸藏純雜具德門

七一多相容不同門　八諸法相即自在門

九唯心回轉善成門　十託事顯法生解門〔註69〕

二、法藏《金師子章》

一同時具足相應門　二諸藏純雜具德門

三一多相容不同門　四諸法相即自在門

五秘密隱顯俱成門　六微細相容安立門

七因陀羅網境界門　八託事顯法生解門

九十世隔法異成門　十唯心回轉善成門〔註70〕

三、法藏《探玄記》

一同時具足相應門　二廣狹自在無礙門

三一多相容不同門　四諸法相即自在門

五秘密隱顯俱成門　六微細相容安立門

七因陀羅網境界門　八託事顯法生解門

九十世隔法異成門　十主伴圓明具德門〔註71〕

法藏《金師子章》「十玄門」相較智儼調整了次序，而在《探玄記》中將「諸藏純雜具德門」改成了「廣狹自在無礙門」，「唯心回轉善成門」改成了「主伴圓明具德門」。法藏修改「十玄門」的原因並非本書所要探討的，不過有一點值得注意，《華嚴經》慣用十數，華嚴宗人承襲了這個特點，開顯宗義常以十數，這就不可避免出現論述重複與條目抉擇的弊端，《探玄記》的修改或許與此有關。

〔註69〕〔唐〕智儼：《華嚴一乘十玄門》，《大正藏》第45冊 No.1868，第515頁。

〔註70〕〔唐〕法藏：《華嚴金師子章》，方立天校釋，北京：中華書局，1983年版，第63～65頁。

〔註71〕〔唐〕法藏：《華嚴經探玄記》，《大正藏》第35冊 No.1733，第123頁。

　　湯先生文主要依據的是法藏《金師子章》中的十玄門，並主要結合《華嚴經義海百門》對其哲學意義進行了解析：

　　1. 同時具足相應門。「金與師子，同時成立，圓滿具足。名同時具足相應門。」（《金師子章》）

　　湯先生解釋說，本體與現象相互依存而圓滿具足，此就「理事無礙法界」而言，表現了「體用互相依存之統一」〔註72〕的哲學意義。

　　2. 諸藏純雜具德門。「若師子眼收師子盡，則一切純是眼；若耳收師子盡，則一切純是耳，諸根同時相收，悉皆具足，則一一皆雜，一一皆純，為圓滿藏，名諸藏純雜具德門。」（《金師子章》）

　　任一現象均表現全體本體，故此說全體本體均表現於部分現象中，此就「事事無礙法界」說，表現了「現象的同一性與差別性的統一」〔註73〕的哲學意義。

　　3. 一多相容不同門。「金與師子，相容成立，一多無礙；於中事理，各各不同，或一或多，各住各位，名一多相容不同門。」（《金師子章》）

　　湯先生分析認為，「理」為本體，是「一」，「事」為現象，是「多」，「多」統於「一」，因此任何「事」均表現出整體的「理」，此就「理事無礙法界」說，表現了「統一性與多樣性之統一」〔註74〕的哲學意義。

　　這裡有一個問題，比較智儼對「一多相容不同門」的闡釋，與法藏此條的闡釋是有區別的。智儼闡釋如下：

　　　　一多相容不同門者，此約理說。以一入多，多入一故名相容，即體無先後，而不失一多之相，故曰不同。此即緣起實德非天人所修，故經云：「以一佛土滿十方，十方入一亦無餘，世界本相亦不壞，自在願力故能爾。」又如普賢品云：「一切眾生身入一眾生身，一眾生身入一切眾生身。」又云：「一切諸世界令入一塵中，世界不積聚，亦復不雜亂。」須彌入芥子，此即不說也。〔註75〕

〔註72〕湯一介：《華嚴「十玄門」的哲學意義》，《中國文化研究》，1995 年第 02 期，第 19 頁。

〔註73〕湯一介：《華嚴「十玄門」的哲學意義》，《中國文化研究》，1995 年第 02 期，第 19 頁。

〔註74〕湯一介：《華嚴「十玄門」的哲學意義》，《中國文化研究》，1995 年第 02 期，第 20 頁。

〔註75〕〔唐〕智儼：《華嚴一乘十玄門》，《大正藏》第 45 冊 No.1868，第 517 頁。

　　智儼釋此條句首即點明從「理」的層面來說，又從他所引經文來看，此「一」不是指代「理」，而是與「多」一樣同時為「事」的範疇，只是在（約）「理」的層面才「一多相容」。但是法藏《金師子章》條卻是以「一」指代「理」（金），以「多」指代「事」（師子），向著「理事無礙」的方向解釋。清涼澄觀在《大方廣佛華嚴經疏》裏對「十玄門」的解釋目的態度鮮明，他說：「第四周遍含容，即事事無礙，且依古德顯十玄門。」〔註76〕又，「第九事事無礙體者，文義皆圓，文即圓音。此中亦具十種玄門……又云『於一法中解眾多，眾多法中解了一』等，皆一多相容教也。」〔註77〕澄觀將「十玄門」整體歸於開顯「事事無礙」的十個方面，也與法藏對「十玄門」的詮釋不同，在對「一多相容」的解釋上，澄觀也顯然並非用「一」來指代「理」。法藏《金師子章》中「十玄門」的詮釋方式與智儼、澄觀相異之處不僅只此一條，但餘例皆與此條差異狀況相似，不再一一比較。

　　4. 諸法相即自在門。「師子諸根，一一毛頭，皆以金收師子盡。一一徹遍師子眼，眼即耳，耳即鼻，鼻即舌，舌即身。自在成立，無障無礙，名諸法相即自在門。」（《金師子章》）

　　湯先生分析認為，一方面，現象界的任何「事」皆為「理」之整體所表現，那麼眼和耳根本上就無分別；另一方面，任何「事」僅為其自身，眼即眼，耳即耳，自在成立。任何事物都有多重屬性，屬性雖具差別但同為此事物之屬性，就構成此事物來說是「相即而又自在」的，此就「事事無礙法界」而言，表現了「差別性與多重性的統一」〔註78〕的哲學意義。

　　5. 秘密隱顯俱成門。「唯師子無金，即師子顯而金隱；若看金，唯金無師子，即金顯師子隱。若兩處看，俱顯俱隱。隱則秘密，顯則顯著，名秘密隱顯俱成門。」（《金師子章》）

　　湯先生分析認為，現象和本體兼具「排他性」與「共存性」，且兩者可以同時存在，此就「理事無礙法界」說，表現了「排他性與共存性的統一」〔註79〕的哲學意義。

〔註76〕〔唐〕澄觀：《大方廣佛華嚴經疏》，《大正藏》第 35 冊 No.1735，第 515 頁。
〔註77〕〔唐〕澄觀：《大方廣佛華嚴經疏》，《大正藏》第 35 冊 No.1735，第 520 頁。
〔註78〕湯一介：《華嚴「十玄門」的哲學意義》，《中國文化研究》，1995 年第 02 期，第 20 頁。
〔註79〕湯一介：《華嚴「十玄門」的哲學意義》，《中國文化研究》，1995 年第 02 期，第 20 頁。

6. 微細相容安立門。「金與師子，或隱或顯，或一或多，定純定雜，有力無力，即此即彼，主伴相交，理事齊觀，皆悉相容，不礙安立，微細成辦，名微細相容安立門。」（《金師子章》）

湯先生分析認為該句總括前門，進一步表明本體和現象可同時表現，因為現象均為本體的表現，所以再細微的事物亦能表現一切事物。此就「理事無礙法界」可至「事事無礙法界」而言，表現了「共性與個性的統一」〔註80〕的哲學意義。

7. 因陀羅網境界門。「師子眼耳支節，一一毛處各有金師子；一一毛處師子，同時頓入一毛中。一一毛皆有無邊師子，又復一一毛，帶此無邊師子，還入一毛中。如是重重無盡，猶天地網珠，名因陀羅網境界門。」（《金師子章》）

湯先生分析認為，現象界中任一事物除為自身外，又同時表現本體，因此能涵括所有事物，表現了「相對性與互融性的統一」〔註81〕的哲學意義。

8. 託事顯法生解門。「說此師子，以表無名，語其金體，具章金性，理事合論，況阿賴識，令生正解，名託事顯法生解門。」（《金師子章》）

湯先生分析認為，現象有生滅，人在未曾悟時常執著於此，本體則不生不滅，人們只能通過現象來體悟本體。執著現象為不覺悟，透過現象以證本體為覺悟，由不覺到覺，表現了「已知的與未知的相離性與相即性的統一」〔註82〕的哲學認識論。

9. 十世隔法異成門。「師子是有為法，念念生滅。剎那之間，分為三際，此三際各有過現未來，總有三三之位，以立九世，即束為一段法門。雖則九世各各有隔，相由成立，融通無礙，同為一念，名十世隔法異成門。」（《金師子章》）

湯先生分析認為，所有事物均被九世所限制，皆有過去、現在、未來三時，又因其同在一念生滅之中，故此互相聯繫，圓融相通。在現象的意義上而言互有分別又相即不離；由心之一念而言，則通融無礙。故一念與九世相異又相成，

〔註80〕湯一介：《華嚴「十玄門」的哲學意義》，《中國文化研究》，1995 年第 02 期，第 20 頁。
〔註81〕湯一介：《華嚴「十玄門」的哲學意義》，《中國文化研究》，1995 年第 02 期，第 21 頁。
〔註82〕湯一介：《華嚴「十玄門」的哲學意義》，《中國文化研究》，1995 年第 02 期，第 21 頁。

表現了「主體與客體的差別性與同一性的統一」〔註83〕的哲學意義。

10. 唯心回轉善成門。「金與師子，或隱或顯，或一或多，各自無性，由心回轉。說事說理，有成有立，名唯心回轉善成門。」（《金師子章》）

湯先生分析認為，一切現象或隱或顯、或一或多等等表現均在心之一念中生滅，皆無自性，故「非存在」，但現象又是本體的呈現，所以非「非存在」，「非非存在」即「存在」。「存在」與「非存在」兼具差別性與同一性，表現了「存在與非存在的差別性與同一性的統一」〔註84〕的哲學意義。

湯先生以現代哲學的概念範疇對華嚴宗「十玄門」進行了重構，在今天看來，雖然略顯生硬，卻也不失為在九十年代探索中國傳統哲學現代轉換的一種嘗試。通過對「十玄門」哲學意義的闡發，他總結了三點心得：

> 第一，一概念必有其相對應之概念而立，如有「體」必有「用」，有「統一性」必有「多樣性」，有「排他性」，必有「共存性」等等；第二，所有成對之概念均為互補性之概念，故在法藏思想體系中必然表現為相對應之概念才有不可相離之互補性；第三，法藏之「十玄門」只是舉出十個方面的相對應的概念的相關性，但並不是說只有這十個方面的相對應的概念有相關性，而是說任何一概念都有其相對應之概念，這一對相對應之概念必是相互成立、互補的，這樣才構成一圓融無礙之圖景。〔註85〕

如何在「更高的層次上」構建以「內在超越」為特徵的中國哲學，是湯先生此期思考的主要問題之一。從湯先生對「十玄門」以十對現代哲學概念來表述的過程及三點總結性意見來看，他此時的文化建構思想尚未成熟，主要集中在圍繞概念範疇來建構體系方面，他認為概念需具備三種特徵，根據他的意思或可總結為：形式上的對應性、內容上的互補性與範圍上的普遍性，由此達到「圓融無礙」的（體系化）目標。

（七）華嚴哲學的現實應用

湯先生在簡要分析了華嚴哲學之後，將其運用在了解決當時普遍關注的

〔註83〕湯一介：《華嚴「十玄門」的哲學意義》，《中國文化研究》，1995 年第 02 期，第 21 頁。

〔註84〕湯一介：《華嚴「十玄門」的哲學意義》，《中國文化研究》，1995 年第 02 期，第 21 頁。

〔註85〕湯一介：《華嚴「十玄門」的哲學意義》，《中國文化研究》，1995 年第 02 期，第 22 頁。

哲學問題上面。

　　首先是「事」與「理」的先後問題。湯先生根據上述提煉出來的「『現實性』與『可能性』的統一」觀點認為，「理先」和「事先」都是可以成立的，又都是不能成立的。「理先」就可能性而言，「事先」則就現實性而言，不過，兩者可以互相轉化，因此，「由『理事無礙』的觀點看『存在與非存在的差別性與同一性』是統一的」〔註86〕。

　　其次是主、客關係問題。湯先生指出，「主體」和「客體」實際上是同一的，表面上的差別只具有相對性。就思維與存在的關係角度來說，實際上離開了「意識」，「存在」即毫無意義，同樣可以說，「客體」脫離了「主體」的觀照是沒有任何意義的。華嚴「十玄門」哲學即啟發我們更全面而圓融的理解「主體」和「客體」的關係。據其義可知，「現象界之事物只有在心之關照下才有意義，『客體』與『主體』雖有別，但『客體』的意義是由『主體』給與的，所以『主體與客體的差別性與同一性是統一的』」〔註87〕。

　　再次是「一般」與「個別」的關係問題。湯先生認為，相較西方中世紀唯實論、唯名論之爭與中國傳統哲學的「名」、「實」之論，甚至馬克思主義的相關觀點，華嚴宗「一即一切，一切即一」、「理事無礙」的觀點更深化了哲學上「一般」與「個別」的關係問題。

　　湯先生所舉「先有飛機還是先有飛機之理」（「事」與「理」孰先孰後）、「主體」與「客體」的關係、「一般」與「個別」的關係三個問題均為當時哲學界乃至文化、教育領域所普遍關注的基本哲學問題，特別是「主體」與「客體」、「事」與「理」兩對關係所彰顯的「思維」與「存在」何為第一性的問題更是在馬克思主義意識形態語境中的首要哲學問題。僅就「『客體』只有在『主體』的關照下才有意義」的論斷來說，實為一通識性的哲學判斷，而湯先生以其為重要結論予以揭示，在如今看來似乎有點小題大做，但卻不能忽視上世紀90年代傳統文化研究領域「建構新文化」的宏大背景，湯先生在此或嘗試將華嚴哲學作為一種思想資源提取出來，找出其與西方哲學特別是馬克思主義哲學相交叉的論點，比較兩種哲學體系對同一問題的闡發，衡量其高下得失，進而為建構一中西兼顧、融通的新哲學體系做好前期的探索工作。

〔註86〕湯一介：《華嚴「十玄門」的哲學意義》，《中國文化研究》，1995年第02期，第22頁。

〔註87〕湯一介：《華嚴「十玄門」的哲學意義》，《中國文化研究》，1995年第02期，第22頁。

湯先生的華嚴宗哲學研究極具現實關懷與寬廣視野，從其對三大哲學問題的解決思路來看，他試圖用華嚴宗哲學的「圓融」理念來調和西方哲學二元對立的傾向，這在九十年代頗具開拓意義。其時大陸學術研究處於突破意識形態限制初期，中國哲學正在尋找在現代學術語境中的地位，探索如何與西方哲學特別是馬克思主義哲學相結合來解決一些基本的哲學問題，湯先生的研究實踐無疑高揚了中國哲學的主體性與包容性，為後來者更加專業化、精細化的深入研究奠定了基礎。同時，誠如杜保瑞教授所言：「湯先生一生都在開題，他提出了許多諸如中國哲學的特殊範疇問題？中國哲學的內在超越問題？中國哲學的知識論問題？這是湯先生堪稱哲學家的視野高度。但是，湯先生多是開了題，卻未能深入細索地發展出來，關鍵就是，他自己同時也是一位行動派的實踐家……」〔註88〕今天回顧湯先生的佛教哲學研究，最重要的意義應當是在湯先生「開題」的基礎上「接著講」，進行更深入細緻的研究。

（八）「概念範疇研究法」對中國（佛教）哲學研究的啟示與意義

華嚴宗以「十玄門」為最具創造性的佛教教理，但實際上與湯先生所主張的「概念範疇研究法」進路最相契合的是智儼對「十會」的創造性運用。所謂「十會」，即「教義、理事、解行、因果、人法、分齊境位、法智師弟、主伴依正、逆順體用、隨生根欲性」十組概念，這十組概念直接的功能是詮釋「十玄門」，使其內涵更為明確而豐富。另外，這十組概念實際上也構成一個獨立的教理體系，從十個方面闡發了華嚴宗相較其他宗派的獨特性。

統而言之，「四法界」、「六相圓融」、「十玄門」、「十會」以及核心論點「法界緣起」相結合，共同組成了華嚴宗環環相扣、別具一格的教理體系，這個體系以諸多概念為錨點來建構，並且每一個概念的內涵均包含了其餘概念的內涵，也就是說，華嚴宗的教理體系在形式上也遵循了「一即是多，多即是一」的理念，本身就是一個「法界緣起」的象徵，學人從任何一組概念切入深研，都可以領悟華嚴「法界緣起」觀的要義。

華嚴宗教理體系是以概念範疇來建構完整理論體系的典型例證，在湯先生為數不多的專研佛教哲學的文章當中，他選擇華嚴宗來探討其教理的哲學意義，可謂視角獨到，見識匪淺。當然，因湯先生專注於「開題」，並未在華嚴宗甚至佛教哲學方面進行深入細緻的研究，故此在具體的教理研究層面難

〔註88〕杜保瑞：《湯一介哲學概念範疇進路的方法論反思》，《深圳大學學報》（人文社會科學版），2017 年第 2 期，第 68 頁。

免存在一些偏差和不足之處，以上分節也時有論及。以華嚴宗教理體系為參照，結合湯先生「概念範疇研究法」的進路以及「中國傳統哲學的現代轉化」問題，筆者認為有些關鍵問題需要注意。

第一，建立中國哲學範疇體系的必要性。

湯先生從《論中國傳統哲學範疇體系的諸問題》一文的寫作開始，展開了他對建立一套獨特的中國哲學範疇體系的工作，其目的或要解決的問題，杜保瑞教授總結說，是以「擺脫以西方哲學或馬克思主義研究中國哲學時的不相應的困境而設」〔註 89〕，杜教授認為更合適的路徑並非建立概念範疇體系，而是「建立中國哲學的基本哲學問題的解釋架構」〔註 90〕，按照問題將儒釋道三家之學放在這個架構中來開展。筆者十分贊同杜教授以問題為綱的思路，從華嚴宗教理的建構來看，在體系頂端的「法界緣起」即是整體教理的綱領和中心，「十玄門」等理論的詮釋全以說明「法界緣起」這個核心問題為目的，這是一個很典型的以問題為綱、以概念為材料架構哲學體系的例子。同時，因以諸多概念組合為錨點的詮釋方法，實際上我們也不妨將華嚴宗教理體系稱為一種「概念範疇體系」，從這個意義上說，建立宗派化或者學派化的概念範疇體系是可行而必要的，但確實需以問題而非概念本身為綱。另外，對於融攝儒釋道三家的、高度抽象化的中國哲學概念範疇體系的建構，筆者學養有限，不敢妄論，但僅從華嚴宗教理體系來看，其中諸多概念均具有獨特的內涵，如緣起、因果、理事、體用等等，不僅與儒、道兩家迥然相異，與其他佛教宗派對同一概念的內涵詮釋也各有微妙差別，而這些差別恰恰是華嚴宗之所以為華嚴宗所具的宗學特性。如此看來，高度抽象化的中國哲學概念範疇是不妨進行個別化闡釋的，但是以內涵存在如此差異化的概念範疇來建構一嚴密的體系，必然要面對如何在體系嚴整的同時保證學派或宗派特質的難題，至今未有令人信服的解決方法。

第二，中國傳統哲學的現代轉化問題。

「中國傳統哲學的現代轉化」與「中國哲學概念範疇體系的建構」恰為既相似又相反的一對問題。兩者同時以古為今用為目的，這是相似的一面；前者由古至今，後者從西方哲學語境掙脫而回歸中國傳統哲學概念，是由今至古。

〔註89〕杜保瑞：《湯一介哲學概念範疇進路的方法論反思》，《深圳大學學報》（人文社會科學版），2017 年第 2 期，第 70 頁。

〔註90〕杜保瑞：《湯一介哲學概念範疇進路的方法論反思》，第 70 頁。

仍以華嚴宗哲學為例，持平而論，湯先生對「十玄門」哲學意義的現代詮釋雖不乏獨到之處，但也存在一些缺陷。如上所述，華嚴宗使用的諸多概念均有其獨特的宗學內蘊，由此構建的教理體系更有其詮釋核心觀點「法界緣起」的最終目的，其大部分成對概念的運用，與湯先生強調概念的「對應性」、「互補性」、「普遍性」旨趣迥然相異。湯先生的研究工作，相當於從概念範疇體系構建的立場出發，將華嚴宗教理體系解構之後，將其概念及其組合抽離出來，重新建立一套具有普遍適用性的哲學體系。這一體系雖然使用了現代語言概念，但以「圓融」為內核。華嚴宗教理體系則不然，其成對概念的運用直接目的是破除大眾學人對兩邊的執著妄見，以顯中道，最終的目的是詮釋其宇宙觀「法界緣起」，幫助信眾證入「事事無礙」的境界。一言以蔽之，華嚴宗教理是宗教修證的，湯先生的闡發是世俗實用的。兩者雖然在形式上近似，實際上卻是完全不同的兩個體系。以宗教修證為旨趣的教理，暗含了佛教的基本宇宙觀和認識論，由文字的現代翻譯而形成的哲學命題，難免失卻了這些關鍵的宗學意蘊，導致在現實的應用當中不那麼盡如人意，如湯先生將「成壞無礙」用於解決「飛機與飛機之理孰先孰後」問題，得出結論「『理先』和『事先』都是可以成立的，而都是不能成立的」〔註91〕，這個結論實際上並沒有解決問題，或者說是直接把問題取消了。

華嚴宗教理因其宗教修證的旨趣，其所解決的問題往往不是經驗上的，而是超驗的，就像「橡即是舍」、「眼即是鼻」這樣的判斷，在經驗上是不能成立的，但放在佛教哲學的框架之中，卻是符合教義教理的。因此，佛教哲學的現代轉化必須考慮其基礎的教義教理背景，僅將文字直譯為現代哲學語言，往往僅能得出徒具形式而無適用性的哲學命題。進而，佛教哲學的現實應用也須充分考量其適用範圍。一般來說，佛教哲學在道德和宗教實踐以及身心修養領域的影響較為直接，如華嚴宗奉持「一即一切，一切即一」，在佛教修行實踐中直接導向「一修一切修」的修行觀，對於激發信眾的宗教實踐熱情是極為有效的。然而，超出道德、宗教實踐和修養論範圍，進入廣泛的社會文化領域，佛教哲學發揮效用的過程和邏輯則相當複雜，很難拿來即用。

當然，湯先生在此問題上的「開題」以及他的嘗試性探索是極有意義的，我們可以在他研究的基礎上總結得失，繼續探討如何在既保證中國傳統哲學

〔註91〕湯一介：《華嚴「十玄門」的哲學意義》，《中國文化研究》，1995 年第 02 期，第 22 頁。

宗派（學派）內蘊的同時，又能用現代哲學語言對其進行精準的詮釋，在當今，這既是中國傳統哲學現代轉化的問題，也是中國傳統哲學對外交流和傳播的題中應有之義。

第五章　文化多元趨勢中的佛教觀察

第一節　新世紀文化研究的思想背景

　　二十一世紀對於中國社會乃至整個人類社會來說並不僅僅是一個時間上的節點,「新千年」是一種象徵,不論它象徵著什麼,起碼我們能感受到,進入二十一世紀,社會人群對「進步」、「挑戰」、「展望」、「機遇」、「發展」等與時間節點密切相關的話題討論突然增多了,知識界更是站在時代引領者的高位對新世紀中國文化的發展走向展開討論,湯一介先生於 2000 年即受邀發表了一篇文章《展望二十一世紀的文化發展》。該文雖僅寥寥兩千多字,卻可以作為湯先生於此後十多年學術研究的思想背景,他在文中總結並批判了對二十一世紀中國文化發展前景的悲觀與激進態度,表達了其樂觀且穩健的文化觀點,他說:「從總體上看,在二十一世紀相當長的一個階段,文化多元化會是一個主導趨勢。」〔註1〕原因不僅在於歷史上形成的幾支「大的文化系統」在今天仍然發揮著作用,而且在於人類社會生活的完善對多元文化的需求。湯先生並舉出歐洲文化不斷吸取各種文化發展自身的例子來為中國文化發展的未來前景作借鑒,茲不贅述。

第二節　對「人間佛教」之意義的闡發

　　在上世紀 90 年代對中國化佛教宗派哲學的集中研究之後,湯先生對佛教文化的關注程度顯著減弱。進入新世紀以來,就筆者所掌握的資料來看,湯先

〔註 1〕湯一介:《展望二十一世紀的文化發展》,《中國文化研究》,2000 年第 01 期,第 11 頁。

生僅發表了兩篇關涉佛學的文章，一為 2001 年於臺灣佛光山主辦的《普門學報》發表的《「人間佛教」之意義》，一為 2012 年發表的《論儒、釋、道「三教歸一」問題》。

《「人間佛教」之意義》一文是湯一介先生作為一位當代哲學家由對當今世界範圍內的社會危機的解決途徑切入，展望「人間佛教」乃至中國傳統文化在應對和解決這些問題方面的重要作用。他在文中簡要回顧了自太虛法師「人生佛學」提出以來，「人間佛教」在不斷應對社會危機，貫徹佛法「人間化」、「現實化」過程中的種種表現，對「人間佛教」的發展前景表達樂觀與支持的態度，特別指出「佛光學」所提兩個重要理論問題——「立場互易」與「萬法緣生」，在處理個體、民族、國家等不同主體之間的溝通問題即「人與人」之間關係問題，以及在解決「環保護生」即「人與自然」之間關係問題上將發揮重要作用，[註2]是為新世紀湯先生對新型佛教形態「人間佛教」之意義的闡發，也同時體現了湯先生在佛教乃至宗教應具有現實關懷方面的立場。最後，該文似也應當看作湯先生一貫堅持的開放性文化觀點在兩岸文化交流方面的延伸。

該文以對星雲法師所倡導的當代人間佛教宗旨的評價開篇，湯先生指出，佛光山「融合傳統與現代」的弘法事業打通了「傳統與現實佛教的『時代性』與『人間性』」，「『佛法』無他，就是為『人間』造福」，「我作為一名對佛教僅有初淺知識的讀書人，對星雲大師的『人間佛教』自是十分贊成」[註3]。

湯先生徵引太虛法師在《人生佛學的說明》中的文字闡釋了自己對人間佛教「契理、契機」之要旨的看法，即「佛教要在佛法的根本理論基礎上適應現代化人類社會生活的要求以求發展」。

對於星雲法師在當代主張「佛教需要現代化」，湯先生說：「我認為，人類社會在進入 21 世紀時，『人間佛教』將會把『佛陀所究竟圓滿覺知之『宇宙萬有真相』以『佛教現代化、人間化、制度化』而普照『人間』。」[註4]星雲大師主張「佛教需要現代化」，那麼，佛教「現代化」的內涵為何呢？湯先生認為，這個問題涉及兩個方面，一為物質生活方面，一為制度和思想觀念方面，

[註2] 湯一介：《「人間佛教」之意義》，《湯一介集‧第 04 卷‧佛教與中國文化》，北京：中國人民大學出版社，2014 年版，第 227～235 頁。
[註3] 湯一介：《「人間佛教」之意義》，《湯一介集‧第 04 卷‧佛教與中國文化》，北京：中國人民大學出版社，2014 年版，第 227 頁。
[註4] 湯一介：《「人間佛教」之意義》，《湯一介集‧第 04 卷‧佛教與中國文化》，北京：中國人民大學出版社，2014 年版，第 229 頁。

並且，相對來說，「（佛教）現代化制度的建立」比較困難。

湯先生對人間佛教之意義的闡發主要是從第二個方面即「思想觀念」層次來談的，總的來說，他贊成星雲法師的主張，認為人間佛教「要十分關注淨化當今人類社會最關切之問題，以佛法為其提供一最佳的解決途徑」〔註5〕，換句話說，「佛教的現代化」應當注重為解決現實的社會問題提供「思想資源」。

沿著「佛教現代化」的思路，湯先生接著指出，現代諸種社會問題的根源在「私利所驅使」，也即佛教所說的「貪嗔癡」，而人間佛教就是要通過倡導「利己利他」的「生活佛教」而予以對治。他說：「今日社會的當務之急就在於爭取『持久和平』和『共同發展』」，在這個問題上，「佛教將會起著無可代替的最重要之作用，它是今日人類社會得以『和平共處』和持續『共同發展』的一種可靠保證」〔註6〕。具體來說，佛教是通過「平等」的倡導來實現其「和平」理想的，湯先生引星雲法師「平等與和平是一體兩面的真理」來闡發這個問題，並認為這種觀念乃基於佛法的根本道理。湯先生又引《五燈會元》「天平等，故能常覆。地平等，故能常載。日月平等，故四時常明。涅槃平等，故聖凡不二。人心平等，故高低無諍」的說法會通星雲法師「平等與和平一體兩面」的理念，並因此指出「『平等』乃佛法之要義」，所以《佛光學》中說：「綜合而言，和平要從平等中建立，平等必須你我相互尊重，在溝通與瞭解上必須彼此立場互易，對於宇宙間差別萬象之認識，要能知萬法緣生與一多不異的自然原理。」〔註7〕也就是說，《佛光學》所提重要的理論問題「立場互易」與「萬法緣生」為星雲法師「平等與和平一體兩面」觀念的理論基礎。

湯先生又將「立場互易」之理應用於他一貫關注的「文化問題」的解決，他認為「立場互易」其實在哲學上就是「他者」的問題，接著舉出一系列東西方文化中與「立場互易」觀念相通的例證。借討論「立場互易」之機，湯先生實際上又一次表達了他早在上世紀80年代即已主張的觀點，即通過對異質文化的觀察和瞭解，以及對相異傳統文化的比較，有利於更深入地瞭解自身文化的價值，也更能促進自身文化的發展。

〔註5〕湯一介：《「人間佛教」之意義》，《湯一介集·第04卷·佛教與中國文化》，北京：中國人民大學出版社，2014年版，第229頁。

〔註6〕湯一介：《「人間佛教」之意義》，《湯一介集·第04卷·佛教與中國文化》，北京：中國人民大學出版社，2014年版，第230頁。

〔註7〕湯一介：《「人間佛教」之意義》，《湯一介集·第04卷·佛教與中國文化》，北京：中國人民大學出版社，2014年版，第231～232頁。

　　由以上的理由湯先生得出結論說：「佛光的『人間佛教』無疑是解決當今人類社會走向『和平共處』的不二法門。」〔註8〕

　　在闡發了佛光學「立場互易」對維護「世界和平」的意義之後，湯先生接著探討了「萬法緣生」對於「共同發展」的意義。總體上說，湯先生是以佛教「緣生」之理來解釋人類生存的自然環境的形成和持續，以此闡發佛教為「環保護生」提供思想資源的意義。因「緣生」為佛教基本教理，其與環保之間的關係較為簡明，湯先生的分析也頗為簡略，故於此不作覆述。

　　縱觀全文，湯先生對人間佛教意義的闡發主要通過聚焦於星雲法師所強調及倡導的「立場互易」與「萬法緣生」之理對新世紀人類社會面臨的兩大核心問題「和平」與「發展」提供思想觀念的引導和借鑒展開，湯先生使用了通俗化的語言來撰寫該文，故此，該文的「倡導」意味比之「學理」意味更為濃重，但是，並不能因此忽略該文對梳理湯先生佛學研究思想的價值。筆者前已指出，評價一學者對學術史的貢獻及其對學術研究推進的實際影響力不僅應當關注該學者學術成果本身的學理性價值，而且應當參考其學術觀點在宏大歷史背景下的現實意義，湯先生此文即是側重「思想性」而非「學理性」的文章。從把握湯先生自身佛學研究觀點的發展來說，該文為湯先生專門探討「人間佛教」的最重要文章，不難看出，湯先生主張佛教應當進行現代化轉換，方向是「人間佛教」所倡導的「人間化」與「生活化」，方式（相較於宗教性）則主要側重於哲理或（狹義的）文化途徑，事實上他在文中即已試圖會通東西方哲學與人間佛教所主張的理論；從對佛學研究的推進，特別是對大陸佛教研究的推進來說，湯先生對臺灣「人間佛教」核心理論及其意義的肯定性闡發無疑起到了引導學者關注佛教與現實社會之間關係，以及探索佛教現代化轉型的具體方式的作用，例如，他在文中闡發了「人間佛教」理念促進「人與人」以及「人與自然」之間和諧方面的功能，之後成為學界普遍關注並嘗試進一步深入探究該問題的重要參考。

第三節　對儒釋道「三教歸一」的闡發

　　《論儒、釋、道「三教歸一」問題》一文發表於 2012 年，似為湯一介先

〔註8〕湯一介：《「人間佛教」之意義》，《湯一介集‧第 04 卷‧佛教與中國文化》，北京：中國人民大學出版社，2014 年版，第 233 頁。

生生前公開發表的最後一篇關涉佛教的文章。湯先生撰寫該文的目的有二：首先，是為更準確地回應約十年前施舟人（Kristofer Schipper）教授所提出的關於中國歷史上極少宗教戰爭之原因的問題；其次，該文亦為一提綱挈領式的中國文化問題探討，為北京大學儒學研究院接下去的階段性研究課題「儒、道、佛三教關係史」提供引導性的前期鋪墊。以下即以「三教關係」中的佛教為重點對該文觀點進行簡要梳理。

湯先生開宗明義地指出，對於「儒、道、佛三教關係史」的研究需要注意三個方面，包括「三教歸一」思想傳統的「理論基礎」、「政策基礎」以及「民間信仰基礎」〔註9〕。

首先，對於「三教歸一」思想傳統的理論基礎而言，湯先生認為，儒家、道教作為中國本土思想文化的代表，兩者的思想體系確實大相異趣，不過「排他性」的程度卻極低，「包容性」以及「調和性」的程度則較高。〔註10〕具體來說，儒家自孔子時代開始，歷朝歷代「大都是在與各派學說（學派）的爭論、衝突中不斷吸收著其他文化以自養」〔註11〕，例如，孔子本人即恪守經典，開創「六經」的儒家化，並曾問禮於老子，還大贊管仲的治國方略，由此實際上建構了儒家全面而系統的世界觀；戰國時期的荀子在繼承孔子基礎上又對道、法、名諸家予以吸收；《易傳》對道、陰陽諸家的吸收「開創了哲學本體論和宇宙論的先河」〔註12〕；漢代董仲舒則納陰陽五行、道家黃老之說於其體系之中……以上儒家各個階段的發展均體現了「包容」和「調和」的精神。就道家來說，先秦時期老莊即以「容乃公」理念統合當時各流派學說，開創了另一支影響巨大的思想體系；《莊子》雖褒貶先秦各家而以道家為尊，但卻並未完全排斥其他諸家學說，體現了道家的「包容性」。

就本為外來文化的佛教來說，自漢傳入，先是依附於道術、玄學，至南北朝出現儒佛、道佛之爭。即便如此，此期士大夫階層仍然有很多崇佛者，「可見儒、佛並非不能相容」；劉宋顧歡作《夷夏論》雖崇道抑佛，但仍以孔、老、

〔註9〕湯一介：《論儒、釋、道「三教歸一」問題》，《中國哲學史》，2012年第03期，第5頁。

〔註10〕湯一介：《論儒、釋、道「三教歸一」問題》，《中國哲學史》，2012年第03期，第5頁。

〔註11〕湯一介：《論儒、釋、道「三教歸一」問題》，《中國哲學史》，2012年第03期，第6頁。

〔註12〕湯一介：《論儒、釋、道「三教歸一」問題》，《中國哲學史》，2012年第03期，第5頁。

釋同為聖人。總而言之，自孔子始的三百年中國歷史是以三教之間的「均善」為主題的，湯先生並引牟子《理惑論》、僧紹《正二教論》、劉勰《滅惑論》、張融《門論》、慧遠《沙門不敬王者論》等歷代諸多經典以佐證佛教為適應中國文化的要求而不得不「以此種調和論來尋得一立足點」。〔註13〕

湯先生指出，除去「調和性」外，中國化佛教也兼重「包容性」，並將唐宗密《華嚴原人論序》所體現的中國佛教主張「三教同歸」的直接原因歸於「判教」的結果，具體來說，中國社會在隋唐之後，天台、華嚴、禪宗等均發展起「判教」的理論，「判教」本來只是佛教宗派內部的問題，但是到了宗密，他將「判教」的範圍擴大至涵蓋了儒家和道教〔註14〕。他認為這（應當指「包容性」）可能也是三教雖有相爭但終能以文相交，而不至於引發宗教戰爭的（理論上的）原因。

在簡要回顧了歷史上儒、釋、道三教各自相互吸收借鑒的理論根據之後，湯先生總結說：「中國的儒、道、釋三家在中國文化的大傳統中，在思想理論上都具有不同程度的包容性、調和性，這是我國歷史上幾乎沒有發生過『宗教戰爭』的思想觀念上的基礎。」〔註15〕

其次，「三教歸一」思想傳統的政策基礎。湯先生以時期為線依次簡要分析了中國歷史上各個時期有關儒、釋、道三教的朝廷政策狀況。

他指出，秦漢以後，中國社會成為大一統的專制社會，「如何對待各種思想和宗教派別則是關乎社會穩定之大事」〔註16〕。湯先生例數漢文、武、宣帝時期，朝廷政策均有對各家思想的吸收，結合相關統計得出結論認為「兩漢統治者在政策上對各種學說派別還是寬鬆的」〔註17〕。到了西漢末，佛教初傳入時，朝廷只視之為諸多道術之一種，對其並無限制；晉時玄學盛行，而佛教依附玄學，帝王、名士多有崇奉者；隋唐兩代，三教論衡又常在君主主持下進行。如

〔註13〕湯一介：《論儒、釋、道「三教歸一」問題》，《中國哲學史》，2012 年第 03 期，第 6 頁。

〔註14〕湯一介：《論儒、釋、道「三教歸一」問題》，《中國哲學史》，2012 年第 03 期，第 7 頁。

〔註15〕湯一介：《論儒、釋、道「三教歸一」問題》，《中國哲學史》，2012 年第 03 期，第 7 頁。

〔註16〕湯一介：《論儒、釋、道「三教歸一」問題》，《中國哲學史》，2012 年第 03 期，第 7 頁。

〔註17〕湯一介：《論儒、釋、道「三教歸一」問題》，《中國哲學史》，2012 年第 03 期，第 7 頁。

此一來，政府對宗教的干預一方面鞏固了其權威性，另一方面也給予了宗教相當的發展空間，特別是由政府組織並主持的三教之間的辯論活動，有效減緩了宗教之間的矛盾和衝突。〔註 18〕。另外，唐代的「度牒」制度也鞏固了朝廷對佛、道二教的管控。政府針對宗教問題實施的各項溫和政策即避免了「宗教戰爭」的發生。並且，唐以後，「宋、元、明、清各代大體也是如此。」〔註 19〕

再次，「三教歸一」思想傳統的信仰基礎。湯先生認為，在中國古代社會，不僅存在神靈崇拜，也存在人格神或祖先崇拜，這種多神信仰「沒有很強烈的排他性」；西漢末佛教傳入、道教創立影響了中國社會的信仰格局，儒、釋、道三教構成社會宗教信仰的主流，「由於自古以來，華夏民間處於一多神靈並存而相容的狀況，『不同而和』或已成為思維定式」，故魏晉以降，「佛、道由於成為正規的宗教團體，廣大民眾競相歸依之」〔註 20〕；唐宋民間社會繼續延續了三教並存共生的狀況，特別是在宋代，儒、釋、道三家的交流與借鑒加深；元以後的中國社會，「多元祭祀、崇拜民間神靈日盛，對灶王爺、財神爺、土地爺甚至關公武聖等的崇拜非常普遍，但儒釋道「三教共存分工」說比『三教歸一』（『三教合一』）說能更好地為民間社會所接受」，並且，「『三教共存分工』說雖儒、釋、道三家說法不盡相同，但作為一種不同宗教文化的模式則對『三教歸一』頗為有利」〔註 21〕，宋孝宗「以佛修心，以道治身，以儒治世」之說在宋元以後或具有典型意義，儒、釋、道三教均從不同程度以不同方式發揮了「三教歸一」的思想，在民間三教並存的局面一直持續到今天。

在作了以上三個方面的簡要分析之後，湯先生又特別強調了中國傳統文化當中「心性之學」在約束三教關係方面的作用，認為其為三教之間的和諧共處乃至精神上的趨同提供了理論基礎。

最後，湯先生總結說，與世界上某些其他宗教所具有的強烈「排他性」相比，中國歷史上儒、釋、道三家思想的「內在包容性」、「調和性」事實上更有利於避免宗教戰爭的發生；歷朝歷代的朝廷政策對於各個宗教來說起到了約

〔註18〕湯一介：《論儒、釋、道「三教歸一」問題》，《中國哲學史》，2012 年第 03 期，第 8 頁。

〔註19〕湯一介：《論儒、釋、道「三教歸一」問題》，《中國哲學史》，2012 年第 03 期，第 8 頁。

〔註20〕湯一介：《論儒、釋、道「三教歸一」問題》，《中國哲學史》，2012 年第 03 期，第 9 頁。

〔註21〕湯一介：《論儒、釋、道「三教歸一」問題》，《中國哲學史》，2012 年第 03 期，第 9 頁。

束及引導的作用，並且提供了有益的經驗；中國社會自古以來的「多元化」神靈崇拜傳統以及各個階層的「情理思維模式」也有助於消除不同信仰形式之間的衝突。「總之，中華民族長期存在的『三教歸一』思想傳統對世界『和平共處』，對『人類普遍和諧』應該會有所貢獻。」〔註22〕

　　從該文的論述來看，或可認為，湯先生將「三教歸一」作為從古至今儒、釋、道三教一以貫之的主流精神，儘管在某些特定年代，三教之間衝突激烈，但最終的結果卻還是「吸收其他文化以自養」，這種狀況一直持續到「三教歸一」的思想被提出，之後中國社會從官方到民間總體上均圍繞「三教歸一」、「三教調和」的論調安排中國文化的結構關係。另外，湯先生在文中又一次貫徹了其對「文化發展內在邏輯」的強調，專門討論了「三教歸一」在理論上的發展線索，即從先秦「心性」之論開始，三教在漫長的歷史發展中均以各自的立場和角度對「心性」問題予以理論上的闡發，這種理論問題上的共同關注從邏輯上水到渠成的發展至「三教」在哲學思想上的「歸一」，既完善了中國文化的自身體系，又促進了中國社會各個宗教之間總體上的和諧共處。

　　從論證方法來說，該文是頗具傾向性的，按照從社會現實到理論、從官方到民間的結構，以時間為序徵引各個時期支持「三教融合」的文獻例證，這或許是湯先生自上個世紀80年代開始即主張的文化多元態度慣性發展的結果。筆者認為，所謂「三教歸一」，在湯先生那裡，或已不僅僅是一學術問題，更是湯先生作為一名學術活動家孜孜以求的文化理想。

〔註22〕湯一介：《論儒、釋、道「三教歸一」問題》，《中國哲學史》，2012年第03期，第9頁。

第六章　湯一介佛學研究的學術史意義

第一節　湯一介對湯用彤佛學的繼承與發揚

湯一介先生為湯用彤先生哲嗣，其畢生的學術研究是在繼承與吸收湯用彤先生學術思想的基礎上開展的，又因湯用彤先生在佛學研究領域所取得的世所公認的卓越成就，這種繼承與吸收在佛學方面表現的更為顯明，如欲完整並清晰地呈現湯一介先生佛學研究觀點及思路之由來，考察這種繼承關係的具體表現就是必須要做的工作。另外尚需指出，對湯一介與湯用彤繼承關係的考察並不能因本書主題而將視角限於「佛學」方面，筆者前已逐階段揭示了湯一介先生佛學研究的文化向度，實際上，湯先生的佛學研究觀點之所以會呈現出此種文化的關懷，除去裹挾於上世紀 80 年代始文化大討論的洪流外，其父湯用彤先生在學術生涯中對文化問題的熱切關注與研究當也深刻影響並啟發了湯一介先生在文化研究的宏大框架中討論儒、釋、道的哲學意義及相關的比較哲學、比較宗教學問題。據學者研究，湯用彤先生的佛學研究之所以區別於同時代的其他學者而顯現出其獨特風格，與其日漸成熟的文化思想作為理論基礎緊密相關，湯一介先生顯然忠實繼承了其父以文化思想為基底而導出具體文化形態研究觀點的學術風格，故此，對父子兩代學者之間佛學的繼承關係考察也就必須連帶分析其中文化思想上的接續狀況。以下筆者將從研究內容、文化思想與研究方法三個方面來分析湯一介先生對湯用

形先生學術思想的繼承關係。

一、研究內容的繼承與拓展

　　就顯見的治學內容而言，除去時代性的研究工作，如以臺灣星雲法師「人間佛教」為對象的研究等之外，湯一介先生文化向度的佛學研究基本上是以湯用彤先生的研究內容為依據的進一步發揮。湯用彤先生的中國佛教研究大概可以兩本著作集中代表，即《漢魏兩晉南北朝佛教史》與《隋唐佛教史稿》，除此之外，尚有若干篇散論文章收於《湯用彤全集》中。如果將湯一介先生佛學研究的內容追本溯源的話，大致均可在湯用彤先生著述中找到對應的文本，較為典型的如，湯一介先生上世紀 80 年代《郭象與魏晉玄學》一著中以「僧肇破三家義」為例探討魏晉玄學與佛教關係的部分，即總體上繼承了湯用彤先生《漢魏兩晉南北朝佛教史》「釋道安時代之般若學」、「鳩摩羅什及其門下」部分內容以及《魏晉玄學論稿》中「魏晉玄學流別略論」一文，湯一介先生於文中強調的「玄學為中國固有思想之發展」觀點也同時為湯用彤先生所著重闡發；湯一介先生高度評價僧肇的歷史地位，稱其為「終結魏晉玄學並開創中國化佛學」的論斷當也直接借鑒了湯用彤先生稱頌僧肇「雖頗具談玄者之趣味，而其鄙薄老莊，服膺佛乘，亦幾突破玄學之藩籬矣」〔註1〕的評斷；湯一介先生對隋唐宗派佛教哲學思想的研究，其亦自述「關於三宗的歷史部分是取自由我整理的湯用彤先生《隋唐佛教史稿》的有關內容」〔註2〕；至於「佛教傳入中國的歷史考察」分析，也似為借鑒其父《文化思想之衝突與調和》一文的觀點，並根據《佛教在中國文化上的地位》提綱的思路擴展而成。

　　湯一介先生雖主要以湯用彤先生的佛學研究內容為依據，卻並非僅簡單地移植，而是於哲學分析的層面有所發揮。具體來說，在魏晉時期般若學研究方面，二位先生雖關注的對象相同，但湯用彤先生的論述顯具濃厚的史學意味，其意在理清彼時般若學的發展概況，而湯一介先生在《郭象與魏晉玄學》中對魏晉時期般若學的探討則側重將外來文化的佛教般若學與本土玄學進行比較，即「心無義」與郭象「物各有性」之說、「即色義」與郭象「崇有」、「適性」、「逍遙」之說以及「本無義」與張湛「以無為本」、解脫之道三個方面的

〔註1〕湯用彤：《魏晉玄學流別略論》，《湯用彤全集——第04卷》，石家莊：河北人民出版社，2000 年版，第 52 頁。

〔註2〕湯一介：《湯一介集·第04卷·佛教與中國文化》，北京：中國人民大學出版社，2014 年版，《增訂本序言》，第 1 頁。

比較哲學分析，而湯一介先生此種比較分析的結果除去更為清晰的表現了般若學自身的哲學內涵之外，更呈現了作為外來文化的佛教接續中國本土文化的「玄學」而推動中國傳統文化體系發展完善的過程，由此探究異質文化交流溝通的規律問題。從研究方法上來看，湯一介先生的論述過程並不刻意進行文獻上的考證，而是集中於文獻綜合之後的哲學分析，事實上是以湯用彤先生的史學研究為前提進行文化思想上的闡發。湯用彤先生也曾撰文探討「文化移植」的問題〔註3〕，只是著墨不多，並未佐之以歷史上異質文化交通的詳細例證分析，而湯一介先生則受其父觀點的啟發從中印文化交流歷史出發具體分析了般若學與玄學之間思想上的接續關係，又於後撰寫了專文予以集中總結，最終深化並豐富了湯用彤先生的「文化移植」觀點。

在禪宗思想的研究方面，湯一介先生通過對《壇經》文本的分析並參考禪宗燈錄的記載探討了禪宗思想的「內在性」與「超越性」意涵，於後又在此基礎上移植湯用彤先生有關禪宗史的論述補足了其禪宗思想研究的體系。湯一介先生的研究不同於通常的對禪宗思想的系統性研究，而是集中於禪宗思想的核心，以「內在超越性」統攝之，以此為切入點探討中國傳統文化整體的「內在超越性」精神（當然，湯先生也循著同樣的思路分析了儒、道、玄三家的「內在超越性」特色），如果視「中國傳統文化」為一張錯綜複雜的大網的話，湯先生的研究可說抓住了這張網的中心結點，一目了然的呈現了中國傳統文化精神的特質及其侷限性，為建構新的更為圓融的哲學體系做了先行探索，也是基於湯用彤先生的佛教史研究在「文化向度」上的進一步發揮。

湯一介先生華嚴宗哲學研究對湯用彤先生的借鑒情況與禪宗研究相似，先於1995年發表《華嚴「十玄門」的哲學意義》，以現代哲學語言對「十玄門」進行了重新詮釋，綜合為「十對關係」，並聯繫當代中國哲學界廣泛討論的「事」與「理」、「主體」與「客體」以及「一般」與「個別」的關係問題，探討由其重新建構的華嚴哲學在調和現代哲學「二元論」傾向所造成的矛盾衝突方面的潛在價值與意義，這在湯用彤先生的相關研究中是不得見的。湯一介先生也於之後移植了湯用彤先生對華嚴宗的歷史考察內容而使其華嚴哲學研究具有了史學依據。

進入新世紀之後，湯一介先生對「人間佛教」以及「儒釋道三教歸一」問題的探討雖表面上與湯用彤先生的研究內容無涉，但在筆者看來，其觀點之所

〔註3〕指發表於上世紀40年代的《文化思想之衝突與調和》一文。

由來的研究思路實際上亦深受其父「文化思想」的影響。

二、文化思想的繼承與發揚

前已述及，湯一介先生在宏大的文化研究框架下探討佛學相關問題，除去學術環境的影響之外，亦直接受到湯用彤先生文化思想的啟發，相比佛學研究內容上的契合，此種文化理念上的接續對湯一介先生的學術思想體系更具有根本上的導引意義。孫尚揚教授曾撰文總結湯用彤先生的文化思想，將湯先生對文化問題的思考分為三個時期──清華時期、學衡時期、北大時期，並清晰地勾勒了湯先生文化思想逐步成熟的過程。對於考察湯一介先生對湯用彤先生文化思想的接續來說，完整復述湯用彤先生文化思想的形成及發展過程似無必要，由其文化思想成熟時期的形態入手應當更有助於理清兩位學者在文化思想上的繼承關係。

參考孫尚揚教授的研究，湯用彤先生的文化思想於上世紀 40 年代趨於成熟並定型。〔註 4〕簡要來說，一方面，湯先生在其學術生涯中逐步修正了早期「相對主義的文化多元論」〔註 5〕而以 40 年代形成的更為溫和的「國際人文主義的文化多元論」取代之；另一方面，清華求學時期與「相對主義的文化多元論」相攜並生的稍顯封閉偏狹的「文化守成主義」在 40 年代之後，也為開放性的「文化守成主義」所代替。湯用彤先生的文化思想是多層次多面向的，筆者只是參考孫尚揚教授的分析將湯先生學術生涯晚期趨於成熟的內涵豐富的文化思想體系用「文化多元論」與「文化守成主義」兩個概念統攝之，同時必須強調，湯先生的「文化多元論」與「文化守成主義」又非一般意義上的泛泛而談，而是體現文化之人文價值的兩種思想傾向，也就是說，湯先生以「國際人文主義」的價值關懷來構建其「文化多元論」與「文化守成主義」為核心的文化思想體系。

何謂「國際人文主義」呢？首先要從美國學者歐文‧白璧德（Irving Babbitt, 1865-1933）的「新人文主義」談起，簡要來說，白璧德不主張復古，

〔註 4〕見孫尚揚：《湯用彤文化思想探析（下篇）》，《中國文化研究》，1994 年第 03 期，第 23 頁。

〔註 5〕所謂「文化多元論」的相對主義特色，係指認為文化差異導致相互理解的不可能，特別強調民族文化的特殊性，主張文化應以其自身內在的標準加以評斷，否定依外來標準評斷本民族文化價值的合理性。參見孫尚揚：《湯用彤文化思想探析（上篇）》，《中國文化研究》，1994 年第 02 期，第 34 頁。

但卻認為「必須從傳統中求取立身行事之規範」,「既要驗之於經驗事實,又要驗之於古」,並且,這種「傳統」以及「規範」應當具有「超越時空的普遍性和國際性」。

白璧德的「新人文主義」包含了對多元文化的價值認同以及對文化的「普遍性」和「國際性」的強調,湯用彤先生正是在借鑒並吸收白璧德「新人文主義」思想的基礎上形成了其「國際人文主義」的文化理念,其核心即為不僅重視本民族的傳統文化,而且對異民族的傳統文化抱以同樣的關注,尊重各民族文化的「普遍性」的人文價值。以「國際人文主義」的文化理念為基礎,湯用彤先生逐漸發展完善了其「文化多元論」與「文化守成主義」的思想。

湯用彤先生後期主張的「文化多元論」是通過對早期「相對主義的文化多元論」的修正而定型的。「相對主義的文化多元論」特點在於強調各個文化系統之間的難以溝通,從而對本民族文化過度認同,導致對外來文化特別是西方文化價值的忽視,最終認定本民族文化優於異民族文化,湯先生早期即持此種傾向的「文化多元論」。經過新人文主義的洗禮,湯先生於 40 年代調整了其對文化之間不可溝通的觀點,而「對人類理性的共通性予以一定程度的認肯」〔註6〕,從而主張通過選擇和吸收西方文化來建設中國文化。湯先生的「文化守成主義」思想與其「文化多元論」思想緊密相關,主要表現在其對「文化移植」問題的看法上,具體來說,湯先生既然主張文化之人文價值的「普遍性」和「共通性」,則在文化發展問題上自然也不會像保守的「國粹派」一樣拒斥對外來文化的借鑒與吸收,事實上,湯先生曾專文探討文化移植問題,他在《文化思想之衝突與調和》一文中強調,必須確立一個前提,及「承認一個文化有它的特點,有它的特別性質。根據這個特性發展,這個文化有它一定的方向」〔註7〕,這又涉及到由「文化守成主義」引申出的文化發展之「連續性」與「漸進性」的觀點。湯先生漸進的文化歷史觀念「建基於他對中、西、印文化史尤其是哲學史、宗教史的考察」〔註8〕,並且,在此基礎之上他又努力探究文化「漸進性」發展歷史事實的原因,提出「各民族文化各有其文化之類型」並且文化在發展

〔註6〕孫尚揚:《湯用彤文化思想探析(下篇)》,《中國文化研究》,1994 年第 03 期,第 26 頁。

〔註7〕湯用彤:《文化思想之衝突與調和》,《湯用彤全集・第 05 卷》,石家莊:河北人民出版社,2000 年版,第 278 頁。

〔註8〕孫尚揚:《湯用彤文化思想探析(下篇)》,《中國文化研究》,1994 年第 03 期,第 23 頁。

過程中很難超出其定型的看法，孫尚揚教授總結湯先生的觀點說：「文化精神積澱而成的定型或類型，不僅決定了其發展路向，更決定它在屢經革新與突變之後，仍不能超出這種定型，不能產生文化上的基因漂變，因而文化之發展只能是漸進。」〔註9〕不難看出，文化遵循其「類型」發展的觀點體現出濃重的「文化守成主義」意味。湯先生「文化守成主義」的另一引申為「文化整體主義」，該觀點基於他對「文化」概念的界定，即「文化為全種全國人民精神上之所結合」〔註10〕。他將「文化」的內涵限定於「精神」方面而排除物質層面，實際上也就與「文明」的概念嚴格區分開來，另外，所謂「全種全國人民精神上之所結合」，也意味著「文化」具有整體性，就其內容來說，應當包括一國人民精神的宗教、哲學、藝術、文學、社會風俗等諸方面，但是這些構成「文化」整體的某一部分卻並不能完全代表該國文化，據此，湯先生反對以近代西方文化來代表整體西方文化，認為這種觀點「僅取一偏，失其大體」〔註11〕。故此，湯先生「言必稱希臘，斥近人『與舊化斷絕』，試圖以此將整全的中、西、印三大文化傳統昭示於人」〔註12〕，主張文化研究應當「統計全局，不宜偏置」〔註13〕，這種「文化整體主義」的觀念使得湯先生的文化研究表現出全面性及系統性的特點。

　　湯一介先生上世紀80年代之後的文化研究忠實繼承了湯用彤先生的文化思想，從其關涉佛教的研究來說，他並非僅僅止於對歷史事件的描述，也未停留在對佛教哲學的闡發與分析層面，更多的是在繼承了湯用彤先生文化思想體系的基礎上，探討作為外來文化的佛教在傳入中國社會之後的一系列問題。《從印度佛教傳入中國看兩種文化的衝突和融合》一文將印度佛教傳入的歷史過程總結為「由依附到衝突，再由衝突到吸收、融合」的三個階段，顯然是對湯用彤先生觀點的直接移植，而由此歷史經驗的依據得出對外來文化應當採取「開放」的態度，則暗含了承認不同民族的傳統文化之間具有精神上的「共

〔註9〕孫尚揚：《湯用彤文化思想探析（下篇）》，《中國文化研究》，1994年第03期，第23頁。

〔註10〕湯用彤：《評近人之文化研究》，《湯用彤全集·第05卷》，石家莊：河北人民出版社，2000年版，第276頁。

〔註11〕湯用彤：《湯用彤學術論文集》，北京：中華書局，1983年版，第185頁。

〔註12〕孫尚揚：《湯用彤文化思想探析（上篇）》，《中國文化研究》，1994年第02期，第38頁。

〔註13〕湯用彤：《評近人之文化研究》，《湯用彤全集·第05卷》，石家莊：河北人民出版社，2000年版，第276頁。

通性」意味，也就與湯用彤先生「國際人文主義的文化多元論」相契合；湯一介先生對魏晉時期般若學與玄學關係的探討十分強調中國傳統文化自身的發展邏輯，而本為外來文化的般若學傳入，非但沒有改變中國文化自身的發展路向，反而通過接續玄學基本問題將中國文化的哲學思辨水平推進到了一個更高的層次，這與湯用彤先生主張的文化遵循特定類型發展的守成主義觀點又相契合；湯一介先生上世紀 90 年代對中國化佛教宗派哲學的研究也體現了其對湯用彤先生文化思想的發揮，他在將禪宗思想的精神總結為「內在超越性」並肯定其價值的同時，又承認禪宗的「內在超越性」哲學存在「主觀主義」的不足，進而主張建立一個融「內在超越」與「外在超越」於一體的思想體系，而其對「外在超越性」哲學的價值認知則來自於他對西方文化的觀察，這正又一次體現了「文化多元論」對其研究思路的影響；湯先生對當代「人間佛教」的研究特別值得注意的是他將人間佛教提倡的「立場互易」之理與西方學界上世紀 90 年代提出的「他者」問題相較，更為準確地說，他將西方哲學對「他者」問題的內涵闡發引入對人間佛教「立場互易」之理的理解當中，強調「他者」立場在充分理解並發展本民族文化方面的重要價值，如果推究其思路的文化觀念基礎，亦可追溯至其承繼自湯用彤先生的「國際人文主義的文化多元論」觀點；關於湯先生對「三教歸一」問題的闡發，筆者認為，「三教歸一」在他那裡應不僅為一歷史事件，亦為建構更為圓融的中國文化思想體系的重要理念主張，或可說也是湯先生的文化理想，他於《論儒、釋、道「三教歸一」問題》文末指出，「中華民族長期存在的『三教歸一』思想傳統對世界『和平共處』，對『人類普遍和諧』應該會有所貢獻」〔註14〕，可見湯先生對這種「思想傳統」的普適價值是抱以期待的。所以，湯先生對「三教歸一」問題的分析一方面是具體地探討中國社會宗教（包括民間宗教形態）之間的相互關係，另一方面實際上也表達了湯先生立足傳統的「守成主義」文化主張。

經由上述分析可知，湯一介先生的文化思想貫穿於其佛學及其與其他文化系統的比較研究當中，在他的儒學研究當中，這種繼承自湯用彤先生的文化思想體現的更為淋漓盡致，如他在《論新軸心時代的中國儒家思想定位》一文中即明確表明：

> 我們既要反對文化上的霸權主義，又要反對文化上的部落主義。

〔註14〕湯一介：《論儒、釋、道「三教歸一」問題》，《中國哲學史》，2012 年第 03 期，第 10 頁。

要反對文化上的霸權主義，必須是以承認和接受多元文化為前提，必須充分理解和尊重人類各種文明、各民族、各群體，甚至每個人的多樣性和差異性；要反對文化上的部落主義，必須是以承認和接受多少世紀以來各民族之間的文化交往和互相影響是文化發展的里程碑為前提，批判排斥一切外來文化的狹隘心理。人們應以一種新的視角來觀察當前不同文化之間的關係，並建立一種新型的文化多元的新格局。〔註15〕

　　雖然湯一介先生的文化思想內涵豐富，但將「文化多元主義」與「文化守成主義」看作其文化思想體系的兩大核心應當是沒有問題的。如果說上世紀80年代湯先生為回應「全盤西化」思潮在文化研究當中特別強調中國傳統文化的價值以及中國文化發展的內在邏輯而體現出立足傳統的「文化守成主義」特色，進入90年代以來，當以「重估」傳統文化價值為側重的研究工作轉向以「建構」新文化為中心，湯先生越發強調通過與外來文化的交流溝通深化對本民族傳統文化的認識，並借鑒與吸收外來文化來補足中國文化體系，「文化多元主義」特色因而表現的更為鮮明。當然，考慮到有湯用彤先生豐富而頗具系統性的文化思想作為現成的參考，這兩種傾向的文化觀念在湯一介先生那裡理應是自始融合在一起的，只不過在不同的時期背景下針對不同的文化問題各有側重罷了。

三、研究方法的繼承

　　研究方法也是湯一介先生繼承自湯用彤先生的寶貴學術遺產。麻天祥教授早在上世紀90年代初即已撰文總結湯用彤先生「比較宗教學」方法在佛教史研究中的運用。他指出，湯用彤「特別重視佛教思想與中國本土思想的比較，在比較中，令人信服地說明佛教的傳入、發展、興盛及衰落的文化背景」，正因此，「湯先生的佛教史研究遠在其他同類工作之上。」〔註16〕麻天祥教授在該文中以湯用彤解決各期佛教史問題為綱直截了當地表達了湯先生對比較宗教學的運用，這些問題分別為「佛道思想的比較看佛教的傳入」、「佛玄思想比較看佛學的發展」、「佛學各宗之比較看佛教的興盛」、「佛教內外因素的比較看佛

〔註15〕湯一介：《論新軸心時代的中國儒家思想定位》，《湯一介集‧第05卷‧在儒學中尋找智慧》，北京：中國人民大學出版社，2014年版，第211～212頁。
〔註16〕麻天祥：《湯用彤的佛教史和比較宗教學研究》，《西北大學學報（哲學社會科學版）》，1992年第02期，第76頁。

教之興替」〔註17〕。

　　依據湯一介先生本人的闡述以及我們對湯先生佛學研究的分析，嚴格來說，湯一介先生的佛學研究實可歸於「比較哲學研究」之列。事實上，他不僅在研究方法的運用上借鑒或接續了湯用彤先生的比較宗教學研究，在對佛教的比較文化研究內容上也體現出相當程度的承繼關係。筆者於前述章節業已指出，早在上世紀 80 年代初，中國社會的人文學術研究剛剛突破意識形態化氛圍之時，湯一介先生已開始探索傳統文化研究方法的問題，他在發表於 1981 年的《論中國傳統哲學範疇體系的諸問題》一文中即主張通過分析「中外哲學概念、範疇的異同」〔註18〕來更深入地瞭解中國傳統哲學的特點和水平，並以「魏晉玄學與印度佛教般若學的比較分析」為例說明這一問題。通過異質文化的比較來瞭解一種思想文化體系的特點及其發展水平的思路貫穿湯一介先生畢生的傳統文化研究，僅從佛學相關研究方面來說，湯先生於《郭象與魏晉玄學》一著中以魏晉玄學討論的中心問題「本末有無」為線索，對王弼、張湛、郭象等玄學家的玄學思想與道安、支愍度、僧肇等僧人的般若學思想進行了比較分析，從而理清了中國傳統哲學的內在發展路徑，以及作為外來文化的佛教般若學在中國傳統哲學發展過程中的地位和作用；湯先生對早期道教的研究一個重要方面即為與佛教的比較宗教分析，他分別從佛道先後高下之爭、生死形神問題、因果與承負問題以及出世與入世問題等方面分析了兩種宗教的思想異趣，藉此清晰地呈現出中國和印度兩種傳統的思想文化相互碰撞的過程，結合同一部分的宗教理論分析，湯先生並以佛教作為「完整意義上的宗教」的典型參照，探討了中國本土宗教——道教借助於佛教傳入帶來的新思想及新組織形式，逐步完善自身的理論體系及組織制度而發展成為對中國社會的文化心理結構影響深遠的「完整宗教」的過程，對於本書的研究主題來說，實際上也從側面論證了佛教在促進中國文化發展方面的價值，它不僅為一認識中國本民族文化精神的參照，更為一提供豐富理論資源的哲學體系；湯先生對中國禪宗「內在超越性」精神的論斷也是在與西方文化的比較研究中得出的，他將禪宗思想作為中國文化體系的一個重要組成部分，

〔註17〕麻天祥：《湯用彤的佛教史和比較宗教學研究》，《西北大學學報（哲學社會科學版）》，1992 年第 02 期，第 76～80 頁。

〔註18〕湯一介：《論中國傳統哲學範疇體系的諸問題》，《中國社會科學》，1981 年第 05 期，第 166 頁。

與儒、道二家思想並行分析，總結出中國傳統文化整體上的「內在超越性」特質，進而通過與西方文化的「外在超越性」精神比較，呈現了「內在超越性」文化在建立高效的社會制度與法律秩序方面的缺陷，據此提出應當建立包容「內在超越」與「外在超越」思想的哲學體系的觀點；湯先生對「人間佛教」意義的闡發是結合西方哲學話語如「他者」概念來進行的，通過這種比較文化的分析，中國文化與西方文化在處理人與人之間關係方面的共通性得以呈現，也再次體現了湯先生「文化多元論」的人文主義理念；在關涉佛學研究的最後一篇論文《論儒、釋、道「三教歸一」問題》中，湯先生又一次全面運用了比較的方法，並分兩個層次進行，第一個層次是中西文化比較，由西方歷史上頻繁的宗教戰爭事實為參照，分析中國社會極少發生宗教戰爭的多元因素，證明了中國文化對於促進世界範圍和諧共處的獨特價值，第二個層次則是對中國文化系統內部儒、釋、道三教的比較分析，以此展現了三教義理「包容性」精神的契合以及社會功能上的互補關係，說明三教的融合實為水到渠成的必然結果。

　　當然，作為一種研究方法和視角，異質文化形態之間的比較分析幾乎是任何一個文化研究學者必定關注的，那麼又緣何認定湯一介先生的比較研究思路與湯用彤先生一脈相承呢？筆者認為至少有兩個方面的因素顯示出兩位學者之間在比較研究方法上的繼承關係。

　　首先，湯用彤先生在佛教史研究領域運用比較宗教學方法分析的幾個核心的具體問題也同時構成湯一介先生佛學研究體系中的重要內容，典型如通過佛道、佛玄之間的比較以闡明的佛教傳入及早期發展的歷史過程就同時為湯一介先生所重點關注；其次，湯用彤先生對佛教的比較宗教學研究貫徹了其尊重傳統的人文主義文化理念，就湯先生對佛道、佛玄的比較分析來說，作為一名佛教史學者，還原歷史事件本身當然是其撰述的重要目的之一，但除此之外，更暗含了理清中國傳統文化體系自身發展邏輯的動機，在他看來，作為外來文化的佛教儘管有其哲學思辨上的高水平優勢，但依然需要「依附」於中國本土文化形態而發展，並且最終為中國文化所吸收而非改變中國文化相對穩定的發展路徑，這種立足於本民族傳統文化的比較宗教學研究顯為湯一介先生忠實繼承。故此，筆者認為湯一介先生比較哲學及比較宗教學的研究思路應當受到湯用彤先生的直接影響。同時應當指出，在比較研究方法的具體運用方面，湯一介先生與湯用彤先生的著眼點又各有側重。湯一介先生的比較多以文

化的哲學思想為對象，其目的似也更傾向於揭示文化體系的發展過程及其規律，並未對歷史事件的考證著力太多，有關歷史敘事的部分大致上移植了湯用形先生的已有結論，總的來說其比較研究方法是哲學分析取向的；湯用形先生對佛教的比較宗教學研究則是史學取向的，其佛道、佛玄思想比較乃以揭示佛教傳入的歷史過程及其文化背景為直接目的，《隋唐佛教史稿》中對佛教各宗派思想的比較乃為闡明佛教在隋唐興盛的歷史過程，對隋唐以後佛教內因外緣的比較則又是為了揭示佛教自隋唐之後組織形式衰落的過程及其原因。故此，如果將比較研究方法同時作為一種針對文化對象的分析思路的話，湯一介與湯用形之間則又大異其趣。

四、小結

　　湯一介先生對湯用形先生佛學研究思想的繼承與發揚大致可從上述研究內容、文化思想、研究方法三個方面來概括。表面上看來，湯一介先生的佛學研究不論從研究內容還是研究方法均未脫離湯用形先生的佛學研究範圍，甚至在更為深層的文化理念層面也沿襲了湯用形先生的文化思想，據此將湯一介先生畢生的佛學研究看作向湯用形先生的「回歸」似問題不大。但是，將湯一介先生的佛學研究判定為僅具「回歸」的意義就遮蔽了其研究的完整學術貢獻。筆者認為，對一學者研究的學術貢獻評價不僅應考察其與前輩學者之間形式上的承繼關係，還應當充分考慮到研究的動機與宗旨，以及放在具體的歷史背景中進行。如此來看，湯一介先生對湯用形先生的佛學研究就不僅是一種「回歸」。原因首先在於，其佛學研究的根本動機與宗旨均為「文化──哲學」取向，顯不同於湯用形先生的「宗教──史學」取向。湯用形先生認為：

> 　　宗教信仰因人類心理最深之需要而發生。各種價值往往以宗教為中心而成一系統。人生最後之價值最後之保障，亦常稱在乎此。蓋人生與憂患俱來，而且奄忽物化，在世不過百年，無一最高理想（如神之信仰及不死之說）為其努力之動機，為其無窮希望之最後歸宿，則往往毫無意義也。〔註19〕

　　由此可見，湯用形先生所要建構的文化價值系統是以「宗教」為核心的，

〔註19〕湯用形：《哲學概論》，《湯用形全集·第05卷》，石家莊：河北人民出版社，2000年版，第353頁。

佛教作為中國傳統文化體系中的重要組成部分自然為其重點關注，而他對佛教的文化價值闡揚則是通過史學敘事來完成的。湯一介先生則不同，雖在佛學研究領域與湯用彤先生交叉之處甚多，但其旨趣卻並不在於建構一「宗教」為核心的文化價值體系，而是吸收了宗教思想的「哲學體系」，他的佛學研究雖然在結果上也肯定了佛教的思想價值，但對禪宗的「宗教形式」卻持審慎的懷疑態度，例如他對禪宗破除外在宗教形式的一面即予以讚揚，並認為，「禪宗的世俗化使之成為一種非宗教的宗教在中國發生影響，它把人們引向在現實生活中實現超越現實的目的，否定了在現實世界之外與之對立的天堂與地獄，表現出『世間法即佛法，佛法即世間法』的世俗精神」〔註20〕。所以，就佛學研究的動機及旨趣來說，湯一介先生的研究就不能簡單地歸結為對湯用彤先生的回歸，而是在回歸基礎上「接著講」。麻天祥教授在談及湯用彤的佛教史研究時指出，湯先生並未注意到「佛教思想在中國社會各階層的廣泛滲透及對中國文化乃至民族心理的深刻影響」〔註21〕，如今顯而易見的是，湯一介先生的佛學研究則涉及到了佛教思想對中國社會各階層的滲透，也於闡發佛教思想對中國文化及民族心理的影響方面著力甚多，他對禪宗「內在超越性」的分析即為一例，對儒、釋、道「三教歸一」精神以及以西方哲學話語（「他者」）對人間佛教「立場互易」之理的詮釋甚至將佛教思想的文化價值推及至世界範圍，當可視為對湯用彤先生佛學研究遺留課題的初步探討。

研究的時代背景更突顯了二位先生佛學研究的不同學術意義。湯用彤先生的學術鼎盛時期是在上世紀三、四十年代，其最為重要的佛教史學專著《漢魏兩晉南北朝佛教史》即出版於 1938 年，上溯至 1911～1917 的清華求學時期，其間近三十年處於學術研究相對自由的環境之中，湯先生的主要佛學研究著述多於此期間完成。湯用彤先生的佛學研究在世界範圍內享有極高聲譽，根據當代學者對湯先生學術思想的研究簡要概括其佛學研究的學術史意義的話，當可說，他對魏晉南北朝至隋唐一段佛教史的梳理是開創性的，並促成史學意識主導的佛教研究範式的形成；他以現代學術方法對佛教史的研究改變了中國佛教研究相對於日本及歐美的依附性地位；在研究方法上，湯先生「把佛教史置於中外文化交流發展史的大局中，以考據作為手段和基礎，通過對新

〔註20〕湯一介：《論禪宗思想中的內在性和超越性問題》，《北京社會科學》，1990 年第 04 期，第頁。
〔註21〕麻天祥：《湯用彤的佛教史和比較宗教學研究》，《西北大學學報（哲學社會科學版）》，1992 年第 02 期，第 81 頁。

舊學術方法的綜合創新，促進了中國傳統佛教學術的現代轉型」〔註22〕。

　　湯一介先生的佛學研究則是在完全不同的時代背景下做出的，根據他的自述，僅於上世紀 80 年代始的文化研究才真正具有學術價值。湯一介先生的佛學研究雖然在表面上並未突破湯用彤佛教史研究的框架，但在 80 年代百廢待興的學術環境下不妨說具有開創性的學術意義，只不過這種「開創性」以逐步「回歸」湯用彤的佛學研究框架為表現。改革開放之後，中國大陸人文學術界面臨整體的學術轉型，各種思潮交相激蕩，文化大討論在知識界全面展開，在這場思想運動中，否定傳統的「全盤西化」思潮一度佔據了文化思想陣地的制高點，湯先生於此期出任中國文化書院第一任院長，在回應「全盤西化」思潮的挑戰、復興傳統文化方面作出了卓越貢獻，已於前述。除去投身學術社會活動之外，湯先生也於具體的學術研究當中積極尋求突破意識形態化學術思維的限制，就佛學研究方面來說，這種早期努力是通過「回歸」湯用彤佛教史學的方式來進行的，他參考湯用彤的相關研究對印度佛教傳入中國的歷史考察分析以及對魏晉玄學與佛教般若學思想上的接續關係研究均為典型。當然，如果不考慮 80 年代的時代背景的話，湯一介先生 80 年代的佛學研究在今天看來似僅為對湯用彤佛教史研究的回歸。但是，如果將其與湯一介先生本人於 60 年代對柳宗元哲學思想與佛教關係以及寇謙之「新道教」思想與佛教關係的研究比較，甚至將其與同為 80 年代初期但略早的何承天排佛思想比較，湯一介先生以「回歸」湯用彤佛學的方式尋求突破的學術思路即躍然紙上，他於 80 年代所做的印度佛教傳入中國的歷史考察研究以及魏晉玄學與佛教般若學思想關係研究是為隔絕過去極左思潮限制下學術研究的分水嶺，從引領文化意識導向的佛學研究意義上說頗具開創性。與 80 年代以尋求研究方法的突破為主題不同，上世紀 90 年代是文化「建構」的年代，湯一介先生的學術思考也相應地集中在如何建構新文化以及建構什麼樣的文化體系問題上，他對中國化佛教宗派哲學的研究即體現了對這一問題的解決思路。湯用彤先生在《隋唐佛教史稿》中曾對天台、華嚴、禪三宗的歷史進行過系統研究，應當說，湯一介先生此期對三宗哲學的研究一定程度上也存在著向湯用彤佛學「回歸」的情況，主要表現在移植湯用彤對三宗歷史的論述文字，但比之 80 年代以步履艱難的「回歸」為尋求突破的手段，此期的宗派哲學研究則是以「回歸」作為

〔註22〕趙建永：《湯用彤與中國現代佛教史研究》，《歷史研究》，2014 年第 01 期，第 135 頁。

基礎，借助現代西方哲學範疇對隋唐佛教宗派哲學的基本精神進行現代哲學的轉換，具體來說，他將禪宗哲學的核心精神歸結為「內在超越性」，將華嚴「十玄門」思想提煉為十對對立統一關係，以此肯定華嚴哲學在調和現代「二元論」哲學問題方面的潛在價值。總的來說，湯先生此期針對中國化佛教宗派哲學開展研究的思路似為順應新文化「建構」為主題的時代背景而形成，其中，他對禪宗「內在超越性」精神的總結對當代佛教學術研究影響深遠，當代學者從哲學、社會學、心理學等角度對禪宗的研究時常以「內在超越性」作為既定前提，故此當可說，湯先生的研究幾相當於奠定了禪宗文化研究的基調。

進入 21 世紀，「和諧」成為新的時代主題，湯一介先生此期有關「人間佛教」與「三教歸一」的佛學研究實均針對處理現實的人與人之間、人與自然之間、文化與文化之間關係問題而發，不論是以西方哲學「他者」問題來詮釋人間佛教「立場互易」之理的意義，還是肯定中國文化「三教歸一」傳統對世界文明的潛在價值，最終均可歸結為圍繞「和諧」主題對中國傳統文化資源的發掘。

通過上述分析可知，湯一介先生對湯用彤先生佛教史研究的繼承僅為表層現象，結合研究的旨趣以及時代背景以觀，湯一介先生實際上在諸多方面推進了湯用彤先生的佛教史研究事業，為當代佛學研究作出了諸多開拓性貢獻。

第二節　湯一介佛學研究的文化向度

在評價湯一介先生佛學研究的價值和意義之前，需要先來梳理其佛學研究的大體進路。

就《湯一介集》的收錄情況以及可以查閱到的論文公開發表情況來看，湯先生在其學術研究中涉及到佛教始於上個世紀 60 年代初，以《關於柳宗元哲學思想的評價》以及《寇謙之的著作與思想——道教史雜論之一》兩文為代表。由於時代的特殊性，湯先生此期主要以「階級利益」以及「唯物唯心」為標準來評判宗教，宗教的階級屬性成為推斷歷史人物對具體宗教所持態度的重要參考依據，如佛教是為「統治階級利益」服務的工具和手段，據此，身為統治階級利益集團的柳宗元和寇謙之當然會在不同程度上對佛教加以接受和利用，以往懸而未決的學術問題（寇謙之對佛教的態度）就此得以確定。同時，如果剝除極左思潮對湯先生研究的影響，其對寇謙之「新道教」吸收

佛教理論而創立的分析還是值得肯定的，為 80 年代之後的更為完善的早期道教與佛教關係的研究奠定了基礎，也顯示出湯先生側重以哲學分析視角研究佛教的特點。

　　1980 年對湯先生來說是個重大的轉機，他得以恢復講課資格，開講的第一課為「魏晉玄學與佛教、道教」，這一起步一方面離不開其父湯用彤先生的直接影響，〔註23〕另一方面也是湯先生自身在學術研究特別是中國哲學研究道路上一次新的探索和突破。對於「魏晉玄學與佛教、道教」課程的開設，有學者評價說：「這是湯一介先生繼他的父親湯用彤教授之後的又一次更深入的研究，而這一研究不僅推動了整個學術界對魏晉玄學的研究，也是湯一介先生對學術界的又一貢獻……」〔註24〕湯先生為了準備這個課程，不僅翻閱了魏晉玄學、佛教、道教相關文獻，同時為了擺脫過去教條主義的影響，又閱讀了黑格爾《哲學史講演錄》、文德爾班《哲學史教程》以及羅素《西方哲學史》等著作，開始接觸十九世紀七八十年代的西方哲學。湯先生大量參閱中西方哲學、史學方面的既有成果，並結合現實情況對當時中國哲學界的諸多熱點問題進行了嘗試性探討，而通過教授「魏晉玄學與佛教、道教」一課，既接續並發展了其父湯用彤先生的史學研究，又初步開拓了一條自身學術研究的新道路。根據湯先生自己的陳述以及其他學者的梳理，「魏晉玄學與佛教、道教」課程的內容相對於過去意識形態化的研究實現了多方面的突破，特別是對於比較哲學、比較宗教學研究思路的強調以及「概念、範疇分析」法的運用，有學者評價說：「這些問題的提出，在 80 年代初有著強烈的時代感和現實意義。」〔註25〕這些研究要點此後又構成湯先生《郭象與魏晉玄學》一著的緒論內容。在筆者看來，湯先生於上世紀 80 年代提出這些問題，應當不僅具有「時代感」而已，從我們對湯先生佛學相關研究內容的梳理來看，這些問題的提出實際上對於他此後幾十年的文化研究來說，更具有「提綱挈領」的意義。以收入《湯一介集》的著述內容為準，湯先生於八十年代所做的關涉佛學的研究工

〔註23〕湯用彤先生在 1937 年《漢魏兩晉南北朝佛教史》一書出版後最為重要的計劃中研究工作即是完成《魏晉玄學》一書，遺憾的是，由於戰亂及湯用彤先生的身體狀況，這一願望最終未能實現，只留下了一些單篇論文，後直到 1957 年經湯一介整理，才編成《魏晉玄學論稿》出版。
〔註24〕李娟娟：《湯一介傳》，北京：新華出版社，2015 年版，第 160 頁。
〔註25〕景海峰：《事不避難，義不逃責：湯一介對新時期中國哲學的貢獻》，《探尋真善美──湯一介先生 80 華誕暨從教 55 週年紀念文集》，北京：北京大學出版社，2007 年版，第 183 頁。

作主要體現在「南北朝時期的佛教與儒學」、「魏晉玄學與魏晉時期的佛教」、「南北朝時期的佛教與道教」以及「印度佛教傳入中國的歷史考察」等幾個問題的研究上，基本上均為 1980 年「魏晉玄學與佛教、道教」課程內容的展開，可以說該課程為湯先生學術研究的「十年規劃綱要」；就學術研究思路的邏輯發展而言，在上個世紀的八十年代，對於中國社會的人文學者來說，首要面臨的問題即是「如何重新認識中國傳統文化」，也就需要尋找一個切入點來體現這種「認識」，在湯先生那裡，「魏晉玄學與佛教、道教」即成為一個合適的切入點。

　　湯先生的關注核心是「魏晉玄學」，我們不妨就從他對魏晉玄學的研究說起。1979 年許抗生先生即已主張回到湯用彤先生對魏晉玄學所做的價值判斷，認為玄學是「研究世界的根本、本質，或世界存在的依據等本體論問題，並以本末、有無為其辯論中心」〔註 26〕的哲學思潮；1980 年李澤厚先生《魏晉風度》一文發表，更為具體的探討了魏晉玄學的哲學意義，他在文中第一次正面肯定了以往被當做腐朽反動思潮的魏晉玄學在純粹哲學思辨以及思維解放方面的重要價值。〔註 27〕與許抗生與李澤厚二位先生對魏晉玄學的「重新認識」方式雖不同，但湯先生由 1980 年「魏晉玄學與佛教、道教」課程開始的研究工作也注意到了「魏晉玄學」在「哲學思辨」方面凸顯的價值，較之許、李二人的研究，湯一介先生對魏晉玄學在「哲學思辨」方面達到的高度及意義作了更深入的探究，〔註 28〕集中體現在稍後幾年的《郭象與魏晉玄學》一著中。玄學在湯先生那裡是作為中國傳統哲學內部在魏晉時期的時代性發展來看待的，具有濃烈的「本土文化」氣質，這從湯先生給玄學下的定義即可看出，他認為，魏晉玄學是指「魏晉時期以老莊思想為骨架的一種特定的哲學思潮」〔註 29〕。佛教，則相應地代表了外來文化，在與玄學的互動中提高了魏晉玄學的思辨水

〔註 26〕許抗生：《略論魏晉玄學》，《哲學研究》，1979 年第 12 期，第 30 頁。

〔註 27〕轉引自湯一介、胡仲平：《西方學術背景下的魏晉玄學研究》，《中國哲學史》，2004 年第 1 期，第 12 頁。

〔註 28〕僅就李澤厚先生對玄學的研究來說，其強調玄學的核心問題乃是成為「聖人」，以及對郭象玄學曲解莊子哲學等問題上的看法在湯先生研究中是不得見的，湯一介先生對李澤厚先生觀點的認同與否暫且不論，兩者在研究上的關注側重有著顯著的區別，湯先生集中關注的是玄學的哲學思辨價值（純哲學價值的關注實也延及其佛學研究），而李先生則更傾向於分析其美學及對社會人生來說的實用價值。關於李澤厚先生的玄學研究觀點亦可參見李澤厚：《漫述莊禪》，《中國社會科學》，1985 年第 01 期。

〔註 29〕湯一介：《郭象與魏晉玄學》，武漢：湖北人民出版社，1983 年版，第 7 頁。

平,從而完善了玄學的理論體系,主要表現在般若學傳入之後,因與玄學關注同樣的哲學問題,而為僧人從佛學角度予以闡發,湯先生將僧肇之學作為典型,分析了魏晉玄學與般若學之間的這種互動關係,視僧肇為「終結魏晉玄學」、「開創中國化佛學」的第一人。

湯先生進而通過分析認為,印度佛教般若空宗學說作為一種「思辨哲學」在思維水平上高於包括玄學在內的中國原有哲學思想,僧肇正是吸取了般若學的理論和方法才將魏晉玄學的思辨水平發展到了更高的階段,他在《郭象與魏晉玄學》一書中即給予佛教般若學對中國文化發展的作用以很高的評價,認為其促進了中國傳統哲學範疇由具象概念向著抽象概念的轉化,進而確立了「心」與「性」這一對中國傳統哲學體系中的核心範疇。〔註30〕由此,佛學作為精緻「思辨哲學」為中國文化體系的完善提供養分的價值通過湯先生的分析得以彰顯。

同時我們也看到,上世紀80年代初期,湯一介先生儘管主動捨棄了學術研究中的「階級分析」思路,卻仍然不忘區分特定思想體系的「唯物」、「唯心」特質,不過這種區分隨著湯先生逐漸明確地以「文化」概念來統攝中國傳統哲學、印度佛教哲學乃至西方哲學而逐漸淡化了。「文化」在今天看來似乎只是一個指代寬泛的概念,但在上世紀80年代,「文化」卻像一顆重磅炸彈,炸開了長期禁錮人們思想和心靈的牢籠,中國的乃至整個人類的寶貴思想遺產得以披著「文化」的外衣為我們所重新認識,不僅消弭了思想的「階級性」,也緩和了唯物與唯心之間的衝突,這麼看來,在經歷過文革的思想浩劫之後,中國社會所出現的第一場思想變革運動必然當是以「文化」為旗幟了。

如果說上世紀80年代湯一介先生以重新認識傳統文化(並證明其價值)為其研究工作的中心任務,那麼,進入90年代,當學界乃至整個社會對傳統文化價值的重新評估達成之後,「建構新文化」水到渠成的提上議程,湯先生的研究工作側重也就相應地轉到「建構新文化」上來。具體來說,所謂「建構新文化」,主要歸結為兩個緊密相關的問題:第一,要建構怎樣的新文化;第二,如何建構新文化。湯先生上世紀90年代的學術研究工作即是圍繞回答這兩個問題展開的,如欲還原其佛學研究的思路,當然也需要從湯先生對這兩個問題的解決談起。

〔註30〕湯一介:《郭象與魏晉玄學》,武漢:湖北人民出版社,1983年版,第114~115頁。

　　實際上，廣義上的「新文化」建構問題早在上世紀 80 年代已經為學者所廣泛討論，在那個時期最為流行的「全盤西化」思潮其實也可以看作是一種建構性的觀點，只不過是在拋棄中國傳統文化基礎上的建構。湯一介先生將上世紀 80 年代文化大討論的特點總結為「批判性」的，而把 90 年代「國學熱」的特點總結為「建構性」的，也是針對「中國傳統文化」來說的。他在上世紀 90 年代「國學熱」興起之初接受採訪時說，「正是基於從傳統走向現代這一點，所以這次文化討論（即 80 年代「文化熱」）帶有非常強烈的批判性」，「文化熱有一種非常強烈的批判精神，那麼國學熱就是在對傳統進行批判以後，我們如何來建構我們的新文化，它把重點放在建設方面上來了」，湯先生同時認為，批判舊傳統的任務在當時尚未完成，所以，「許多方面還要作繼續批判」。〔註31〕僅就湯先生為代表的肯定傳統文化一派的立場來說，「新文化」的建構必然是在傳統文化保留基礎上的建構。湯先生早在 1988 年為成中英先生《中國文化的現代化與世界化》一著所作的序中即已初步提及這個問題，他認為，1978 年以前將近 30 年，我們採取「閉關自守」的態度，使得中國文化的發展失去了與外界的聯繫，從而明顯不適應當代世界發展的客觀要求。1978 年以後，我們實行了「對外開放」政策，學術界因而開始思考如何使中國文化與中國哲學跟上世界的發展步伐，特別是在 1982 年之後，中國社會出現了討論中國文化發展前景的熱潮，更加讓人們清楚地認識到，「要實現中國的四個現代化，沒有中國文化的現代化，沒有人的思想觀念的現代化相配合，將是根本不可能的」〔註32〕。湯先生並指出當時流行的諸多對於中國文化發展的看法均為說明「中國文化應繼承著什麼樣的傳統或者說應以何為起點」。所謂「中國文化的現代化」，與「建構新文化」實為對同一問題的兩種表述。應當說，湯先生「建構新文化」的觀念直接溯源於對當時「四個現代化」政策的回應，即在「工業、農業、國防、科學技術現代化」的基礎上強調「文化現代化」的意義。何謂「文化現代化」呢？湯先生對此作了簡要的解釋，即中國文化書院所倡導的「讓中國文化走向世界，也讓世界文化走向中國」的後半句，也就是吸收外來文化（主要為西方文化）的方面。湯先生接著指出，要實現「中國文化的現代化與世界化」，有三個問題需要解決：第一，如何回應西方

〔註31〕羊凡、林川：《著名學者王元化、湯一介、沈善洪、陳方正四教授訪談錄——反思文化、傳統、尋覓精神資源》，《學習與思考》，1995 年第 02 期，第 22 頁。

〔註32〕湯一介：《中國新文化的創建——序〈中國文化的現代化與世界化〉》，《讀書》，1988 年第 07 期，第 6 頁。

文化的挑戰；第二，如何發展馬克思主義，使其進一步成為一個開放的思想
體系；第三，如何從「總體上」認識中國文化。〔註33〕湯先生在上世紀80年
代的研究工作主要針對的是「如何重新認識中國文化」已如上述，與該文提
及的第三個問題「如何從總體上認識中國文化」在他具體的研究進程中還是
體現出了細微的差別，主要表現在，上世紀80年代的「重新認識」通過階段
性的玄學、道教、佛教以及中印文化交流歷史研究各個擊破，進入90年代的
「認識」中國傳統文化則是總體上的，表現在對儒釋道三教所共同彰顯的中
國文化特質予以剖析。對於剩下的兩個問題來說，因意識形態方面的客觀情
況，如何發展馬克思主義的問題當然無可迴避，而第一個問題「如何回應西
方文化的挑戰」是湯先生進入90年代著重關注的。如今我們可以瞭解到，湯
先生回應西方文化的挑戰是在充分發展中國本民族的傳統文化基礎上的，他
在該文中也強調了發展本民族文化的重要性：

> 真正能充分吸收外來文化，創建出一新的中國現代化文化，並
> 對世界文化作出貢獻，必定要有一深厚的民族文化基礎。一個民族
> 失去了其自身的民族文化的傳統，將是不可能充分吸收外來的思想
> 文化，更不可能使自己的思想文化走在其他民族的前面的。〔註34〕

那麼，佛教在上世紀90年代湯一介先生的研究視野中扮演了一個什麼角
色呢？筆者已於前指出，在湯一介先生那裡，「文化」的概念實際上常常與「哲
學」通用，所謂的建構「新文化」也就相應地以建構新的「哲學體系」為核心。
順著這個問題，湯先生於上世紀90年代集中探討了儒學、玄學、道家道教以
及佛教哲學所共同體現出的中國傳統文化的獨特性格，即「內在超越性」，這
一系列研究顯然是為解決上述「如何從總體上認識中國文化」問題的。既然此
期的研究重點為剖析中國傳統文化的特質，那麼在佛教哲學研究方面當然要
以隋唐之後已經中國化了的宗派哲學為對象，故此，天台、華嚴、禪三宗就成
為湯先生此期佛學研究的中心。並且，在這三大中國化佛教宗派當中，湯先生
對禪宗的關注為最甚，次之華嚴哲學，再次為天台哲學。具體來說，《論禪宗
思想中的內在性和超越性問題》是湯先生探討中國文化「內在超越性」的一系
列文章的其中一篇，是為他宏大研究計劃中的一個重要環節；華嚴宗哲學的研

〔註33〕湯一介：《中國新文化的創建——序〈中國文化的現代化與世界化〉》，《讀書》，
　　　　1988年第07期，第9頁。
〔註34〕湯一介：《中國新文化的創建——序〈中國文化的現代化與世界化〉》，《讀書》，
　　　　1988年第07期，第10頁。

究則通過解析與重構的方式進行創造性的轉換，以探討其在解決當時熱門哲學問題方面的價值和意義，筆者認為，核心在於揭示華嚴哲學對二元論的調和；天台宗哲學研究在主體內容上直接移植了湯用彤先生的相關著述，僅補足了一些文獻引證以及哲學問題的基本闡釋，並無實質性的創造性發揮，又以「天台宗概述」為題收入1991年《儒道釋與內在超越問題》一書中，值得注意的是該書同時收錄了《論禪宗思想中的內在性與超越性》一文，由專著題名亦可直觀看出湯先生對天台、華嚴兩大宗派哲學的關注側重明顯不同。或可認為，華嚴宗哲學研究嘗試對中國文化進行創造性轉換（以調和二元論），而禪宗研究則以闡發中國文化主體特性為鵠的。

在上世紀90年代對中國化佛教宗派（主要為華嚴宗與禪宗）哲學的研究之後，湯一介先生以哲學分析方式對佛教的關注即告一段落，特別是在進入21世紀之後，隨著《儒藏》工程的正式啟動，湯先生的關注重點自然傾斜到儒學研究上來。此一時期，除去促進兩岸文化交流並表達對臺灣星雲法師「人間佛教」的認同而撰寫的《「人間佛教」之意義》一文外，湯先生一生中關涉佛教的收官之作《論儒、釋、道「三教歸一」問題》於2012年公開發表，除去現實的為北京大學儒學研究院下一階段的研究課題作一整體規劃外，該文的題名對湯先生畢生文化研究的意義也大略可知。中國歷史上為何幾無由宗教問題導致大範圍的武裝衝突？對於施舟人教授十多年前的這一提問，湯先生心中此時有了更透徹的答案，根據他論文的表述，或可總結說，「三教歸一」其實既為因又為果，中國的儒釋道三教從一開始即因共同關注話題的討論而扭結在一起，在漫長的發展過程中，又因種種內在、外在的機緣而畢竟走向「歸一」的終點，如千萬條河流無論中途流經何處，卻終將匯入大海。「三教歸一」或許更表達了湯一介先生畢生的文化或哲學追求，即由多元開放的道路而建立一嶄新的融「內在超越」與「外在超越」於一體的圓融的中國思想文化體系。

第三節　湯一介佛學研究的學術史意義

在此，尚需回應一下《緒論》中提到的湯一介先生佛學研究對當代中國學界佛學研究範式轉換推進的學術史意義。

經過上述對湯一介先生文化向度佛學研究的思路分析，我們看到，湯先生

站在專門的佛學研究之外，〔註35〕或者說在更宏大的文化研究框架中對佛教哲學、佛教哲學史以及以佛教為其中一方的比較哲學、比較宗教學的探討，不僅論證了佛教哲學在「思辨性」及「系統性」方面的價值，也向學界乃至整個中國社會展示了佛教哲學在為中國思想文化發展提供思想資源方面的作用。另外，湯先生還不斷地以佛教傳入的歷史為例，展示了其在啟發中西文化交流溝通規律方面的典型作用。可以說，湯先生一系列的非專門佛學研究，恰恰以通過跳出佛學研究圈子觀察佛教的方式，從外圍賦予了佛教以「文化」的價值。佛教為一種「文化」當然本非什麼新發現，但在上世紀 80 年代初期中國社會還沒有完全從「宗教鴉片論」、「宗教唯心主義論」等教條主義的桎梏中脫離出來的時候，給「佛教」披上「文化」的外衣，無疑有助於營造一種嶄新的氛圍，引導國內學界對其展開更合理化的理解和研究實踐，推進佛學研究從「鴉片論」、「唯心主義論」舊的範式向「文化研究」這一新的範式轉換，正如呂大吉教授所指出的，「回顧 50 年代以來宗教學術研究走過的道路，大概可以這樣說：沒有一種理論或觀念，像『宗教即反動政治』那樣束縛宗教學者的思想；也沒有一種理論或觀念，像『宗教是文化』那樣對宗教學者起了那麼大的解放作用」〔註36〕。

　　強調湯一介先生佛學研究的此種範式轉換的推進意義，並不意味著奪他人之功而集於湯先生一身，學術研究領域任何重大的範式轉換事件均為學術共同體內的集體性事件，〔註37〕當代中國佛學研究自上世紀 80 年代始的範式轉換離不開諸多學者的共同推動，而湯一介先生在這個過程中扮演了引路人的角色。

〔註35〕 在湯一介先生畢生的學術生涯中，佛學研究只是其中的一個方面，並且筆者發現，湯先生自上世紀 80 年代始即很少參加佛教學界的相關會議，也很少接受專門探討佛教問題的採訪。按：據黃夏年先生的統計，自 1980 年至 2001 年，中國大陸舉辦全國性的各種佛學會議達 73 次，參見黃夏年：《二十世紀中國佛教學術會議綜述》，《世界宗教研究》，2001 年第 02 期，第 124 頁。

〔註36〕 呂大吉：《中國現代宗教學術研究的百年回顧與展望》，《宗教與民族》，2002 年第 1 輯，第 13 頁。

〔註37〕 「範式」概念本身即含有「集體性」的意涵。範式理論的集大成者托馬斯·庫恩教授如是定義此概念：「它們的成就空前地吸引一批堅定的擁護者，使他們脫離科學活動的其他競爭模式。同時，這些成就又足以無限制地為重新組成的一批實踐者留下有待解決的種種問題。凡是共有這兩個特徵的成就，我此後便稱之為『範式』。」參見（美）托馬斯·庫恩：《科學革命的結構》，金吾倫、胡新和譯，北京：北京大學出版社，2012 年版，第 8 頁。

　　「佛教是一種文化」的觀念轉變是在國內學術界經歷過極特殊歷史時期，回歸正常學術研究道路之時的一種應然選擇。但是，「文化」畢竟為一宏大概念，對比同期西方學界業已學科化的宗教學研究，對佛教的「文化向度」研究只能作為突破舊的思想桎梏而走出的試探性的第一步。呂大吉教授強調「觀念革新」對於學術研究發展的重要意義，並就當代宗教學術研究的狀況明確指出，以「文化」的觀念看待宗教相對於以「政治」的觀念對待宗教學術研究即是一種進步的革新。〔註 38〕呂大吉教授接著指出當前（該文發表於 2002 年）宗教學研究成果在方法和深度方面的不足，也就意味著這種宗教學術研究領域的基本觀念不能停留在「文化」上面，他說：「對於佛教、道教、基督教和伊斯蘭教的研究，近年來成就突出者仍是歷史方面」，進而認為「這種宗教史學的研究永遠不會終結，它的進一步發展，必須有觀念和方法論的創新」〔註 39〕。呂大吉教授在十年前對宗教學術研究現狀的總結雖並未具體涉及佛學研究的進一步範式轉換問題，但從其表述來看當為題中應有之意。從目前的佛學研究狀況來看，這種佛學研究範式的進一步轉換實際上已經展開，依筆者管見，當代學者對佛教作為一種宗教的社會功能的強調與研究〔註 40〕，以及對佛教心理學的系統研究〔註 41〕，乃至借鑒西方宗教現象學理論對佛教的現象學研究〔註 42〕等等，已經表明在由「文化研究」向「宗教研究」範式轉換方面取得了重大進展，而這些進展又以湯一介先生等為代表的老一輩學者努力促成「文化研究」範式的確立為前提，其中，湯先生跳脫專門佛學研究框架的研究方式實際上在「佛教」與「文化」之間搭建了一座橋樑，通過與中國本土文化概念範疇的比較，證明了佛教的文化價值，這樣的結果恐怕是單維度的佛學研究難以達成的。對於達成這一學術史上的目標來說，湯一介先生至少具有四個方面的獨特優勢：第一，由於湯先生的學

〔註 38〕呂大吉：《中國現代宗教學術研究的百年回顧與展望》，《宗教與民族》，2002年第 1 輯，第 15 頁。

〔註 39〕呂大吉：《中國現代宗教學術研究的百年回顧與展望》，《宗教與民族》，2002年第 1 輯，第 15 頁。

〔註 40〕鄧子美教授等合著《當代人間佛教思潮》即為一例，參見鄧子美、陳衛華、毛勤勇：《當代人間佛教思潮》，蘭州：甘肅人民出版社，2009 年版。

〔註 41〕例如陳兵教授所著《佛教心理學》，參見陳兵：《佛教心理學》，廣州：南方日報出版社，2007 年版。

〔註 42〕例如段玉明教授所著《相國寺：在唐宋帝國的神聖與凡俗之間》，參見段玉明：《相國寺：在唐宋帝國的神聖與凡俗之間》，成都：巴蜀書社，2004 年版。

術素養是以哲學為基底的,保證了其論證的邏輯嚴密性,其結論也更易於被學界乃至社會接受;第二,由於湯先生的家學淵源,他對佛學的比較哲學研究直接繼承了其父湯用彤先生佛教史學的研究成果,使其觀點內含了思想上的系統性和接續性;第三,湯先生因其在學術界廣泛的影響力使其文化向度的佛學研究得以為學界集中關注,並圍繞其研究的問題展開進一步的探討,無疑加速了佛學研究範式的轉換;第四,除去學者身份外,湯先生還是一位出色的學術活動家。從上世紀 80 年代出任中國文化書院院長及深圳大學國學研究所所長,直到 21 世紀主持編纂規模浩大的《儒藏》工程,湯先生組織了一系列與中國傳統文化研究相關的學術活動,話語權的鞏固當然也為湯先生包括佛學研究在內的文化研究起到了更有效的引導學界研究方向的意義。如此看來,在今天如何強調湯一介先生佛學研究的學術史意義都是不為過的。

　　湯一介先生的佛學研究也存在一些時代性的侷限,擇其最要者當為對中國佛教的「宗教性」始終懷有審慎的懷疑,最終使得他的佛學研究表現出體系上的不完整以及失卻佛教義學的修證特徵。佛教在傳入中國之後,經歷與中國本土文化的依附、衝突、吸收、促進等等複雜的互動關係,至晚於隋唐時期已表現出「出世」與「入世」相即的特徵,如果說「入世」體現出佛教在世俗倫理層面的積極意義的話,那麼「出世」則可謂蘊含了更具「宗教性」的人文價值。從外在表現上來說,「入世」因涉及現實的人與人之間關係而更易於為世人所關注並褒揚,「出世」則大多時候僅為個人的煩惱,或為純精神層次的變化與昇華,因其不顯於外,故易於為人忽略甚或誤解,但一宗教如無「出世」面向則難以成其宗教之實質形態,所以對佛教的研究特別是對佛教哲學的研究即應充分對其「出世」一面予以關注,這或許也是湯用彤先生提倡對佛教乃至宗教的研究應當廣持「同情之默應」、「心性之體會」的原因之一。湯用彤先生《漢魏兩晉南北朝佛教史》中那篇表達其佛教研究態度的《跋》文在當代受到諸多學者重視,茲錄其要如下:

　　　　中國佛教史未易言也。佛法,亦宗教,亦哲學。宗教情緒,深存人心,往往以莫須有之史實為象徵,發揮神妙之作用。故如僅憑陳跡之搜討,而無同情之默應,必不能得其真。哲學精微,悟入實相。古哲慧發天真,慎思明辨,往往言約旨遠,取譬雖近,而見道深弘。故如徒於文字考證上尋求,而乏心性之體會,則所獲者其糟

粕而已。〔註43〕

　　牟鍾鑒先生曾專門撰文分析此《跋》文的豐富內涵與重要學術價值，他認為該著及其《跋》文「體現了一種近代學問大家的中正不倚的氣度」〔註44〕，並對該《跋》文歷經刪削的命運感慨道「可見精華與糟粕的取捨實不易言，一時的風氣未必可靠，科學的態度應該是尊重歷史，保留全貌，讓人們慢慢地去研討辨別，不可輕易刪削」〔註45〕。對於在學術研究的基本態度成形時期卻經歷思想浩劫的湯一介先生來說，最難實現轉型的正是如何對待中國佛教之為宗教的「宗教性」。從湯一介先生畢生的佛學研究來看，他的佛教觀轉變可謂歷經曲折，由 80 年代以前簡單否定佛教思想的價值到 80 年代對其宗教性避而不談而專注於佛教哲學，再到 90 年代對佛教之宗教性審慎的懷疑，最終於 21 世紀的兩篇涉及到佛教的論文當中也仍未對佛教「出世」一面作出實質性的研究，正如他在 2012 年為《湯一介集》第 3 卷《早期道教史》所撰寫的《自序》中說：「我雖不信任何『宗教』，但我對『宗教』卻存有敬意。『宗教』作為一種文化，往往和信仰這種宗教的民族精神有著密切的關係。」〔註46〕據其畢生對佛、道二教的研究可知，其「敬意」或類似於孔子對鬼神「敬而遠之」之義，只是在湯一介先生這裡，「敬而遠之」的對象不是「鬼神」，而是佛教、道教等的「出世」維度。湯一介先生對佛教的價值與意義認定是沿著「入世」路徑進行的，他的侷限性也正在於將視角完全鎖定在了「入世——哲學——群體精神」這條線索上面，而有意無意的迴避了佛教沿「出世」展開的個體精神一線，這就導致了他對佛教的研究態度理性客觀有餘而同情默應不足，是為時代限制之缺憾。

〔註43〕湯用彤：《漢魏兩晉南北朝佛教史》，武漢：武漢大學出版社，2008 年版，第604 頁。

〔註44〕牟鍾鑒：《研究宗教應持何種態度——重新認識湯用彤先生的一篇書跋》，《佛教文化》，1996 年第 05 期，第 7 頁。

〔註45〕牟鍾鑒：《研究宗教應持何種態度——重新認識湯用彤先生的一篇書跋》，《佛教文化》，1996 年第 05 期，第 5 頁。

〔註46〕湯一介：《湯一介集·第 03 卷·早期道教史》，北京：中國人民大學出版社，2014 年版，《自序》，第 2 頁。

參考文獻

一、佛教文獻

1.〔東晉〕佛陀跋陀羅譯:《大方廣佛華嚴經》,《大正藏》第 9 冊 No.0278。

2.〔唐〕實叉難陀譯:《大方廣佛華嚴經》,《大正藏》第 10 冊 No.0279。

3.〔唐〕法藏:《華嚴經探玄記》,《大正藏》第 35 冊 No.1733。

4.〔唐〕澄觀:《大方廣佛華嚴經疏》,《大正藏》第 35 冊 No.1735。

5.〔唐〕澄觀:《大方廣佛華嚴經疏演義鈔》,《大正藏》第 36 冊 No.1736。

6.〔後秦〕僧肇:《肇論》,《大正藏》第 45 冊 No.1858。

7.〔唐〕法藏:《華嚴一乘教義分齊章》,《大正藏》第 45 冊 No.1866。

8.〔唐〕杜順:《華嚴五教止觀》,《大正藏》第 45 冊 No.1867。

9.〔唐〕智儼:《華嚴一乘十玄門》,《大正藏》第 45 冊 No.1868。

10.〔唐〕智儼:《華嚴經內章門等雜孔目》,《大正藏》第 45 冊 No.1870。

11.〔唐〕法藏:《華嚴經旨歸》,《大正藏》第 45 冊 No.1871。

12.〔唐〕法藏:《華嚴經問答》,《大正藏》第 45 冊 No.1873。

13.〔唐〕法藏:《華嚴經義海百門》,《大正藏》第 45 冊 No.1875。

14.〔隋〕慧遠:《大乘義章》,《大正藏》第 44 冊 No.1851。

15.〔宋〕淨源:《金師子章雲間類解》,《大正藏》第 45 冊 No.1880。

16.〔宋〕承遷:《華嚴經金師子章注》,《大正藏》第 45 冊 No.1881。

17.〔唐〕法藏:《華嚴發菩提心章》,《大正藏》第 45 冊 No.1878。

18.〔明〕德清:《大方廣佛華嚴經綱要》,《續藏經》第 8 冊 No.240。

19.〔新羅〕表員:《華嚴經文義要決問答》,《續藏經》第 8 冊 No.0237。

二、專著

1. 陳兵、鄧子美：《二十世紀中國佛教》，北京：民族出版社，2000。

2. 鄧子美：《超越與順應：現代宗教社會學觀照下的佛教》，北京：中國社會科學出版社，2004。

3. 鄧子美：《傳統佛教與中國近代化》，上海：華東師範大學出版社，1994。

4. 杜維明：《儒學第三期發展的前景問題》，臺北：臺灣聯經出版事業公司，1989。

5. 杜維明：《杜維明學術文化隨筆》，北京：中國青年出版社，1999。

6. 方東美：《華嚴宗哲學》，北京：中華書局，2012。

7. 方立天：《中國佛教哲學要義（上）》，北京：中國人民大學出版社，2012。

8. 方立天：《中國佛教哲學要義（下）》，北京：中國人民大學出版社，2012。

9. 費孝通：《鄉土中國》，上海：上海世紀出版集團，2007。

10. 馮友蘭：《中國哲學史新編》，北京：人民出版社，1989。

11. 馮友蘭：《中國哲學簡史》，北京：北京大學出版社，1985。

12. 馮友蘭：《中國哲學史》，重慶：重慶出版社，2009。

13. 傅偉勳：《從西方哲學到禪佛教》，北京：三聯書店，1989。

14. 洪修平：《中國佛教文化歷程》，南京：江蘇教育出版社，2005。

15. 洪修平：《中國佛教與儒道思想》，北京：宗教文化出版社，2004。

16. 侯外廬：《中國哲學簡史》，北京：中國青年出版社，1963。

17. 侯外廬：《中國思想史綱（上）》，北京：中國青年出版社，1980。

18. 侯外廬：《中國思想史綱（下）》，北京：中國青年出版社，1981。

19. 胡適：《中國哲學史大綱》，北京：中華書局，2013。

20. 季羨林：《中印文化關係史論文集》，北京：三聯書店，1982。

21. 蔣維喬：《中國佛教史》，天津：群言出版社，2013。

22. 李澤厚：《中國古代思想史論》，北京：三聯書店，2009。

23. 李四龍：《歐美佛教學術史》，北京：北京大學出版社，2009。

24. 李娟娟：《湯一介傳》，北京：新華出版社，2015。

25. 呂大吉：《宗教學通論新編》，北京：中國社會科學出版社，2010。

26. 呂澂：《中國佛學源流略講》，北京：中華書局，1979。

27. 呂澂：《印度佛學源流略講》，上海：上海人民出版社，2005。

28. 麻天祥：《湯用彤評傳》，武漢：武漢大學出版社，2007。

29. 麻天祥：《20 世紀中國佛學問題》，長沙：湖南教育出版社，2001。

30. 牟鍾鑒：《中國宗教與中國文化（卷 3)》，北京：中國社會科學出版社，2005。

31. 錢穆：《國史大綱（上)》，北京：商務印書館，1996。

32. 錢穆：《中國歷史研究法》，北京：三聯書店，2013。

33. 任繼愈：《中國佛教史（第一卷)》，北京：中國社會科學出版社，2014。

34. 任繼愈、季羨林、蔡尚思等：《中國佛學論文集》，西安：陝西人民出版社，1984。

35. 任繼愈：《中國哲學史（第二冊)》，北京：人民出版社，1963。

36. 任繼愈：《漢唐佛教思想論集》，北京：人民出版社，1973。

37. 任繼愈：《中國佛教史（第一卷)》，北京：中國社會科學出版社，1981。

38. 任繼愈：《中國佛教史（第二卷)》，北京：中國社會科學出版社，1985。

39. 任繼愈：《中國佛教史（第三卷)》，北京：中國社會科學出版社，1988。

40. 湯一介：《哲學家與哲學工作者》，《湯一介集·第 01 卷》，北京：中國人民大學出版社，2014。

41. 湯一介：《郭象與魏晉玄學》，《湯一介集·第 02 卷》，北京：中國人民大學出版社，2014。

42. 湯一介：《早期道教史》，《湯一介集·第 03 卷》，北京：中國人民大學出版社，2014。

43. 湯一介：《佛教與中國文化》，《湯一介集·第 04 卷》，北京：中國人民大學出版社，2014。

44. 湯一介：《在儒學中尋找智慧》，《湯一介集·第 05 卷》，北京：中國人民大學出版社，2014。

45. 湯一介：《思考中國哲學》，《湯一介集·第 06 卷》，北京：中國人民大學出版社，2014。

46. 湯一介：《面對中西文化》，《湯一介集·第 07 卷》，北京：中國人民大學出版社，2014。

47. 湯一介：《有話要說——序跋和致辭》，《湯一介集·第 08 卷》，北京：中國人民大學出版社，2014。

48. 湯一介：《和記者談心》，《湯一介集·第 10 卷》，北京：中國人民大學出版社，2014。

49. 湯一介：《郭象與魏晉玄學》，武漢：湖北人民出版社，1983。

50. 湯一介：《中國傳統文化中的儒道釋》，北京：中國和平出版社，1988。

51. 湯一介：《儒道釋與內在超越問題》，南昌：江西人民出版社，1991。

52. 湯一介：《在非有非無之間》，臺北：正中書局，1995。

53. 湯一介：《湯一介學術文化隨筆》，北京：中國青年出版社，1996。

54. 湯一介：《佛教與中國文化》，北京：宗教文化出版社，1999。

55. 湯一介：《當代學者自選文庫——湯一介卷》，合肥：安徽教育出版社，1999。

56. 湯一介：《非實非虛集》，北京：華文出版社，1999。

57. 湯一介：《和而不同》，瀋陽：遼寧人民出版社，2001。

58. 湯一介：《我的哲學之路》，北京：新華出版社，2006。

59. 湯用彤：《漢魏兩晉南北朝佛教史》，武漢：武漢大學出版社，2008。

60. 湯用彤：《隋唐佛教史稿》，南京：江蘇教育出版社，2007。

61. 湯用彤：《魏晉玄學論稿》，《湯用彤全集・第 04 卷》，石家莊：河北人民出版社，2000。

62. 湯用彤：《往日雜稿》，《湯用彤全集・第 05 卷》，石家莊：河北人民出版社，2000。

63. 魏道儒：《中國華嚴宗通史》，南京：鳳凰出版社，2008。

64. 文史知識編輯部編：《佛教與中國文化》，北京：中華書局，1988。

65. 吳修藝：《中國文化熱》，上海：上海人民出版社，1988。

66. 辛冠潔、丁健生、蒙登進：《中國古代著名哲學家評傳續編》，濟南：齊魯書社，1982。

67. 星雲大師：《人間佛教何處尋》，臺北：天下遠見出版股份有限公司，2012。

68. 印順：《中國禪宗史》，南昌：江西人民出版社，2007。

69. 余英時：《士與中國文化》，上海：上海人民出版社，2013。

70. 周一良主編：《中外文化交流史》，鄭州：河南人民出版社，1987。

71. 〔美〕塞繆爾・亨廷頓：《文明的衝突與世界秩序的重建》，周琪、劉緋、張立平、王圓譯，北京：新華出版社，2010。

72. 〔美〕托馬斯・庫恩：《科學革命的結構》，金吾倫、胡新和譯，北京：北京大學出版社，2012。

三、會議論文集

1. 胡軍等主編:《詮釋一建構——湯一介先生 75 週年華誕暨從教 50 週年紀念文集,北京:北京大學出版社,2001。
2. 孫尚楊、胡軍主編:《探尋真善美——湯一介先生八十華誕暨從教 55 週年紀念文集》,北京:北京大學出版社,2007。

四、論文及報刊

1. 〔美〕安樂哲:《湯一介先生的哲學饋贈——讓東西方哲學的不對稱成為過去》,《中國文化研究》,2017 年夏之卷。
2. 白欲曉:《牟宗三儒釋道三教的哲學證立與圓教判釋》,《南京大學學報(哲學‧人文科學‧社會科學)》,2003 年第 06 期。
3. 本刊編輯:《湯一介:中國哲學問題思考者》,《商週刊》,2014 年第 19 期。
4. 陳力川:《競德業、順自然、除無明——懷念湯一介先生》,《中國改革》,2014 年第 11 期。
5. 陳文:《關於「文化熱」中幾個問題的思考》,《雲南社會科學》,1990 年第 03 期。
6. 程也:《尊師重教,首重孔子的精神——專訪北京大學湯一介教授》,《社會觀察》,2010 年第 09 期。
7. 池子華:《中國當代著名社會科學家選介》,《社會科學家》,1990 年第 01 期。
8. 杜保瑞:《湯一介哲學概念範疇進路的方法論反思》,《深圳大學學報(人文社會科學版)》,2017 年第 02 期。
9. 樊美筠、王治河:《第二次啟蒙的當代拓荒者——深切緬懷湯一介先生》,《深圳大學學報(人文社會科學版)》,2015 年第 01 期。
10. 方立天:《融合互補:未來的文化走向》,《中國文化論壇》,1998 年第 03 期。
11. 方立天:《關於當代佛教與文化繁榮的幾個問題》,《法音》,2013 年第 01 期。
12. 方立天:《佛教文化的內涵與建設》,《雲南民族大學學報(哲學社會科學版)》,2005 年第 03 期。
13. 方立天:《佛學研究的現代化和佛教中國化》,《瞭望新聞週刊》,1994 年

第 Z1 期。

14. 方立天：《論佛教文化體系的結構與核心》，《佛教文化》，1990 年第 02 期。

15. 方立天：《試論中國佛教哲學體系》，《哲學研究》，1992 年第 10 期。

16. 干春松：《在全球意識觀照下發展中國文化——訪湯一介教授》，《開放時代》，1996 年第 06 期。

17. 甘祥滿：《思者何為？——湯一介先生的哲學之路》，《中國哲學史》，2015 年第 01 期。

18. 高秀昌：《論湯一介先生的中國哲學史方法論思想》，《中州學刊》，2017 年第 12 期。

19. 高中理：《傳統面向現代才能使中國走向世界——湯一介先生訪談錄》，《探索與爭鳴》，1995 年第 10 期。

20. 葛兆光：《湯一介先生採訪記》，《中國文化》，1989 年第 01 期。

21. 郭齊勇：《湯一介先生的學術貢獻》，《光明日報》，2014 年 11 月 05 日，第 15 版。

22. 韓煥忠：《中國佛教圓融觀及其現代意義》，《世界宗教研究》，2006 年第 04 期。

23. 韓煥忠：《20 世紀天台判教研究綜述》，《哲學動態》，2002 年第 12 期。

24. 何二元：《慎談「新軸心時代」》，《中州學刊》，2006 年第 01 期。

25. 何建明：《人間佛教的百年回顧與反思——以太虛、印順和星雲為中心》，《世界宗教研究》，2006 年第 04 期。

26. 胡軍：《湯一介與中國哲學研究》，《社會科學戰線》，2001 年第 01 期。

27. 胡娟、沈健、劉昊：《在平等交流中求同存異，在理解對話中追求創新——湯一介、樂黛雲教授訪談錄》，《中國人民大學學報》，2012 年第 03 期。

28. 胡仲平：《湯一介先生學術思想述略》，《北京大學學報（哲學社會科學版）》，2014 年第 06 期。

29. 黃夏年：《1996 年中國大陸佛教學術會議綜述》，《世界宗教研究》，1997 年第 02 期。

30. 黃夏年：《1997 年國內佛教學術會議綜述》，《社會科學動態》，1998 年第 10 期。

31. 黃夏年：《二十世紀中國佛教學術會議綜述》，《世界宗教研究》，2001 年第 02 期。

32. 黃夏年：《2003 年中國大陸佛教會議綜述》，《宗教學研究》，2004 年第 04 期。

33. 黃夏年：《2004 年我國大陸佛教研究綜述》，《宗教學研究》，2005 年第 04 期。

34. 金紫：《湯一介：一生歲月栽種一路風景》，《中外文化交流》，2014 年第 10 期。

35. 景海峰：《湯一介先生與中國解釋學的探索》，《詮釋與建構──湯一介先生 75 週年華誕暨從教 50 週年紀念文集》，2001 年。

36. 景海峰：《湯一介與新時期的中國哲學建設》，《深圳大學學報（人文社會科學版）》，2007 年第 01 期。

37. 景海峰：《湯一介先生談德學》，《今日中國論壇》，2008 年第 01 期。

38. 康香閣：《國學大師湯一介先生訪談錄》，《邯鄲學院學報》，2010 年第 02 期。

39. 李存山：《光前裕後：湯一介先生千古》，《博覽群書》，2014 年第 11 期。

40. 李娟娟：《夫妻患難相隨：湯一介與樂黛雲》，《現代閱讀》，2012 年第 02 期。

41. 李娟娟：《湯一介的〈儒藏〉春秋》，《黨建》，2014 年第 03 期。

42. 李少君：《90 年代中國學術五大思潮》，《世紀論評》，1998 年第 01 期。

43. 李素平：《用寬容、明智、理性的學術視角研究宗教──訪北京大學著名教授湯一介先生》，《中國宗教》，2005 年第 04 期。

44. 李耀仙：《判教是中國佛教發展的必然趨向》，《中華文化論壇》，1995 年第 04 期。

45. 李中華：《國學、國學熱與文化認同》，《北京行政學院學報》，2007 年第 03 期。

46. 梁俊英：《湯一介，未名湖畔的哲學名家》，《老年人》，2014 年第 08 期。

47. 劉夢溪：《學術所寄之人──在〈湯一介文集〉出版座談會上的發言》，《中國文化》，2014 年第 02 期。

48. 劉笑敢：《經典詮釋與體系建構──中國哲學詮釋傳統的成熟與特點芻議》，《中國哲學史》，2002 年第 01 期。

49. 劉笑敢：《仁厚本色，坦蕩一生──往事痛憶湯一介》，《中國文化》，2014 年第 02 期。

50. 劉寶才：《關於中國思想史對象問題討論情況綜述》，《西北大學學報（哲學社會科學版）》，1984 年第 01 期。

51. 劉東超：《馬克思主義中國化是儒家化嗎——兼與金觀濤、郭齊勇、湯一介三位先生商榷》，《學術研究》，2011 年第 07 期。

52. 劉效仁：《湯一介緣何拒稱「大師」？》，《華人時刊》，2015 年第 05 期。

53. 盧潛文：《回憶一位先驅：中國漢學家湯一介先生離世享年 87 歲》，《環球時報》，2014 年 9 月 15 日。

54. 呂大吉：《中國現代宗教學術研究的百年回顧與展望》，《宗教與民族》，2002 年第 1 輯。

55. 馬春燕：《樂黛雲：我的先生湯一介》，《工會博覽》，2014 年第 30 期。

56. 馬利安·高利克：《紀念湯一介先生》，左玉瑋譯，《漢語言文學研究》，2015 年第 01 期。

57. 麻天祥：《湯用彤的佛教史和比較宗教學研究》，《西北大學學報（哲學社會科學版）》，1992 年第 02 期。

58. 牟鍾鑒：《研究宗教應持何種態度——重新認識湯用彤先生的一篇書跋》，《佛教文化》，1996 年第 05 期。

59. 聶士全：《佛教文化論：——近年熱點研究綜述》，《佛教文化》，1996 年第 05 期。

60. 潘德榮：《湯一介與「中國詮釋學」——關於「建構」中國詮釋學之我見》，《哲學分析》，2017 年第 02 期。

61. 任繼愈：《批判「影射史學」，恢復哲學史的本來面目》，《哲學研究》，1978 年第 03 期。

62. 任繼愈：《宗教研究與哲學研究》，《青海社會科學》，1982 年第 05 期。

63. 任繼愈：《瞻望二十一世紀的中國哲學》，《中國社會科學院研究生院學報》，2001 年第 04 期。

64. 史進、劉俊哲：《比較哲學的方法論研究》，《西南民族學院學報（哲學社會科學版）》，1992 年第 06 期。

65. 孫尚揚：《如切如磋，砥礪相生——〈探尋真善美——湯一介先生 80 華誕暨從教 55 週年紀念文集〉編者前言》，《中國哲學史》，2007 年第 1 期。

66. 孫尚揚：《湯用彤文化思想探析（上篇）》，《中國文化研究》，1994 年第 02 期。

67. 孫尚揚：《湯用彤文化思想探析（下篇）》，《中國文化研究》，1994 年第 03 期。

68. 孫尚揚：《湯用彤宗教思想探析》，《孔子研究》，1995 年第 04 期。

69. 孫尚揚：《湯用彤對漢魏兩晉南北朝佛教思想脈絡的疏尋》，《中國哲學史》，2001 年第 02 期。

70. 孫尚揚：《從真理到價值　綜論湯用彤的文化思想和學術成就》，《新視野》，2005 年第 01 期。

71. 孫尚揚：《略論湯一介對文化問題的思考》，《中國哲學史》，2014 年第 04 期。

72. 孫尚揚：《論湯一介的宗教觀》，《學術月刊》，2015 年第 09 期。

73. 湯雙：《與父親湯一介相處的點滴》，《人民文摘》，2015 年第 01 期。

74. 湯一介、趙建永：《湯用彤學記——湯用彤生平和學術》，《讀書》，2011 年第 05 期。

75. 湯一介：《論中國傳統哲學範疇體系的諸問題》，《中國社會科學》，1981 年第 05 期。

76. 湯一介：《略論早期道教關於生死、神形問題的理論》，《哲學研究》，1981 年第 01 期。

77. 湯一介：《從印度佛教傳入中國看兩種文化的衝突和融合》，《深圳大學學報（社會科學版）》，1985 年第 03 期。

78. 湯一介：《中國新文化的創建——序〈中國文化的現代化與世界化〉》，《讀書》，1988 年第 07 期。

79. 湯一介：《論禪宗思想中的內在性和超越性問題》，《北京社會科學》，1990 年第 04 期。

80. 湯一介：《華嚴「十玄門」的哲學意義》，《中國文化研究》，1995 年第 02 期。

81. 湯一介：《禪宗的覺與迷》，《中國文化研究》，1997 年第 03 期。

82. 湯一介：《展望二十一世紀的文化發展》，《中國文化研究》，2000 年第 01 期。

83. 湯一介：《文化交流與人類文明進步》，《中國文化研究》，2002 年第 03 期。

84. 湯一介、胡仲平：《西方學術背景下的魏晉玄學研究》，《中國哲學史》，2004 年第 01 期。

85. 湯一介：《論儒、釋、道「三教歸一」問題》，《中國哲學史》，2012 年第 03 期。

86. 湯一介：《矚望新軸心時代：在新世紀的哲學思考》，《學習月刊》，2014 年第 09 期。

87. 王建柱：《湯一介：一介書生的思辨人生》，《黨員幹部之友》，2014 年第 11 期。

88. 王建柱：《湯一介：未名湖畔的哲學名宿》，《共產黨員：下半月》，2014 年第 07 期。

89. 王瑾：《懷念湯一介大師》，《海內與海外》，2014 年第 10 期。

90. 王學典：《「80 年代」是怎樣被「重構」的——若干相關論作簡評》，《開放時代》，2009 年第 06 期。

91. 王欣瑞：《湯用彤中國佛教史研究方法探析》，《西安電子科技大學學報（社會科學版）》，2006 年第 01 期。

92. 文碧方、鄧妍：《論湯一介關於馬克思主義與中國傳統文化相結合之探討》，《現代哲學》，2019 年第 01 期。

93. 吳根友：《判教與比較——關於「比較哲學與比較文化研究」》，《哲學動態》，2011 年第 05 期。

94. 謝國有：《湯一介：「一介」書生和他的哲學思考》，《文化月刊》，2014 年第 10 期。

95. 許抗生：《讀湯用彤先生的中國佛教史學術論著》，《北京大學學報（哲學社會科學版）》，1984 年第 06 期。

96. 許抗生：《懷念恩師湯一介先生》，《中國文化》，2014 年第 02 期。

97. 嚴春友：《中國哲學的強解釋學特徵》，《北京師範大學學報（社會科學版）》，2004 年第 06 期。

98. 羊凡、林川：《著名學者王元化、湯一介、沈善洪、陳方正四教授訪談錄——反思文化、傳統、尋覓精神資源》，《學習與思考》，1995 年第 02 期。

99. 岳華：《關於研究中國傳統哲學範疇問題的討論》，《中國社會科學》，1982 年第 01 期。

100. 曾其海：《關於天台宗與華嚴宗的爭論》，《台州學院學報》，2006 年第 04 期。

101. 張廣保：《湯一介先生與中國傳統文化的復興》，《古籍整理研究學刊》，

2014 年第 06 期。

102. 張繼良:《從否定傳統文化到「國學熱」的興起(上)》,《甘肅社會科學》,1998 年第 01 期。

103. 張繼良:《從否定傳統文化到「國學熱」的興起(下)》,《甘肅社會科學》,1998 年第 02 期。

104. 章劍鋒:《不要把儒家「意識形態化」——專訪北京大學儒學研究院院長、中華孔子學會會長湯一介》,《南風窗》,2011 年第 02 期。

105. 張淼:《論湯用彤佛學研究的特色》,《宗教學研究》,2007 年第 01 期。

106. 張耀南、錢爽:《站在「中華立場」書寫「比較哲學」——論湯一介哲學中的「比較哲學」與「世界哲學」》,《廣東社會科學》,2017 年第 05 期。

107. 張昭軍:《復興之路:20 世紀八九十年代的中國文化史研究》,2012 年版。

108. 趙敦華:《湯一介:挖掘中國文化的價值和意義》,《工會信息》,2014 年第 29 期。

109. 趙建永:《湯用彤與中國現代佛教史研究》,《歷史研究》,2014 年第 01 期。

110. 趙建永:《臨別恩師湯一介的那個夜晚》,《新天地》,2014 年第 10 期。

111. 趙建永:《湯一介先生學術年表》,《雲夢學刊》,2020 年第 04 期。

112. 趙瑞民:《訴一代巨匠之心聲——讀《湯用彤評傳》》,《晉陽學刊》,1995 年第 02 期。

113. 子邊:《弘揚儒學優秀傳統文化——湯一介教授一席談》,《人才開發》,2006 年第 03 期。

114. 宗勝利:《80 年代「文化熱」研究綜述》,《理論前沿》,1996 年第 16 期。

附錄一　湯一介學術生平簡介

1927　生於天津，自幼隨父湯用彤先生輾轉於天津、南京、北平、昆明等地，幼承庭訓，未嘗間斷。

1947　進入北京大學哲學系。

1949　參加新民主主義青年團，與樂黛雲相識，加入中國共產黨。

1951　畢業於北京大學哲學系，畢業後曾任教於北京市委黨校。

1956　回北京大學哲學系任教，成為湯用彤助手，負責幫助整理著作。

1957　捲入政治運動和學術批判風潮，發表中共建政後第一篇論文《談談哲學遺產的繼承問題》。

1958　受「反右傾運動」衝擊。

1966　文革開始，被終止講課資格，下放幹校。

1973　加入「北京大學、清華大學大批判組」，任材料組組長。

1978　被平反。

1980　恢復講課資格，教授《魏晉玄學與佛教、道教》。

1983　美國哈佛大學羅氏基金研究員。

1983　《郭象與魏晉玄學》（湖北人民出版社）出版。

1984　與學界同仁發起創辦中國第一所民間學術研究機構「中國文化書院」，任院長；教授「中國早期道教史」課程，並於之後幾年接連講授「中國哲學專題」、「中國哲學的現代意義」等課程。

1986　獲加拿大社會科學基金，任麥克瑪斯特大學客座教授。

1988　《魏晉南北朝時期的道教》（陝西師範大學出版社）出版。

1988　《論中國傳統文化中的儒道釋》（中國和平出版社）出版。

1989　《論傳統與反傳統》（臺灣聯經出版社）出版。

1990　加拿大麥克瑪斯特大學授予榮譽文學博士學位。

1991　Confucianism, Buddhism, Daoism, Christianty and Chinese Culture (in English) (University Press of America, Peking University Press)出版。

1992　《儒道釋與內在超越問題》（江西人民出版社）出版。

1992　主編《中國宗教：過去與現在》（北京大學出版社）。

1993　主編《國故新知：中國傳統文化的再詮釋》（北京大學出版社）。

1995　《在非有非無之間》（臺灣正中書局）出版。

1995　受聘於澳大利亞墨爾本大學任客座教授。

1995　主編《20 世紀中國文化論叢》（中國廣播電視出版社）。

1996　《湯一介學術文化隨筆》（中國青年出版社）出版。

1999　《佛教與中國文化》（宗教文化出版社）出版。

2003　《儒藏》工程啟動，任《儒藏》首席專家。

2010　北京大學儒學研究院成立，任院長。

2012　獲第一屆吳玉章人文社會科學終身成就獎。

2013　主編《中國儒學史》獲北京市第 12 屆哲學社會科學優秀成果獎特等獎。

2014　中國國家主席習近平來到北京大學人文學苑，與湯一介交談並瞭解《儒藏》編纂情況。

2014　於北京逝世。

附錄二 湯一介主要著作年表

1947

談魏晉玄學：當時的玄學家怎樣調和自然與名教的爭論——魏晉玄學的第一個目的

讀《莊子序》書後

讀歐陽堅石《言盡意論》書後

我所認識的玄學

對維也納學派分析命題的一點懷疑

1948

論內在關係與外在關係

1950

英國經驗主義的學習總結報告（一）——論洛克哲學

英國經驗主義學習報告（二）——論巴克萊的立場、觀點、方法

1957

談談哲學遺產的繼承問題

1958

以毛主席的哲學思想為綱改革中國哲學史的教學內容

1959

略談我國人民公社的分配問題

關於研究中國哲學史特點的一點意見

先秦的天道觀與階級鬥爭

老子思想的階級本質

老子宇宙觀的唯物主義本質

1961

關於唯物主義與唯心主義的鬥爭與轉化問題

關於柳宗元哲學思想的評價

孔子思想在春秋末期的作用

研究朱熹哲學的幾個問題

寇謙之的著作與思想——道教史雜論之一

孟子的哲學思想

1962

略論郭象的唯心主義哲學體系

中國古代哲學家孔子

關於墨子思想的核心問題

對墨子哲學思想的一點看法

關於莊子哲學思想的幾個問題

嵇康和阮籍的哲學思想

論裴頠的《崇有論》

1963

略論王弼與魏晉玄學

董仲舒的哲學思想及其歷史評價

1964

論「治統」與「道統」

略論魏晉玄學的發展（上）

略論魏晉玄學的發展（下）

80 年代以後

1981

論中國傳統哲學範疇體系的諸問題《中國社會科學》1981 年第 05 期

略論早期道教關於生死、神形問題的理論《哲學研究》1981 年第 01 期

讀郭象《莊子注》劄記《文獻》1981 年第 02 期

1982

何承天《中國古代著名哲學家評傳》

1983

郭象與魏晉玄學（專著）

讀《全唐文》劄記一則《文獻》1983 年第 01 期

論郭象哲學的理論思維意義及其內在矛盾《哲學研究》1983 年第 04 期

中國哲學史與中國思想史《哲學研究》1983 年第 10 期

1984

論中國傳統哲學中的真、善、美問題《中國社會科學》1984 年第 04 期

1985

功德使考《文獻》1985 年第 02 期

從印度佛教傳入中國看兩種文化的衝突和融合《深圳大學學報（社會科學版）》1985 年第 03 期

1986

論《道德經》建立哲學體系的方法《哲學研究》1986 年第 01 期

1987

「全球意識」與「尋根意識」的結合《中國文化書院學報》（函授版）

讓中國文化走向世界，也讓世界文化走向中國《中國文化書院學報》（函授版）

論儒家的境界觀《北京社會科學》1987 年第 04 期

略論中國文化發展的前景《理論月刊》1987 年第 01 期

1988

魏晉南北朝時期的道教（專著）

中國新文化的創建──序《中國文化的現代化與世界化》《讀書》1988 年第 07 期

1989

學者語絲《社會科學家》1989 年第 02 期

1990

　　印順《中國禪宗史》序

　　論禪宗思想中的內在性和超越性問題《北京社會科學》1990 年第 04 期

　　再論中國傳統哲學的真善美問題《中國社會科學》1990 年第 03 期

　　一件很有益的事《東嶽論叢》1990 年第 04 期

1991

　　禪師話禪宗《百科知識》

　　湯用彤《理學・佛學・玄學》前言

　　儒學的現代化問題《天津社會科學》1991 年第 02 期

1992

　　又一位中西兼通的哲學家去世了《群言》1992 年第 12 期

　　孫尚揚《明末天主教與儒學的交流和衝突》序

　　湯用彤《校點高僧傳》緒論

　　《中國宗教：過去與現在》前言

　　論老莊哲學中的內在性與超越性問題《中國哲學史》1992 年第 01 期

1993

　　印度佛教傳入中國的歷史考察《獅在華夏——文化雙向認識的策略問題》

　　文化熱後的反省《法燈》

　　在有牆與無牆之間——文化之間需要有牆嗎？《中國文化研究》1993 年
第 01 期

　　普遍和諧觀念與企業經營《黎明大學學報》1993 年第 00 期

　　鎔鑄古今，會通中西——序麻天祥同志所作《國學大師湯用彤評傳》《中
國哲學史》1993 年第 02 期

1994

　　關於儒學第三期發展問題《大眾日報》

　　昌明國粹、融化新知——紀念湯用彤先生誕辰一百週年《中國文化》1994
年第 01 期

　　讀王元化同志《杜亞泉與東西文化問題論戰》《文匯讀書週報》

　　論文化轉型時期的文化合力《中國文化》

　　「現代」與「後現代」《中國社會科學輯刊》

評亨廷頓的《文明的衝突》《哲學研究》1994 年第 03 期

《二十世紀中國文化論著輯要叢書》總序

在全球意識觀照下發展中國文化尋求民族精神和時代精神的融合《北京大學學報（哲學社會科學版）》1994 年第 04 期

在「自由」與「不自由」之間《讀書》1994 年第 03 期

古今東西之爭與中國現代文化的發展《江淮論壇》1994 年第 06 期

在全球意識下發展中國文化《中華文化論壇》1994 年第 01 期

儒學的現代意義《中國哲學史》1994 年第 04 期

孔子——中國歷史上偉大的思想家、教育家《神州學人》1994 年第 08 期

1995

華嚴十玄門的哲學意義《中國文化研究》1995 年第 02 期

對中國傳統哲學的哲學思考《中西哲學與文化比較新論》

文化熱的前前後後《在非有非無之間》，收入《湯一介集》時有刪節

轉型時期中國文化發展問題《在非有非無之間》

「國學熱」的悄然興起《在非有非無之間》

「文化熱」與「國學熱」《二十一世紀》

文化的雙向選擇《在非有非無之間》

在有牆與無牆之間——文化之間需要有牆嗎？《獨角獸與龍》

張耀南《張東蓀知識論研究》序

張廣保《金元全真道內丹心性學》序

《在非有非無之間》自序和結語

讀錢穆先生《中國文化對人類未來可有之貢獻》《北京大學學報（哲學社會科學版）》1995 年第 04 期

讀馮契同志《〈智慧說三篇〉導論》《學術月刊》1995 年第 06 期

華嚴「十玄門」的哲學意義《中國文化研究》1995 年第 02 期

《安祥禪》序言《佛教文化》1995 年第 01 期

儒學文化的現代意義《社科信息文薈》1995 年第 13 期

1996

自我和無我《道家文化研究》

讀馮契同志《智慧說三篇・導論》《理論・方法・德性》

湯一介學術文化隨筆（論文集）

文化歷程的反思與展望《現代傳播——北京廣播學院學報》1996 年第 03 期

略論儒學的現代意義《未來與發展》1996 年第 03 期

1997

禪宗的覺與迷《中國文化研究》1997 年第 03 期

古今中西之爭與中國現代文化的發展《變遷與探索——兩岸文化思想與社會發展學術研討會論文選集》

讀錢穆先生《中國文化對人類未來可有之貢獻》「第十五屆錢賓四先生學術文化講座」講演稿

鍾祥斌《企業文化論》序《企業文化報》

「和而不同」原則的價值資源《學術月刊》1997 年第 10 期

儒學的和諧觀念《中華文化論壇》1997 年第 04 期

1998

能否創建中國的「解釋學」《學人》

文化的多元化趨勢將是不可逆轉的《跨文化對話》第一輯

如何面對人類的痛苦《跨文化對話》第一輯

景海峰《百年中國哲學經典》序

略論儒學的和諧觀念《社會科學研究》1998 年第 03 期

辯名析理：郭象注《莊子》的方法《中國社會科學》1998 年第 01 期

魏晉玄學家郭象與裴頠之異同《中華文化論壇》1998 年第 01 期

「太和」觀念對當今人類社會可有之貢獻《中國哲學史》1998 年第 01 期

論郭象注《莊子》的方法《中國文化研究》1998 年第 01 期

我與北大《人民論壇》1998 年第 05 期

1999

佛教與中國文化（論文集）

僧肇《肇論》的哲學意義《郭象》，見《世界哲學家叢書》

胡孚琛《道學通論——道家、道教與仙學》序

李良松主編《中國佛教醫學叢書》總序

柳存仁《道教史探原》序

中國文化對 21 世紀人類社會可有之貢獻《文藝研究》1999 年第 03 期

關於建立《周易》解釋學問題的探討《周易研究》1999 年第 04 期

2000

要重視《道德經》注疏的研究《弘道》

再論創建中國解釋學問題《中國社會科學》2000 年第 01 期

三論創建中國解釋學問題《中國文化研究》2000 年第 02 期

關於僧肇注《道德經》問題——四論創建中國解釋學問題《學術月刊》2000 年第 07 期

展望 21 世紀的文化發展《中國文化研究》2000 年第 01 期

黃正泉《心理文化現象學》序

在經濟全球化形勢下的中華文化定位《中國文化研究》2000 年第 04 期

孔子思想與「全球倫理」問題《中國哲學史》2000 年第 04 期

我在沙灘的北大和未名湖的北大《群言》2000 年第 08 期

「恒稱其君之惡者，可謂忠臣矣」《群言》2000 年第 10 期

2001

「人間佛教」之意義《普門學報》2001 年第 5 期

「國學」能否成為一級學科原題為《從「國學」概念的確定問題說起》，刊於《社會科學報》

略論百年來中國文化上的中西古今之爭《中國文化研究》2001 年第 02 期

方杞《人生禪系列之二——妙慧人》序

《道教文化研究叢書》總序

王宗昱《道教義樞》序

萬俊人《尋求「普世倫理」》序

新軸心時代哲學走向的特點《南昌大學學報（人文社會科學版）》2001 年第 04 期

論創建中國解釋學問題《社會科學戰線》2001 年第 01 期

「道始於情」的哲學詮釋——五論創建中國解釋學問題《學術月刊》2001 年第 07 期

記胡適給我父親的一封信《群言》2001 年第 03 期

2002

尋求「全球倫理」的構想《千年論壇——思想無疆》

在西方文化衝擊下的中國文化《20 世紀西方哲學東漸史》總序

關於文化問題的幾點思考《學術月刊》2002 年第 09 期

文化的搶救、保護與創新《中國藝術報》

安樂哲《和而不同：比較哲學與中西會通》序

《國學舉要》序

文化交流與人類文明進步《中國文化研究》2002 年第 03 期

儒學的特質和基本精神《淮陰師範學院學報（哲學社會科學版）》2002 年第 01 期

文化的互動及其雙向選擇──以印度佛教和西方哲學傳入中國為例《開放時代》2002 年第 04 期

論中國先秦解釋經典的三種模式《北京行政學院學報》2002 年第 01 期

湯用彤與胡適《中國哲學史》2002 年第 04 期

悼念周一良先生《群言》2002 年第 02 期

20 世紀中國哲學的豐碑──寫在《熊十力全集》出版之際《孔子研究》2002 年第 06 期

在經濟全球化形勢下的中華文化定位《理論參考》2002 年第 03 期

全球關注的三個人文問題《學習月刊》2002 年第 02 期

和而不同文明交流和發展的重要原則《文明》2002 年第 10 期

2003

「觀乎人文，以化成天下」《首都師範大學學報》

康中乾《有無之辯──魏晉玄學本體思想再解讀》小序

關於編纂《儒藏》的意義和幾點意見《北京大學學報（哲學社會科學版）》2003 年第 05 期

用我們的生活方式來保存文化《中國民族》2003 年第 03 期

「全球倫理」與「文明衝突」《北京行政學院學報》2003 年第 01 期

道教文化走向世界的一個里程碑《中國道教》2003 年第 06 期

我們能否走出「信仰危機」？──在二十一世紀初的一次會議發言《開放時代》2003 年第 05 期

2004

融「中西古今」之學，創「反本開新」之路《解放軍藝術學院學報》2004

年第 02 期

懷念張岱年先生《不息集——回憶張岱年先生》

「文明的衝突」與「文明的共存」《北京大學學報（哲學社會科學版）》2004 年第 06 期

李素平《女神‧女丹‧女道》序

楊柱才《道學宗主——周敦頤哲學研究》序

「觀乎人文，以化成天下」《首都師範大學學報（社會科學版）》2004 年第 01 期

論新軸心時代的文化建設《探索與爭鳴》2004 年第 01 期

西方學術背景下的魏晉玄學研究《中國哲學史》2004 年第 01 期

儒家思想與生態問題——從「易，所以會天道、人道也」說起《中國文化研究》2004 年第 02 期

張岱年先生和《周易》《周易研究》2004 年第 03 期

走出「中西古今」之爭，融會「中西古今」之學《學術月刊》2004 年第 07 期

湯用彤學術交往三則《中國文化》2004 年第 01 期

張岱年先生和《中國哲學大綱》《群言》2004 年第 07 期

孔子的智慧——引領人與人之間的困境突圍《中華遺產》2004 年第 01 期

2005

再談我們為什麼要編纂《儒藏》《群言》2005 年第 07 期

在中歐文化交流中創建中國現代哲學《北京大學學報（哲學社會科學版）》2005 年第 05 期

沉思‧探索‧融通——張申府與二十世紀中國哲學《中國讀書報》

我對費孝通先生「文化自覺」理論的理解《懷念費孝通》

反思中的西方學者看中國傳統文化《人民日報》

文明是什麼《新華文摘》

多元文化發展中的兩種危險《面向 21 世紀人文社會科學 100 個重大問題》

《同行在未名湖畔的兩之小鳥》自序

龔鵬程《文化符號學導論》序

陳靜《自由與秩序的困惑——〈淮南子〉研究》讀後感代序

《漢學名家書系自選集》序

陳方正《在自由與平等之外》序

唐代興《生態理性哲學導論》序

論「天人合一」《中國哲學史》2005 年第 02 期

會通中西鎔鑄古今——讀《張申府文集》《社會科學論壇》2005 年第 10 期

重讀大師——評《張申府文集》《出版廣角》2005 年第 08 期

2006

我為什麼沒有成為哲學家《北京日報》

中國的儒道文化可以讓文明不再衝突《中國民族報》

中國現代哲學的三個「接著講」《解放日報》

「文化自覺」與「問題意識」《中國民族報》

蔡德麟、景海峰主編《文明對話》序

錢文忠《末那皈依》序

天人相即・天人相通的現代視野——《生態理性哲學導論》序《湖北大學成人教育學院學報》2006 年第 01 期

中國經學與傳統學術《中國文化研究》2006 年第 01 期

我們為什麼要編纂《儒藏》？《北京大學學報（哲學社會科學版）》2006 年第 02 期

儒家「和諧」思想的現代詮釋《人民論壇》2006 年第 22 期

超越舊我開拓新我——寫在《文明》雜誌創刊五週年《文明》2006 年第 12 期

2007

儒學何用《深圳商報》

李暢然《清代〈孟子〉學史大綱》序

儒學的現代意義《江漢論壇》2007 年第 01 期

儒家思想與中國企業家精神《徐州師範大學學報（哲學社會科學版）》2007 年第 03 期

關於儒學復興的思考《浙江大學學報（人文社會科學版）》2007 年第 04 期

儒家「和諧」思想的現代詮釋《理論參考》2007 年第 02 期

中國文化能否為「文明的共存」做貢獻《北方人》2007 年第 10 期

「文明的衝突」與「文明的共存」《青年作家》2007 年第 12 期

2008

傳承中國文化推進人類文明——就《儒藏》編纂答《河北學刊》主編提問
《河北學刊》2008 年第 02 期

在西方學術背景下的魏晉玄學研究（與胡仲平合撰）《魏晉玄學研究》

在西方哲學衝擊下的中國現代哲學《文史哲》2008 年第 02 期

趙玲玲《一生至少一次的哲學浴——聽趙玲玲教授談生活哲學》序

《反本開新》自序

引領人與人之間的困境突圍《國學》2008 年第 12 期

論「情景合一」《北京大學學報（哲學社會科學版）》2008 年第 02 期

「新軸心時代」下的文化超越《人民論壇》2008 年第 16 期

儒學是建設和諧社會極重要的思想資源《中共寧波市委黨校學報》2008 年
第 04 期

北大有三個「寶」《博覽群書》2008 年第 04 期

關於復興儒學的思考《天水師範學院學報》2008 年第 06 期

2009

「孝」作為家庭倫理的意義《北京大學學報（哲學社會科學版）》2009 年
第 04 期

《儒藏》工程的意義、構想及進展《光明日報》

論馬一浮的歷史地位與思想價值《儒學天地》

湯用彤先生的治學態度《萬象》

「體用一源」：多元現代性闡釋的新視角《中國儒學》

儒家倫理與中國現代企業家精神《江漢論壇》2009 年第 01 期

編纂《儒藏》的經驗（發言稿）《周易研究》2009 年第 05 期

向年輕朋友們推薦三本書《博覽群書》2009 年第 12 期

2010

我們在面對一個怎樣的孔子《中國教育報》

「反本」是為了「開新」《文匯報》

尊師重教，首重孔子的精神《社會觀察》

經濟發展仍需提倡奉獻精神和道德責任意識《中國社會科學報》

海外中國學研究的新視角《學術月刊》2010 年第 05 期

應忠良編著《圖文新編傳統倫理文化叢書》序

九思《三平齋夜語》序

葉賢恩《熊十力傳》序

研究「海外中國學」的意義《國家圖書館學刊》2010 年第 01 期

「命題」的意義——淺說中國文學藝術理論的某些「命題」《文藝爭鳴》
2010 年第 2 期

儒學與經典詮釋《北京大學學報（哲學社會科學版）》2010 年第 04 期

儒學與外來文化的傳入《東吳學術》2010 年第 01 期

儒學與「和諧社會」建設——紀念《中國社會科學》創刊三十週年《中國
社會科學》2010 年第 06 期

2011

《世說新語》中的「七賢風度」

《緯書》或含「儒家神話」解讀密碼《中國社會科學報》

當前中西文化交流與會通中央文史館成立 60 週年會議發言稿

否定普世價值無法建設現代社會《時代週報》

王治河、樊美筠《第二次啟蒙》序

王杰主編《領導幹部國學大講堂》序

趙恒《領導者 36 項修煉》序

王永祥《董仲舒文集校釋》序

湯用彤學記——湯用彤生平和學術《讀書》2011 年第 05 期

高校教師的文化使命《高校理論戰線》2011 年第 06 期

汲取優質思想資源發揮文化育人作用《中國高等教育》2011 年第 10 期

2012

論儒、釋、道「三教歸一」問題《中國哲學史》2012 年第 03 期

馬一浮的國學觀《中華讀書報》

論儒學與「普遍價值」問題《中國文化研究》2012 年第 03 期

「啟蒙」在中國的艱難歷程《北京大學學報（哲學社會科學版）》2012 年
第 02 期

儒家思想及建構性的後現代主義《跨文化對話》

傳承文化命脈，推動文化創新——儒學與馬克思主義在當代中國《中國哲學史》第 01 期

懷念鄧廣銘先生《想念大師叢書系列之四——想念鄧廣銘》

雷立柏《畫說經典》序

儒家思想提升中國企業家精神文化內涵《國家電網》2012 年第 02 期

在平等交流中求同存異，在理解對話中追求創新——湯一介、樂黛雲教授訪談錄《中國人民大學學報》2012 年第 03 期

論儒家的「禮法合治」《北京大學學報（哲學社會科學版）》2012 年第 03 期

2013

談中西文化的互補性《跨文化對話》

「天人合一」思想的現代價值《山東人大工作》2013 年第 11 期

1945～1948 年湯用彤先生與北大復校——湯用彤與胡適、傅斯年北京大學學報（哲學社會科學版）2013 年第 03 期

儒家思想及建構性的後現代主義《人民論壇》2013 年第 21 期

2014

儒學與建構性後現代主義《矚望新軸心時代》

略論儒家的「以人為本，道行天下」《北京大學學報（哲學社會科學版）》2014 年第 01 期

父親湯用彤的矛盾心態《炎黃春秋》2014 年第 05 期

矚望新軸心時代：在新世紀的哲學思考《學習月刊》2014 年第 09 期

在中西哲學之間《社會科學論壇》2014 年第 09 期

儒家思想與中國企業家精神《中外企業文化》2014 年第 10 期

郭象論辨名析理《孔學堂》2014 年第 01 期